龍種漸衰

漢武盛世後
逐漸傾斜的帝國天秤

朱耀輝——著

樂律

昭宣之治

豪強崛起

王莽篡漢

U0545921

西漢末年的權力角逐戰
誰能夠在滔滔歷史長河中脫穎而出
誰又能真的做到青史留名?

◎既有窮困潦倒,又有壯懷激烈
◎既有沙場輝煌,又有暮年悲涼
◎既有青史留名,又有毀譽參半

恢弘壯麗的傳奇與貪婪複雜的人性交織
勾勒出一位位有血有淚的歷史人物

目錄

序言

第一章　霍光受遺

大漢權力場……012

燕王的心思……023

偽太子風波……029

鹽鐵會議……037

桑弘羊之問……045

第二章　權臣秉鈞

反目成仇……054

霍光當權……061

匈奴內訌……070

不破樓蘭終不還……077

第三章　廢立天子

二十七天皇帝……084

哀哉海昏……090

草根皇帝……099

韜光養晦……106

目錄

第四章　掌權之路
君臣矛盾……116
山雨欲來……122
霍氏覆滅……129

第五章　漢宣名臣
王道仁政……138
京都神探……144
德治楷模……150
腐儒帝師……154
天下良吏……160
畫眉深淺入時無……167

第六章　遙望西域
烏孫風雲……178
尖峰時刻……186
平西羌……195

第七章　帝國偉業
王道還是霸道……206
威權旁落……213
珠崖罷郡……221
擊羌之戰……228
犯強漢者，雖遠必誅……234

第八章　王朝暮歌

仁弱皇帝……248
匡衡的悲劇……255
雙面英雄陳湯……266
王氏崛起……270
大權旁落……277

第九章　荒唐皇帝

飛燕爭寵……284
儲君的選擇……292
皇帝死因調查報告……299
從希望到絕望……305
斷袖之癖……312

第十章　王莽篡漢

王莽回來了……320
道德楷模……328
全民狂熱的時代……333
代漢建新……341

第十一章　理想悲歌

一生真偽復誰知……352
託古改制……359
長安亂……369

目錄

序言

當武帝朝的盛世在殺戮與懺悔中落下帷幕，我們來到了昭宣時代。

在普通人的印象中，武帝時代足夠熱血激盪，武帝一死，王朝開始走上了下坡路，因而很多人對後武帝時代的印象都比較差：皇帝荒淫、宦官專權、王莽篡漢。

其實不是這樣的。

後武帝時代，故事同樣精采和曲折。就拿昭宣和元帝時代來說，對外，有傅介子重開西域，有陳湯「明犯強漢者，雖遠必誅」兩漢最強音，有呼韓邪單于來朝。

班固在寫《漢書》時發了這樣一句感慨：「漢之號令班西域矣，始自張騫而成於鄭吉。」張騫開通西域，建立起了中原王朝與西域的連繫，可是直到西域都護府設立，中原王朝才正式統治西域。

武帝時代，漢與匈奴征戰四十餘年，雙方你來我往，頂多打成平手。直到宣帝時代，漢軍重出西域，斬斷了匈奴右臂，才算徹底降服了這個百蠻大國。而西域，也第一次納入了中華民族的版圖。

對內，霍光領銜的執政團隊繼承了武帝臨終前定下的休養生息政策，其人口規模在漢宣帝時期再度突破了五千萬。歷代的盛世，只要輕徭薄賦，給農民一條出路，百姓都會感恩戴德。昭宣時代的政策也是從減輕農民負擔入手，多次減免各地的賦稅，農業生產發展起來後，就出現了「藏富於民」的局面，老百姓有了好日子過，國家自然也就和諧強盛了。

可是，在這種表面的和諧繁榮下，暗流也在悄悄湧動。

這股暗流就是，地方豪族的大規模興起。

序言

豪族是怎麼來的？恰恰是漢武帝雄才大略的副產品，正是他刺激了社會上豪族的興起。大量百姓無法忍受繁重的苛捐雜稅，扔了土地，投靠到地方豪族門下。

豪族進一步兼併土地，導致大批貧苦的自耕農失去田宅，破產流亡，淪為遊民、奴隸甚至盜賊，嚴重影響了社會安定和諧。當時的情勢是富者田連阡陌，貧者無立錐之地，貧富差距之大，令人咋舌。

豪族越來越強，與地方官僚聯手對抗皇權。事實上，整個四百年的漢王朝就是一部皇權與豪族的博弈史，西漢的覆亡，很大一部分原因就是地方豪族崛起，架空了皇權。

西漢有一次最重要的改革（王莽改制暫且歸到新朝），以桑弘羊領銜的改革團隊對帝國的產業、流通、稅收三大方面實施了整體配套改革，在經濟上極大地保障了中央集權的形成。

然而，這次改革所造成的負面效應也是顯著的。各項產業及流通領域被政府壟斷後，「文景之治」所形成的民間經濟大繁榮的格局被徹底扼殺，商品經濟從此趨於衰竭，引發了地方豪族的不滿。

於是，在武帝去世六年後，帝國的朝堂之上開展了一次大討論，史稱「鹽鐵會議」。

在中華經濟史上，這可以說是一次偉大的經濟政策辯論會，一個叫桓寬的人詳實地記錄了辯論內容，寫成一部奇書——《鹽鐵論》。

這次會議由霍光以昭帝的名義召開，就武帝時期的各項政策，特別是鹽鐵專賣政策進行全面總結和辯論。辯論的一方是武帝改革的關鍵推手，七十多歲的桑弘羊，另一方則是霍光召集來的儒家文人，埋頭在古籍中的學者，而非專業的經濟學家。

由於儒家不太懂經濟，雙方始終討論不出結果。學者鄙夷桑弘羊投機興利，桑弘羊蔑視學者空談誤國，雙方按照自己的邏輯和思想相互爭吵，已經超出了原來的經濟討論範疇，變成理論層面的霸道與王道之爭。

拋開對武帝改革的爭議，我還想討論一個人：王莽。

他有著異想天開的統治理念，施行了一系列的改革措施，其中不乏大膽超前並脫離時代的舉措，可是為何卻在史書中聲名狼藉？

在很多人的印象中，王莽是篡漢自立的野心家、影帝，大奸似忠、外似樸野、中藏巧詐這幾個詞似乎跟定了他，成了他身上抹不去的標籤。可問題是，這就是王莽的全部人生嗎？

我不想為他起死回生，只是想還其一個本來面目。

寫這套書，除了理清故事和歷史的底層邏輯外，還有一個願景：我想還原那一個個有血有肉的人，歷史中的人。無數個夜晚，我埋首書桌，一卷卷翻閱《史記》、《漢書》、《資治通鑑》，體會著他們的喜怒哀樂，感受著他們的豪情和無奈，然後淚流滿面，不能自已。

身為一個文史類作家，我之前也寫過不少書，但是如此大部頭的系列還是第一次。兩年的打磨，對我而言是一個從未有過的挑戰，能夠堅持到寫完，除了熱愛，還是熱愛。

無論如何，我盡力了，希望我的文字不會讓你失望。

接下來，讓我們共同揭開後武帝時代的歷史大幕！

第一章

霍光受遺

大漢權力場

西元前 87 年，一代雄主劉徹崩，繼位的是幼子劉弗陵。

劉弗陵登上西漢政壇，踏入了權力場。這一年，他只有八歲。

由於繼任者過於年輕，劉徹擔心自己去世後，歷史會重演呂后亂政的一幕，於是找了個藉口，殘忍地處死了劉弗陵的生母，鉤弋夫人。

政治的殘酷與血腥，由此可見一斑。

為了保證帝國這艘大船沿著既定的航道平穩執行，臨終前，劉徹將帝國的基業押在了五個人身上，他們分別是：霍光、金日磾、上官桀、田千秋、桑弘羊。

這五個人是劉徹親自挑選的輔政大臣，他們組成了一個權力天平，無法一家獨大，進而威脅到皇權。

將一切安排妥當後，劉徹離開了人世。

八歲的劉弗陵高坐在大殿之上，孤獨而憂傷。不到一年的時間裡，他先後失去了母親和父親，在偌大的未央宮內，他居然舉目無親。他能依靠的，只有眼前的這五個老頭。

五位輔政大臣陪侍著小皇帝劉弗陵，也各想著各的心事，他們要面對並習慣這樣一個事實：這座偉大都城曾經的主宰已經不在，而且不會再回來。帝國的政壇，將從此步入後武帝時代。

下面，我來依次隆重介紹一下這五位，看看他們到底有何本事，能在最後時刻獲得劉徹的青睞。

先說一號人物霍光。

前面說過，霍光是霍去病同父異母的弟弟，父親霍仲孺曾在平陽侯曹壽府中做事，與平陽侯的侍女衛少兒私通，生下了霍去病，後來又回家娶妻生了霍光。

霍去病後來得知了自己的身世，在出擊匈奴的途中，他請來霍仲孺，與其父子相認，並不計前嫌地替父親買了大量的田地房屋和奴婢，讓父親和弟弟一家人衣食無憂。

凱旋時，霍去病再次拜訪父親，並將十多歲的異母弟弟霍光帶到長安照顧。

在長安城，霍光開闊了自己的眼界，也得到了最好的教育。憑藉哥哥的身分和地位，霍光十幾歲便進入了中央的後備人才庫，先後任郎官、曹官、侍中。

就在霍光朝著自己的夢想邁進時，哥哥霍去病突然去世，他的靠山沒了。

局勢變得有點快，要想生存下去，只能靠自己了。

霍光主要的工作就是陪在劉徹左右，小心服侍。作為一位殺伐果決的皇帝，劉徹的圈子可不是什麼人都能進去的，這圈子裡除了智者就是能人。要想在這個圈子裡混下去，需要打起十二萬分的精神，最考驗一個人察言觀色的能力。

經過多年的歷練和隱忍，霍光終於練就了超級忍術，他為人極其低調，辦事滴水不漏，二十年的朝夕相處，霍光在工作中從來沒出過一丁點差錯，深得劉徹的信任。

曾有人對霍光做過長期的跟蹤觀察，發現此人言談舉止極有分寸，簡直到了神一樣的境界。舉個例子，他每次進出宮殿，行腳落步都有固定的位置和尺寸，站的位置既不顯眼，又離皇帝不太遠。他總能找到自己的位置，然後默默觀察大小官員在武帝面前的反應。

霍光的表現獲得了武帝的肯定，其權勢和地位迅速攀升，歷任侍中、奉車都尉、光祿大夫等職位。這意味著武帝出行時，要靠霍光保駕護航；武帝處理政務時，霍光可以憑藉國策顧問的身分參與決策。

霍光不追求曝光率，也從不公開發表政見，別說是漢朝百姓，就連許多高官也忽視了霍光這號人物的存在。

每回廷議時，霍光都列席，卻從來都一言不發，彷彿自己並不在場。在相當長的時間內，霍光在政壇裡並沒有引起任何像樣的注意，大夥兒都以為他只是一個吃閒飯的人而已。

但是低調只是霍光的偽裝，或者說，是他在多年政治鬥爭中悟出的生存之道。

憑藉著這份低調與可靠，霍光侍奉武帝左右長達二十多年。雖然品級不高，也沒有多大權勢，但他還是幾十年如一日地伴隨在武帝左右，兢兢業業地完成一項又一項瑣碎的事務。他見證了霍去病和衛青那無比隆重的葬禮，也見證了在武帝的帶領下，這個帝國如何對外征服四方、揚威西域，對內打擊豪強、集權中央，一步一步踏上文治與武功的巔峰盛世。

除了做事可靠，霍光的長相也很不錯，他皮膚白皙、雙目有神、長鬚美髯，完全是一位帥哥。

武帝臨終前，命畫師畫了一幅周公背成王的圖賜予霍光，囑託他像當年的周公一樣，輔佐自己的幼子劉弗陵。

為了讓霍光更好地開展工作，武帝提拔他為大司馬、大將軍。

要知道，大司馬、大將軍位在三公之上。在此之前，武帝曾任衛青為大司馬、大將軍，但是當時武帝大權在握，衛青也恪守本分，故當時的大司馬、大將軍雖然位高，但還沒有成為朝官首領。而此時，霍光一人身兼大司馬、大將軍，不但成了內朝的最高首領，更成了百官之首。

從這一刻起，霍光終於迎來了自己的風光時刻。

再說二號人物金日磾。

他是匈奴人，十四歲之前一直過著王子般的生活。當初武帝大舉進攻匈奴，迫使渾邪王、休屠王投降，投降途中，休屠王因反悔被渾邪王斬殺，而金日磾就是休屠王子。

父親死後，金日磾和母親、弟弟淪為漢朝宮廷裡的奴僕，作為降漢的奴隸，他被分配到皇家馬場養馬。

從昔日的王子到今日的奴隸，地位一落千丈，絕對是人生中致命的打擊，但是金日磾忍了下來，因為他要在這異國他鄉活下去。只有活著，才能看到希望，才有機會改變自己的命運。

他把所有屈辱、仇恨深埋在心底，然後開始了自己的養馬生涯。

一日，武帝帶著自己的眾多妻妾來馬場檢閱愛馬，金日磾等數十人牽馬從看臺前經過，供皇帝觀賞。當其他人牽馬從臺前經過時，幾乎都被看臺上打扮得花枝招展的宮女們吸引了眼球，一個個伸長了脖子，目不轉睛盯著看。

唯有金日磾經過時，目不斜視，牽著自己的馬默然走過。

我們不知道，那一刻金日磾心裡在想什麼。或許是自卑，或許是慚愧，一個王子落魄到如此境地，哪還有心思欣賞美女？

無論如何，金日磾還是吸引了看臺上武帝的注意。武帝見他身高八尺有餘，容貌威嚴出眾，所養馬匹膘肥體壯，在人群中很是顯眼，於是叫他上前來。

經詢問得知，金日磾是休屠王子，身分特別。武帝在簡單考校一番後，提拔他為馬監，接著又升任侍中、駙馬都尉、光祿大夫，一步步踏入帝國的權力中樞。

金日磾受到重用後，依然保持著謙虛謹慎的作風，從不越軌行事。他出則陪護武帝左右，入則侍衛武帝前後，很得武帝的信任。

一個外來戶被武帝極度寵幸，這引發了很多人的羨慕嫉妒恨，當然，主要是恨。有人在武帝面前抱怨：「陛下為何要重用一個胡兒？別忘了他是敵國的子孫，非我族類，其心必異！」

武帝有點不高興：「胡兒怎麼了？只要對朕忠心，朕就對他恩寵，給予他充分的信任！」

這之後，武帝反而更加器重金日磾。

金日磾深知，自己的一切都是武帝給的，如果不是武帝的信任，自己恐怕現在還在馬場裡養馬呢！所以他對武帝的回報也是不摻雜一丁點私心。

至於國仇家恨，他早就從中解脫了。

金日磾有兩個兒子，長得特別可愛，大兒子常在武帝身邊玩耍，跟武帝非常親近，被人親切地稱為「弄兒」。

有一次，弄兒在玩耍時從後面撲上來抱住了武帝的脖子，不巧這事被金日磾看見了，他生氣地瞪了兒子一眼。兒子害怕了，一邊跑一邊哭著說：「爸爸發火了。」

武帝責怪金日磾對孩子過於嚴厲，對他說：「幹嘛對弄兒生氣！」

弄兒長大後，行為越發不檢點，明目張膽地和宮女嬉戲，玩弄了不少宮女，還搞大了她們的肚子。金日磾一怒之下，下狠心殺了弄兒。

武帝知道後大怒，責怪金日磾太過冷酷。金日磾向他賠罪說：「萬惡淫為首，弄兒在後宮亂來，如果不殺，臣將愧對陛下的信任！」

武帝大為感動，更加敬重金日磾。

金日磾的母親教導兩個兒子甚有法度，武帝聽說後，給予嘉獎。後來金日磾的母親生病去世，武帝將她的畫像懸掛於甘泉宮，署名「休屠王閼氏」。金日磾每次見畫必拜，每拜必泣。

巫蠱之禍前，有個叫馬何羅（本姓馬，後人改為莽）的人與江充關係很好，馬何羅的弟弟因誅殺太子劉據時相當賣命，事後還混了個爵位。

然而，紙終究包不住火。李廣利與劉屈氂的密謀暴露後，武帝意識到，巫蠱之亂背後存在著一個巨大的陰謀，太子劉據完全是被陷害的。惱怒的武帝開始秋後算帳，他除掉了劉屈氂，將江充宗族和朋黨全部誅殺。

此時的馬何羅是武帝近侍，當年也是江充陷害衛太子事件的參與者之一。他擔心自己也遭到清算，準備先下手為強，刺殺武帝！

不曾想，這個馬何羅心機不夠深沉，露出端倪，引起了金日磾的注意。

金日磾發現馬何羅狀態不太對，心中有所懷疑，暗中留意他的動靜，與其一起上下班。馬何羅也察覺到了金日磾的監視，一直都沒有機會動手。

西元前 88 年的夏天，漢武帝到甘泉宮避暑。

馬何羅兄弟覺得時機成熟，決定動手。

這一天，金日磾碰巧生了病，在偏殿休息。馬何羅看準時機，與弟弟馬通及小弟馬安成商量，由自己行刺武帝，兩個弟弟矯詔發兵，作為外援。

計畫很美好，可是宮中戒備森嚴，馬何羅根本沒有機會。直到天明時分，他才看準機會，攜利刃潛入武帝的寢宮。

此時的金日磾正在上廁所，他隱約覺得不對勁，提起褲子回到武帝寢宮。恰好就在此時，馬何羅袖藏利刃闖了進來，一見金日磾，神情大變，衝向武帝的臥室，不料由於自己太過緊張，撞翻了東西，摔倒在地。金日磾撲過去，抱住馬何羅，隨即高聲呼喊：「馬何羅造反！」

武帝從床上驚起，侍衛拔刀欲殺馬何羅，武帝怕傷到金日磾，阻止了侍衛。兩人一番廝打，金日磾終究更勝一籌，將馬何羅擒住。侍衛們立即一擁而上，將其捆成了粽子。

經過突擊審訊，武帝又令霍光與上官桀去逮捕剩下那兩位。兩人正在宮中準備接應馬何羅，一下子撞了個正著，欲奔無路，束手就擒。經審訊，馬何羅一夥罪大惡極，被判斬首，全家伏誅。

這件事足以證明金日磾是膽大心細的人，也是沉穩與果敢的完美結合。

金日磾作為武帝的貼身護衛，多年來始終兢兢業業，牢記自己的本分，連皇帝賜給他的宮女也不敢接近。武帝有一次試探他，想娶他的女兒，謹慎的金日磾也斷然拒絕。

想當初，武帝準備讓霍光擔任首席輔政大臣，霍光推薦了金日磾，並對武帝說：「臣不如金日磾。」金日磾卻推辭說：「臣是匈奴人，才能不如霍光。要是臣當了首席輔政大臣，匈奴就會輕視漢朝，不妥！」

金日磾用一顆忠心換來了上天的垂青，而武帝也絲毫不介意他的匈奴人身分，大膽把皇權託付給他。

再說三號人物上官桀。

上官桀是隴西人，出身平民，沒什麼背景。此人身強力壯，膂力過人，年紀輕輕就當上了羽林郎。

有一次，武帝去甘泉宮，上官桀護衛隨行。也不知道武帝出門之前是否看了黃曆，出門不久就遇到了大風。尤其是皇帝所坐的車子上還有一個又大又重的車蓋，被風吹得寸步難行。沒辦法，只能把車蓋從車上卸下來。

上官桀一看表現的機會來了，主動扛起車蓋，任憑風吹雨打，車蓋始終穩如泰山，這一幕引起了武帝的注意。

不久之後，武帝生了一場大病，病癒後，第一件事就是去馬廄看馬，結果發現自己的馬都瘦成了騾子。武帝有點火大，叫來了皇家馬場的主管上官桀，怒道：「你是不是認為我快死了，再也看不到這些馬了？」

面對這種情況，如果換作一般人，大概立刻就害怕了，趕緊道歉。

上官桀不一樣。

面對氣頭上的武帝，上官桀一臉悲痛地說：「我聽說陛下生病後，日夜憂愁，實在沒心思照料馬匹。」說完，還流下了幾滴眼淚。

厲害，實在厲害！

上官桀很會演，他用眼淚掩蓋工作失誤，抓住一切機會在武帝面前賣力表現，狠拍上司的馬屁。

武帝前一秒還怒氣沖沖，後一秒氣就消了，忠臣啊，自己差點還冤枉他了！

武帝隨後將他調轉身邊當了侍中，之後又提拔為太僕。

接下來再說說丞相田千秋。

田千秋的身世極其顯赫，他祖上乃是戰國時期齊國的田氏，田氏代齊之後便南面稱孤，占據山東最富饒的土地。漢朝建立後，齊國田氏作為聲名顯赫的「關東九族」之一，被舉族遷徙到長安附近的長陵定居。

到了田千秋這一代，他被安排了個「高寢郎」的工作，負責為劉邦看守陵寢，也就是所謂的「守墓人」。

這樣一個冷門職位，一般來講是沒有任何前途可言的。但是，田千秋看準時機，一舉改變了自己的人生軌跡。

當時的長安城，巫蠱大案剛剛落下帷幕。隨著調查的深入，案情逐漸明朗化，武帝終於察覺到，太子劉據可能是無辜的，他的內心逐漸浮現出一絲常人不易察覺到的悔意。

田千秋揣摩著武帝的心意，大膽寫了一封奏疏，直截了當地為太子申冤。

田千秋果然把準了武帝的脈搏，隨即被封為大鴻臚，位列九卿之一。

幾個月後，丞相劉屈氂因罪被殺，田千秋接任丞相一職，封為富民侯。

這樣火箭般的升遷速度，在整個漢朝也是絕無僅有的。

人，一生要走很多很多路，重要的卻只有那麼幾步；要說很多很多話，重要的卻只有那麼幾句；會認識很多很多人，重要的卻只有那麼幾個。成功者和失敗者的區別，也許就只在於他們多走對了一兩步路、多說對了一兩句話、多交對了一兩個人而已。

毫無疑問，田千秋這一步走對了。

對此，很多人表示不服，班固在《漢書》中這樣評價田千秋：「田千秋這個人，既沒有能力，又沒有功勞，一句話說得巧妙，就拜相封侯，開天闢地以來可不曾有過這樣的事情。」

其實，豈止是文武百官看呆了，連匈奴人也覺得不可思議。

當時漢朝派使者到匈奴，單于問：「我聽說大漢天子新任了一位丞相，不知是因何任之？」

使者說：「是因為田大人上書言事，所以才被天子看中。」

單于問：「如果真是這樣，你們漢朝任用丞相，並不是選拔賢能，僅憑上書就能獲官，這也太草率了吧？」

使者回來後把這些話告訴了武帝。

武帝聽了之後很不爽，認為在匈奴人面前丟了面子，想處置這個使者，但是最後還是算了。

田千秋雖然處於丞相之位，卻一直謙虛穩重，從不出風頭。按理說，田千秋的官職比霍光高，理所當然應該是首席託孤大臣。可是如今，霍光逆襲成了託孤大臣的一號人物，排位遠在田千秋之上。

換了常人，恐怕難以心平氣和地接受這個結果，田千秋卻毫無怨言。

他把霍光推到聚光燈下，扮演著顯赫的男主角，享受著最好的燈光和機位，擁有著最多的特寫和對白。而他自己則退居幕後，默默工作。

反倒是霍光有點過意不去，對田千秋說：「我和您一起接受先帝囑託，我治內，您治外，您要時時刻刻監督我，以免我犯錯啊！」

田千秋和氣地一笑：「哪裡哪裡，將軍有此心，就已經是天下的幸事了！」

田千秋的態度很明顯：「我們雖然是平級關係，但是您才是首席託孤大臣，您說話，我照辦就是，不用跟我客氣。」

霍光再問他有什麼建議，田千秋卻再也不答了。

田千秋明智地擺正了自己的位置，深得霍光青睞，每當國家出了什麼祥瑞之事，霍光也都稱讚是田千秋管理有方。

最後再來說說最後一位人物：桑弘羊。

桑弘羊這個人可不簡單，他出生於漢景帝年代，自小生活在河南洛陽的一戶商人家庭。少年時期的桑弘羊深諳算術和經商之道，年僅十三歲就以精於心算聞名於洛陽。此後，他被朝廷選中，正式踏入了仕途。

雖然當官很早，但是桑弘羊一開始升遷並不快，直到四十歲的時候，才被武帝任命為大農丞，主管會計事務。此後數年，參與假民公田、鑄五銖錢、西北屯田等事。

五年後，桑弘羊官拜治粟都尉，代理大農令，推行鹽鐵官營制度和均輸法，創立平準法，實行納粟拜爵、補官及贖罪政策。

十年後，桑弘羊實授大司農，任內推行榷酒制度。從此之後直至武帝去世，桑弘羊都獨掌財權，總管國家財政。武帝對臣子們猜忌無度，生殺予奪，曾在十年間換了六個大農令，其中誅殺兩人，只有桑弘羊上任後才沒有發生變更，可見武帝對他的信任。

桑弘羊之所以被武帝發掘，不是時來運轉，而是因為武帝缺錢了。

缺錢的原因，我在前面也說過，武帝喜歡南征北戰，帝國國庫被消耗一空。

作為武帝身邊的首席財經顧問，桑弘羊親自制定計畫並推行了很多經濟改革，其最核心的內容有以下三項。

首先是強化金融集權。

漢初近百年，民間一直有鑄造銅錢的權力，最大的貨幣供應商就是吳王劉濞和鄧通。桑弘羊把鑄幣權從民間收歸中央，推行五銖錢，這種銅錢外圓內方，自此成了銅錢的標準樣式，一直沿用了七百四十年，直到唐代才被廢止。

其次，創立了均輸和平準制度。

均輸就是調整物資的運輸。漢朝各個地方每年向朝廷繳納貢賦，需要僱人運往長安。一方面運費高得嚇人，另一方面各種物資都集中到京城，很多地方缺乏某項物資，卻是供不應求。

均輸令規定，這些貢賦都由各地的均輸官來統一組織運輸，除品質特別好的仍須運送京師外，一般貢品不再運送，由當地均輸官運往鄰近高價地區販賣，或將貢品按當地售價折成現金，另購廉價的商品運往高價地區發售。

平準，則是在長安設定平抑物價的機構，將全國各地的物資集中起來作為儲備，物價上漲時賣出，物價下跌時買入，使商人們無法操縱物價。平準的推出就是為了打擊商人操縱市場來牟取暴利，如此一來，民眾不再因物價高而苦惱，朝廷也可以賺點外快，一舉兩得。

最後，是繼續發展鹽鐵官營。

具體來說，就是朝廷招募百姓煮鹽，官府只負責提供煮鹽用的鐵鍋。鹽煮成後，再由官府按所值給價，利潤由雙方三七分；至於鐵的經營，則由官府徹底壟斷：凡是產鐵的郡裡都要設定鐵官，負責鐵的冶煉和鐵器的製作與銷售。全國二十八郡設鹽官，四十郡設鐵官，透過這種方式，保證了對匈奴作戰的鐵器供應。

一系列經濟改革的推行，大幅提高了漢朝政府的收入，為漢匈之戰的最終勝利奠定了堅實基礎，堪稱漢代版的「戰時經濟政策」。而這些政策即將迎來一場終極考驗，我們且按下不表。

武帝臨死時把桑弘羊拉進了權力核心，看重的是桑大人在經濟方面的才幹，他希望桑弘羊能繼續輔佐新皇帝，保證帝國的基業長青。

燕王的心思

以上就是五位輔政大臣的履歷，下面我們再來審視一下這個權力場。

武帝在臨終前，封霍光為大司馬、大將軍，金日磾為車騎將軍，上官桀為左將軍，這三人所任之官均屬於中朝官。

什麼是中朝官？顧名思義，中指的是宮中和宮內，所以又稱內朝官，三公九卿等官員稱作外朝官。這種分法始於武帝，其目的在於抑制丞相的權力，皇帝會經常提拔一些親信之人為近臣，加侍中、常侍、給事中等職，陪在自己身邊，充當自己的參謀與顧問。

在武帝一朝，皇帝與中朝官負責作決策，外朝官奉命執行，所以中朝官的職權和地位要高於外朝官。這也是丞相田千秋為什麼會對霍光馬首是瞻的緣由，因為他手中已經沒有多少職權了。

朝堂內部，領導團隊雖然暫時穩定了，可是外部依然還有很多煩心事。得知八歲的劉弗陵即位為新一任皇帝，燕王劉旦坐不住了。

「憑什麼？太子劉據已死，按年齡次序，我才是最有資格繼承皇位的，你一個小孩，憑什麼當皇帝？還有那老傢伙霍光，你不過是父皇身邊的跟班，有什麼資格主持劉家的天下？」

想當初，太子劉據死後，遠在河北的劉旦馬上就寫信給武帝，說願意到長安來侍奉他。武帝何許人也？一看到兒子劉旦寫這樣的信，馬上就明白了他的意圖，於是回信訓斥劉旦，還削了他的三個縣，以示懲罰。

意思很明確，皇位輪不到他來繼承。

即便如此，劉旦依然不死心，父皇不讓自己當接班人，可是放眼望去，還有誰比自己更合適呢？

武帝去世後，朝廷發了訃告給各地的諸侯王，上面還蓋了個印章，因此也被稱為璽書。當劉弗陵的使者帶著璽書來燕國報喪時，劉旦非但不肯依制哭喪，以盡臣子之道，反而產生了許多疑惑。

他對身邊的大臣們說：「這璽書的規格比以前小了很多，我懷疑是長安發生了什麼變故。」

使者有些糊塗了：「你什麼意思？」

劉旦說：「我要派人去一趟長安，考核消息！」

很快，劉旦派出了自己的心腹壽西長、孫縱之、王孺等奔赴京師，名義上是詢問喪禮事宜，實際上是探聽武帝去世、小皇帝即位的內情，以及經歷這一番巨大變故之後朝廷的最新消息，以便為進一步採取行動做準備。

他不甘心！

作為現存的皇長子，劉旦心裡有太多的疑慮。自己上個月還去長安城參加了朝賀，那時候父皇的身體狀況還尚可，怎麼只過了一個月，父皇就過世了？

京城之中到底發生了什麼？

劉弗陵那小孩登基，其中有沒有陰謀？

自己必須要搞清楚，要不然絕不甘心！

王孺一行人來到長安，見到了執金吾郭廣意，問武帝因何病去世、新皇帝是誰、現年幾歲。郭廣意回答：「先皇駕崩，新帝由諸位將軍共同擁立，只有八歲，先皇下葬時並未出來弔唁。」

得知新皇帝只有八歲，由姐姐鄂邑公主照顧生活飲食起居後，王孺等人又想去找鄂邑公主。

鄂邑公主是誰？他是皇帝劉弗陵的姐姐，因嫁給了蓋侯王充，所以也被稱為蓋長公主。

不料，鄂邑公主此時已奉詔住進了宮中，王孺等人根本見不到。

這個消息進一步證實了劉旦的疑慮，他對身邊人說：「皇帝駕崩時，沒有留下任何遺言，而且鄂邑公主也不見蹤影，這很不正常。」

為了進一步打探朝廷的動向，劉旦又派人到長安，請求各郡國設立武帝宗廟。

兒子祭祀爸爸，何況又是皇帝，按理來說是很稀鬆平常的事，劉旦這麼做的意義何在？

那是因為，為武帝立郡國廟，看似義正詞嚴、冠冕堂皇，其實不合規矩。

漢代立宗廟，自有一套規章制度，除了漢初曾令各諸侯王在自己的地盤上立太上皇廟外，自劉邦以降，各個郡國都沒有立宗廟的說法。燕王劉旦上書請求在各郡國為武帝立廟，不符合漢代立宗廟的規矩。就算要立宗廟，那也是由皇帝說了算，而不是你一個諸侯王說了算的。

劉旦封王已有三十餘年，對儒家經典有廣泛且深入的研究，不可能不知道這個規矩。但他還是提出了這個要求，很明顯，這是在試探。

霍光接到上書後，感到頗為棘手。小皇帝剛剛登基，他不願意因此事而引起事端，於是賜給燕王三千萬錢，增加封邑一萬三千戶，算是婉轉拒絕了劉旦立宗廟的請求。

對於這個結果，劉旦顯然很不滿意，區區數千萬錢和萬餘封戶，與萬里錦繡江山相比微不足道。他怒道：「我本來就應該當皇帝，還用得著別人來賞賜我嗎？」

懷疑和憤怒的種子在劉旦心中生根發芽，直到最後占據了劉旦的內心。

造反，勢在必行。

劉旦很快勾結了劉氏宗親裡的劉澤和劉長，密謀造反。

劉旦向外宣稱：「我老爸活著的時候，曾特別關照我，允許我掌管諸侯國的一切行政事宜。」

很明顯，這是撒謊。

早在文帝的時候，朝廷就有強幹（中央政府）弱支（各諸侯國）的提議，吳楚七國之亂被平定後，壓制諸侯國成為朝廷的既定政策。景帝時，朝廷剝奪了諸侯王對諸侯國的治理權和人事任免權，諸侯國的中高層官員全部由中央任命。武帝時又行「推恩令」，嚴禁諸侯王與朝臣私下往來。

換句話說，此時的諸侯王只能收租子，舒舒服服地過日子；混得不好的，只能坐那種掉價的牛車。

劉旦要想造反，必須取得王國官吏的擁護與支持。

事實證明，野心家身邊從來都不缺抬轎子的，王宮禁衛官成軫第一個站出來表態發言：「老大，您失去了皇位繼承權，乾坐著怎麼行？必須搶回來啊！就您的號召力，只要一起兵，燕國之內，即使是婦女也都會在後面追隨您！」

劉旦聽了這話，喜出望外，開始和劉澤密商造反事宜。為了進一步說服群臣，劉旦還信誓旦旦地表示：「呂后在位時弄虛作假，把惠帝的兒子劉弘立為皇帝，諸侯王們在劉弘手底下當了八年臣子。後來呂太后駕崩，大臣們聯手誅滅了呂黨，迎立孝文帝，天下人才知道劉弘不是孝惠帝的兒子。我身為武帝如今最年長的兒子，反倒沒能立為皇帝，這也太不公平了！我上書建議為武帝立廟，也未被採納，現在立的這個皇帝，我懷疑他根本不姓劉！」

緊接著，兩人順著這個思路擬了一份文書，宣稱新皇帝劉弗陵不是武帝的親生兒子，而是由朝中權臣擁立的，天下人應當共同討伐！

然後，兩人將這份宣言大量複印，派人到各郡國發傳單，廣造輿論，企圖動搖百姓，攪亂人心。

按照計畫，劉澤負責刺殺青州刺史雋不疑，發動兵變。

劉旦也沒閒著，他在燕國做了三件事：

第一，積極招納人才。

第二，大肆招兵買馬、製作鎧甲兵器。

第三，大閱兵，檢閱燕國的部隊。

為了收買人心，劉旦還效仿天子之制，對追隨自己起兵的小弟們皆令以貂尾為冠羽、金蟬飾冠，號為侍中。而對勇於諫阻起兵之人，則無情地予以誅殺，先後有郎中韓義等十五人喪命於刀下。

準備工作在有條不紊地進行，如今萬事俱備，就差執行了。

然而，一個突發性的事變，打亂了劉旦的部署。

劉澤回到臨淄後，還沒等他動手，消息就被中山靖王之子缾侯劉成知曉了。

劉成立即向青州刺史雋不疑舉報。

就在劉澤繼續完善自己的刺殺計畫時，雋不疑帶著人圍了過來，將劉澤一夥人抓了，並將情況上報朝廷。

霍光得報後，立即以新皇帝的名義派遣大鴻臚丞趕赴臨淄，會同雋不疑一起審訊劉澤。

進了監獄，少不了一頓毒打。劉澤經不起揍，一頓皮鞭下去，立即將與燕王劉旦的合謀全盤供出，隨即以謀反罪被誅殺。

劉澤死了，這不重要，重要的是這個事件的主角 —— 燕王劉旦該如何處理？

劉旦策劃參與謀反，罪不容誅。可是問題在於，他的身分很特殊，是劉弗陵的哥哥。

此時的劉弗陵即位才一年，根基尚淺；由霍光領銜的領導團隊執政地位尚沒有完全鞏固，當下最迫切的事是穩定政局。如果深究劉旦之罪，難免要授人以柄，反而印證了劉旦等人傳播的「少帝非武帝子」的流言，這是霍光不願意看到的。

在這種形勢下，霍光權衡利弊，只能將其赦免。

雖然死罪可免，但是警告還是有必要的。霍光派人到燕國明確朝廷的態度，先出場的是宗正，他告訴劉旦：「皇上確實是武帝的兒子，這一點毋庸置疑，以後不許造謠生事！」

緊接著，侍御史去見劉旦，他負責扮黑臉：「你想起兵造反，證據確鑿，按律當嚴懲。漢家有正法，諸侯王只要犯下一點罪過，就得依法懲處，怎麼可能會寬恕你？」

最後才是太中大夫上場，他負責扮白臉：

「古來天子，在朝內必有異姓大夫，這是用來匡正王族子弟的；在朝外有同姓大夫，用來匡正諸侯。周公輔佐成王，殺了他兩個弟弟，所以天下太平。武帝在時，還能寬容大王，現如今新皇帝剛繼位，尚未親政，一切大權委任於大臣。古來誅殺懲罰從不徧袒親戚，所以天下太平，如今大臣輔佐，依法辦事，不敢有所偏袒，恐怕不會寬恕你。大王可要自己謹慎，不要讓自己身死國滅，被天下人恥笑。」

最後，劉旦終於低下了高傲的頭顱，說了一句：「我錯了。」

劉旦是真心認錯嗎？

依照他的個性，這顯然不可能，一切不過是權宜之計而已。返回封地後，劉旦繼續想辦法尋找盟友，等待下一次機會。

偽太子風波

霍光雖然在火線被提拔，可不是所有人都會買他的帳。在大夥兒看來，燕王劉旦與宗室劉澤合謀造反一案中，霍光的手段過於軟弱，根本不適合帶頭。

這也可以理解，此前霍光最高的官職也不過是奉車都尉兼光祿大夫，也就是皇家車隊的老大兼顧問。

很多人不服。

換句話說，霍光雖然是權力中心的一號人物，但是他的威望還不夠高。

一天深夜，皇宮內外發生了不明緣由的騷亂，大夥兒都在大街上狂竄，誰也不知道在躲避什麼，反正跟著跑就是了。霍光怕出差錯，找來保管玉璽的官員，讓他交出玉璽。

不料，此人果斷拒絕了霍光的要求。霍光很生氣，命人搶奪玉璽，結果對方拔出劍說：「臣頭可得，玉璽不可得！」

這場面就有點尷尬了。

好在霍光的腦子轉得飛快，他立即換了一副面孔，向保管玉璽的官員道歉：「剛才多有得罪，其實我只是想考驗一下你是否盡忠職守，你能誓死保護玉璽，我就放心了。」

第二天上班時，霍光還上奏小皇帝，請求為這位保管玉璽的官員加官晉爵。

這件事為霍光贏得了不少威信。

可是，這些還遠遠不夠。

前面說過，少帝即位後，霍光、金日磾、上官桀三人是以中朝官的身分承武帝遺命輔政。可是三人都沒有侯爵位，要想指揮那幫外朝官做事，沒那麼容易。

如何才能被封侯呢？

當初劉邦曾與大夥有過約定：非劉氏子孫稱王的，天下共擊之！

好在霍光早有準備，面對眾人的質疑和不服，他祭出了一件終極法寶——武帝遺詔！

這又是怎麼回事？

想當初，巫蠱之禍發生後，馬何羅想要行刺武帝，結果被金日磾拿下了。因這件功勞，武帝在臨終前留下遺詔，封金日磾為秺侯、上官桀為安陽侯、霍光為博陸侯。

少帝即位後，本應立即執行武帝遺詔，封霍光等三人為列侯，但是由於金日磾見少帝年少，不肯受封。霍光和上官桀一看，他真清高啊，要是自己還堅持己見，豈不是顯得自己很功利？

沒辦法，雖然心裡很不爽，但是霍光和上官桀不好意思再提封侯的事，這事自然也就拖延下來。

好在霍光和上官桀也沒有等太久。金日磾當了一年的輔政大臣，病重將死，霍光急忙奏請少帝，想為他申請封侯，圓了這個夢。少帝也不好意思拖下去，在病榻前為金日磾匆匆封侯。

次日，金日磾病逝，終年四十九歲。少帝為他舉行了隆重的葬禮，賜給安葬器具及墳地，用輕車軍士為他送葬，軍隊一直排到茂陵，諡為敬侯。

金日磾封了侯，霍光和上官桀封侯的事也就順理成章了。沒過多久，兩人終於如願以償封了侯。

對於這場不大不小的「封侯風波」，朝中其他同事雖然心裡有些不爽，但是大家都是官場老油條，本著事不關己高高掛起的態度，不會輕易反對。

不料，衛尉王莽的兒子王忽卻對霍光如此行事憤憤不平，揚言道：「武帝臨終前後，我一直在旁邊伺候，哪裡有遺詔封這三人為侯的事？」

話說得如此露骨，霍光有點沒面子了，他找來王莽痛加斥責，讓他回去好好管教一下兒子。王莽也對兒子的口無遮攔深惡痛絕。他知道封侯這事觸到了霍光敏感的神經，怕他繼續追究，一狠心，一杯毒酒了結了兒子的性命。

王忽之死對大夥無疑是一個嚴厲的警告，此後再不敢妄加評議。對於王莽的順從態度，霍光表示滿意，兩年後為王莽升了官，算是對其喪子的一種補償吧！

對於朝臣，霍光有一萬種辦法跟他們周旋，也有信心壓制各種不服，可是對於與皇家骨肉相連的宗室，情況就有點複雜了。尤其眼下皇帝年幼，霍光大權獨攬，難免留下權臣欺主的印象。

無論霍光怎麼做，在宗室眼裡，他始終是一個外人。

如何處理與宗室的關係，是擺在霍光面前的一個大問題。

於是，有人引用諸呂當政、背棄劉氏宗室敗亡的故事，提了個建議給霍光：

「將軍忘了呂黨的往事嗎？處在伊尹、周公的地位，攝政專權，卻背離宗室，不給他們分權，所以天下不信任，最後導致敗亡。現在皇帝年幼，將軍又位高權重，應多結納宗室，聯合大臣們一起做事，和呂黨的做法反著來，這樣才能免禍。」

道理大家都懂，可是怎麼做，才是關鍵。

霍光在宗室中挑了一份名單，拜劉辟強及劉長樂為光祿大夫。劉辟強隨後被提拔為宗正，主抓皇族事務。

劉辟強是楚元王劉交之孫，年近八十，沒多久就死了。劉長樂則不知出於何系，大概是劉氏的遠房宗親。以他們兩位邊緣人物出任光祿大夫，執掌議論，既可以顯示霍光博納眾議的氣度，又絲毫不會危及其輔政地位與權威，還可以讓宗室無話可說，可謂一舉三得。

在挫敗劉旦、劉澤陰謀奪位的事件中，青州刺史雋不疑居功至偉。在這裡，我們有必要說一下這個人的履歷，因為他將在接下來的舞臺上占據主位。

西漢時，有兩位取名「不疑」的人很了不起，一位是面對別人誣陷自己和嫂子通姦時毫不辯解的直不疑，還有一位就是今天要說的雋不疑。

雋不疑，河北滄州人，年輕時研究《春秋》，言行舉止都合乎禮儀，因此名聞州郡。武帝末年，各郡國盜賊蜂起，暴勝之被武帝指派到渤海郡鎮壓盜賊。他雷厲風行，執法嚴格，到任後殺了一批人，威震州郡。

暴勝之早聽說渤海郡有一位雋不疑，名氣很大，就想見識一下，派人邀請雋不疑到府上一敘。雋不疑接到消息後，整理好衣冠，峨冠博帶，掛劍佩玉，上門拜訪。

不料，守衛一看他這身打扮，要求他解下佩劍再進門，雋不疑道：「劍乃君子的裝備，是用來防身的，不能解劍。你不讓我進去，大不了我回去就是了。」

守衛也沒辦法，只得如實稟報暴勝之。

暴勝之聽說雋不疑來了，鞋子都來不及穿就趕緊出來迎接。雋不疑進了廳堂以後，伏地而拜道：「我身處荒遠的沿海地區，很早就耳聞暴公子您的威名，但是直到今天才有幸與您會面交談，實乃三生有幸！」

暴勝之說：「還請先生指教。」

雋不疑說：「我認為，凡是做官的，過剛易折，太柔又難混下去，一定要恩威並濟，既要嚴肅認真，也要團結活潑，這樣才能建功立業，永不犯錯。」

暴勝之一聽這幾句話，就知道雋不疑不簡單，不禁肅然起敬，又向他請教施政問題。暴勝之門下那些小弟，都是州郡選拔上來的人才，他們在一旁聽雋不疑講話，都有一種聽君一席話，勝讀十年書的感覺。

兩人促膝長談，一直談到天很晚了，雋不疑才離開。暴勝之上奏朝廷推薦雋不疑，舉薦雋不疑做了青州刺史。

武帝駕崩後，少帝即位，劉旦和劉澤背後搞小動作，正是由於雋不疑的果斷處置，才讓劉旦精心籌劃的計畫胎死腹中。

為了褒賞雋不疑，霍光將其提拔為京兆尹，賜錢一百萬。

漢朝時，首都長安分為三個區，這三個區號稱京畿三輔，分別是京兆尹、右扶風、左馮翊。由於地處京畿，這裡往往是高官貴戚、富戶豪傑及不法分子的雲集之地，歷來號稱難治，其重要性也不言而喻。

雋不疑由刺史遷升京兆尹，除了他本人工作能力確實突出外，同時也是霍光對他的一次考驗。

一段時間之後，雋不疑用實際行動證明，他不僅能管理好地方事務，還能把龍蛇混雜的京城也治理得井然有序，長安的官吏百姓都特別敬重他。

雋不疑的母親是一位賢德明理的老人。每次雋不疑到地方州縣檢查工作回來，母親總是會問他：「有多少冤案得以平反，能讓多少人活命？」

如果某一天雋不疑平反的案件多，母親就會笑顏逐開，連吃飯、說話都與平時不同；要是沒有案件平反，母親就會生氣，連飯都不吃了。

雋不疑的母親直接影響了雋不疑的執政風格，那就是：嚴而不殘。執法嚴厲，又不過度使用暴力。

母親的囑託和百姓的期望，讓雋不疑深感肩上的責任重大，不容絲毫有失。他對每一個案件都細細梳理，判罰分明，絕不冤枉一個好人。

時間一晃到了始元五年（西元前 82 年），這是劉弗陵登基的第五個年頭，當初的「巫蠱之亂」已逐漸淡出眾人的記憶。

然而有一天，一件意想不到的事情發生了。

這年春天，長安城來了一個男子，身穿黃色衣服、頭戴黃色帽子，乘坐黃色牛車，車上插滿了龜蛇圖案的旗子。

在長安城居民和守門士兵充滿疑惑的目光注視下，男子駕著牛車輕車熟路來到了未央宮的北門口，目光悠遠，似有無限感慨。

守門士兵攔住了他：「你是何人？」

來人自稱是衛太子劉據。

這話一出口，長安城的人都相當激動。

「怎麼可能？當年衛太子劉據因不滿江充陷害，憤怒之下殺死江充黨人，隨後起兵自衛。武帝當即下令鎮壓太子的軍隊，長安內外十多萬人被殺，太子劉據和兩個皇孫也在逃亡途中被殺。這是人所共知的事，怎麼又冒出來一個衛太子？」

守門的士兵也嚇壞了，不知所措，只能上報上級，最終到了劉弗陵這裡。

劉弗陵聽聞此事，感到事情比較嚴重。如果來的真是衛太子劉據，那自己該怎麼辦？

見？就是承認太子劉據身分的合法性，接下來會面臨從皇位跌落的危險。

不見？在以「孝悌」為治國理念的漢朝，對兄長的絕情，會在輿論場引發巨大爭議。

一籌莫展的劉弗陵決定立即召集官員到未央宮開會，商議此事。

長安城看熱鬧不嫌事大的群眾多的是，這些人聽聞衛太子劉據死而復生，紛紛圍過來湊熱鬧，北門附近一下子聚集了數萬人，城門口被堵得水洩不通。

未央宮內，大臣們你一言我一語，吵得不可開交，結果也沒商量出個結論。

眼看這會開下去也不會有任何結果，作為首席輔政大臣，霍光這時候決定了：「既然大夥兒商量不出個結果，那就去宮門外看看吧！」

等大臣們從未央宮裡出來，北門外已經人山人海了，將「太子劉據」層層包圍。為了防止群體性事件發生，霍光命右將軍帶部隊維持社會治安。

好不容易擠了進去，大臣們抬眼這麼一看，幾乎不敢相信自己的眼睛，眼前這個人的容貌形狀簡直與衛太子毫無二致，以致在場的大臣們無不滿腹狐疑，噤若寒蟬。

「這世上怎麼會有這麼巧的事？」

田千秋是從小官直接拔擢為丞相的，沒有見過太子劉據，所以無從辨認。

御史大夫桑弘羊看了一眼，閉著眼不說話。

其他人見兩個領頭的官員都不說話，也不敢作聲。

這就很尷尬了。

「巫蠱之亂」距今才不過九年，當年的很多人應當還健在，為何沒有一個人敢站出來指認？

就在這時，一個聲音響起：「把他抓起來，綁了！」

大夥兒轉頭一看，原來是京兆尹雋不疑。

有人上前拉住雋不疑，小聲提醒他：「雋不疑，你是沒見過衛太子，這人長得太像了，說不定真是太子呢，你就這麼抓了不好吧？」

雋不疑說：「春秋時期，衛國太子蒯聵因違抗衛靈公之命出逃，後其子輒繼位，拒絕接納其父回國，此事得到《春秋》的肯定。劉據得罪了先帝，逃亡在外，就算當時沒死，如今自己又回來了，也是國家的罪人，你們怕什麼？」

雋不疑力排眾議，將眼前的男子送進了大牢。

劉弗陵和霍光正在煩惱，聽聞雋不疑的處理，拍手叫好。霍光向劉弗陵說：「選官員還是得選那些熟讀經書、精通歷史、知曉大義的人。」

入獄數日，這位自稱「衛太子」者被獄吏拷打得不成人形，只好招認了。

經審訊，這位男子原來是夏陽人，姓成名方遂，居於湖縣，以卜筮為生。

此前，有一個太子門下賓客找他算卦，發現方遂非常像太子，還感慨了一番。

言者無心，聽者有意。

方遂於是假裝成太子，準備矇混過關。

廷尉審訊之後，找到了他的同鄉張宗祿，坐實了是方遂本人。

最終，方遂被腰斬於長安東市。

經過此事，雋不疑在朝堂上名聲大噪，官員們都自愧不如。

霍光請求將女兒嫁給雋不疑，被他婉言拒絕。

鹽鐵會議

朝堂風波暫時先告一段落，下面，我們來談一個關乎國計民生的大問題：錢。

事實上，前文已經多次提到過漢帝國的經濟政策，但是每次都是蜻蜓點水。不是因為它不重要，而是因為它相當重要，一兩句話根本說不清楚。為了梳理這項涉及產業、流通、稅收的經濟變革，這裡不得不專闢一節，專門討論這個問題。

我們先將時間撥回元狩三年（西元前 120 年），當時的未央宮，武帝主持的一場廷議正在展開。

漢匈之戰已經進行到第十一個年頭，河西走廊重新回到大漢帝國的懷抱，與西域的連繫得以打通。然而，軍事上的重大勝利卻使中央背負了巨大的財政壓力。「文景之治」累積的社會財富已經花光了，原有的以農業稅為主的財政收入體系已無法支撐。

為了取得對匈作戰的最終勝利，徹底解決這個來自北方的威脅，漢武帝需要調整自漢初以來的經濟政策。

劉徹面向群臣，緩緩開口：「自伐匈奴以來，錢糧消耗巨大，府庫空虛，該如何應對？」

戰爭是要燒錢的，錢從哪裡來？

大農令第一個站了出來，提出了自己的策略：「將鑄鐵與採鹽收歸政府經營，全國主要產區設定鹽鐵官，壟斷生產與流通領域。」

這個政策，就是後世常說的「鹽鐵官營」，其實就是只允許朝廷販賣鹽與鐵，民間不得染指半分。這與劉徹和桑弘羊所思所想暗暗吻合。

鹽鐵官營前，國家採取徵收鹽鐵稅的政策。桑弘羊知道武帝對推行鹽鐵官營十分重視，及時與大鹽商東郭咸陽和大冶鐵商孔僅召開會議，統一思想後拿出了一個初步方案：鹽業採用募民煮鹽，而官府專賣的做法，鐵業則由官府徹底壟斷。

事實上，鹽鐵官營並不是桑弘羊的獨家發明，最早始於齊相管仲。

齊桓公上位後，曾問管仲富國之策，並建議對房屋樓臺、樹木、六畜、人口徵稅，都被管仲一一否定。在管仲看來，直接向人民收稅，這種辦法太低階了，會招致民眾的不滿。最好的辦法是讓納稅者在不知不覺中納了稅，而且不至於在心理上牴觸。

想法很美好，具體該如何做？

管仲提出了自己的策略：「唯官山海為可耳。」

什麼意思呢？

簡單說就是由政府壟斷山和海的資源，山上出鐵礦，海裡出海鹽，通通都是皇家的，民眾不得私自開採。

具體怎麼管理呢？齊國政府規定，鹽屬於國家資產，但是在生產上實行官督民產，規定百姓在特定時間、特定地點煮鹽，由政府設定鹽官，統一收購、統一運輸、統一銷售。至於鐵礦，國家將開採權承包給百姓，按三七比例分利潤，政府得七成，民眾得三成。

鹽鐵官營為齊桓公的霸業奠定了堅實的財政基礎，僅食鹽專賣一項，管仲為齊桓公算了一筆帳：一個萬乘之國，人口算一千萬，納稅人算一百萬，如果徵人頭稅，每人每月徵收三十錢，一個月也就三千萬錢。但是只要每升鹽加價兩錢，因為食鹽銷售嚴格按照戶籍進行，每月即可得六千萬錢，相當於人頭稅的兩倍，而且收起稅來簡便。

管仲提出的鹽鐵專營政策，作為國家干預經濟的經典模式，對後世產生了重大影響。而桑弘羊完美繼承了管仲的經濟改革思想，並將其發揚光大。

武帝和桑弘羊靠一系列的經濟改革控制了國家的經濟命脈，為漢匈戰爭及此後的征西南、伐北韓提供了強大的財政保障，但是其負面影響也是顯而易見的。

自從國家的重要支柱性產業被政府壟斷後，「文景之治」時期的那種民間經濟大繁榮的景象一去不復返，司馬遷在《史記》中列舉的那種富商巨賈也消失匿跡。算緡與告緡，實際上是對政府信用的一種透支，民眾此後再也不願意為將來儲蓄，有好吃的馬上吃掉，有好看的衣服馬上就穿了。

除此之外，弊端也逐漸顯現。就拿鐵器來說，各地鐵官監造的鐵器品質特別差，還強令百姓購買，弄得民間怨聲載道。

這種積怨與不滿，終於在武帝死後迎來了一次爆發。

始元六年（西元前 81 年）二月，長安城迎來了一場史上最大規模的國策制度辯論會，我們先來看一下這場辯論會的各方選手。

正方辯手：以御史大夫桑弘羊為核心，包括御史丞、丞相史等人在內的官僚集團，最佳辯手是御史大夫桑弘羊，共發言一百一十四次，御史發言十九次，丞相史發言十五次。

反方辯手：來自民間的六十餘名賢良文學，也就是知識分子，留下姓名的有茂陵唐生、魯國萬生、汝南朱子伯、中山劉子雍、九江祝生等。這些人飽讀詩書、喝過墨水，表面看來是民意領袖和學術大咖，其實是地方上推舉出來的，實為學術界和地方利益的代表。

雙方交鋒的核心一開始是民間疾苦的問題及建議，但是很快，話題就轉到了鹽鐵官營制度的存與廢上。雙方脣槍舌劍、你來我往，猶如高手過招，七十多歲的桑弘羊舌戰群儒，非常精采！後來，漢宣帝讓桓寬根據這次會議紀錄，整理成了《鹽鐵論》一書。

這場辯論，就是歷史上著名的「鹽鐵會議」。

為了讓大家更直觀地了解這場交鋒，將畫面切回兩千一百年前的那場大型辯論會現場，正方辯手是桑弘羊，反方辯手是群儒。下面進入辯論賽的第一環節，主題是：本議。首先發言的是反方辯手。

群儒說：「我們聽聞管理人民應該防止產生放縱享樂的根源，發揚人們固有的道德因素，抑制工商之利而宣揚仁義，不要引導他們追求財利。只有這樣，古代帝王的教化才能復興，當今的風俗才能改變。現在全國各地都在推行鹽鐵官營、酒類專賣和均輸法，這種赤裸裸的與民爭利，不僅破壞了忠厚的本質，還因此形成了貪婪卑劣的風氣。

老百姓務農的少了，熱衷於工商業的多了。外表太華麗，本質就會衰敗；工商業興盛，農業就會衰落。工商業發展了，老百姓就會驕奢淫逸，農業發展了，老百姓才會誠實樸直。老百姓誠樸，財用就富足，老百姓奢侈，飢寒就產生。因此，我們希望政府廢除鹽鐵官營、酒類專賣和均輸法，從商業活動中抽身，專注於農業發展。」

桑弘羊冷哼一聲：「你們說得倒是輕巧，不當家不知柴米貴，你們不需面對紛繁複雜的日常政務，可以信口開河大談禮儀道德教化。我就一句話，取消鹽鐵官營，邊防軍費開支從何而來？

匈奴反覆不斷侵擾漢朝邊境，甚至侵入內地。防備匈奴，就會使中原士兵勞苦；不防備，匈奴又會進犯。先帝憐憫邊境人民長期遭受禍害，苦於被匈奴擄掠，所以在邊境建城堡要塞，修整烽火臺，屯田駐軍來防禦對手。但是這些軍事活動和設施的建設和維護都需要大量的財力投入，政府為了維持巨大的財政開支，不得已才實行鹽鐵官營、酒類專賣和均輸法，增加國家的財政收入，以補充邊防經費。你們說這些能賺錢的產業都不做了，那我拿什麼來養活邊關的將士？總不能讓他們喝西北風吧？」

面對桑弘羊陳述的事實，儒生們又會如何展開反擊？

群儒索性把祖師爺孔夫子的話抬了出來：「『有國有家者，不患貧而患不均，不患寡而患不安。』天子不談論財富的多和少，諸侯不談論利和害，大夫不談論得和失。他們都積蓄仁義去教化民眾，推廣仁德去安撫百姓，因此，近處的人都親近歸順他們，遠處的人也對他們心悅誠服。所以，善於克敵致勝的人不必去打仗，善於打仗的人不必出動軍隊，善於統帥軍隊的人不必排列陣式。只要在朝廷上修明政治，就可以使敵人不戰而退。聖明的君主施行了仁政，就可以無敵於天下，何必要什麼費用呢？」

這些儒生一面高舉孔夫子的大旗，高舉道德教化的大旗，一面迴避殘酷的客觀現實避而不談，妄想著以禮義為干櫓、以忠信為甲冑、以孝為根本、以德而遠播天下，就可以高枕無憂了。

桑弘羊很無奈，但他還是繼續講道理：「匈奴凶悍狡猾，驕橫放肆，侵入長城內地殺我朔方等郡縣的官吏，叛逆作亂，圖謀不軌，早就該出兵討伐了。陛下大施恩惠，既憐惜百姓生活不富足，又不忍心讓將士們征戰於荒野中。你們這些人沒有身披鎧甲、手執武器到北方抗擊匈奴的志氣，卻又想廢除鹽鐵官營和均輸法，破壞邊防軍費的供應，損害國家的戰備計畫，一點都不擔心邊境安危，恐怕說不過去吧？」

群儒說：「古時崇尚以德服人，而鄙視武力征服。孔子說：『遠人不服，則修文德以來之，既來之，則安之。』現在廢棄道德而使用武力，出兵去攻打匈奴，屯田駐軍防備，長期陳兵於外，無休無止地轉運糧食，使邊境之士飢寒於外，百姓勞苦於內。實行鹽鐵官營來供給邊防費用，這不是長久之計，所以還是廢除為好。」

直到這時，儒生們才終於指出了一些客觀事實，戰爭對於糧食的消耗實在是驚人。有人做過統計：在秦代，從齊魯運一袋糧食到朔方郡，一路上所消耗的糧食加起來有八袋之多！

想當初，李廣利第一次伐宛，最難的不是作戰，而是道路遙遠，糧食匱乏。一年後，漢朝傾全國之力，發十八萬戍卒開發河西走廊，修築道路，列亭障至羅布泊。李廣利帶著新招募的大軍趕著十萬頭牛、三萬多匹馬，還有無數的驢和駱駝，馱著米糧，踏上了二次伐宛的征程。靠著強大的後勤補給，漢軍才順利抵達大宛。

不過尷尬的是，一年後戰爭結束，回程時糧食又出問題了。西域各國人少糧少，難以供應漢軍，再加上官吏貪汙問題嚴重，沿途還是餓死了不少人。

面對糧食損耗過度的問題，桑弘羊又會怎麼答覆呢？

桑弘羊說：「古代建立國家的人，發展農業和工商業的途徑，無非是希望透過市場統一解決各方面的需求，讓農民、商人、工匠都能各取所需，互通有無。《易經》上說：『通其變，使民不倦。』手工業不發展，農具就會缺乏；商業不發展，物資就不能流通。農具缺乏，糧食就不能增產；物資不流通，政府財政就困難。所以實行鹽鐵官營和均輸法，正是為了流通積壓的貨物，不可廢除。」

群儒還是避實就虛，繼續大講仁義道德那一套：用仁德教導百姓，百姓就會敦厚；用錢財引誘百姓，風俗就會鄙薄；風俗鄙薄，百姓就會違背仁義而追求錢財；追求錢財，百姓就會奔走往來於市集中。老子曰：「貧國若有餘。」其實並非如此，而是百姓欲望太多，急於求利的緣故。

因此，高明的執政者都重視農業，抑制工商業，用禮義來防止百姓的貪欲，充實糧食和錢財。市集上，商人不販賣無用之物，工匠不生產沒用的器具。所以商業只是用來流通積壓的貨物，手工業只是生產各種用具，它們都不是治國的主業。

桑弘羊回答：「《管子》說，國家有肥沃富饒的土地，而百姓還吃不飽，是由於生產工具不完善；有山林大海出產的各種物品，而百姓仍然經濟不富裕，是由於工商業不發達。隴、蜀兩郡的硃砂、大漆、犛牛尾和鳥羽，荊、揚兩州的皮革、獸骨和象牙，江南的楠木、梓木和毛竹、箭竹，燕、齊兩地的魚、鹽、氈子和皮襖，兗州、豫州出產的漆、絲、葛布和麻布，都是人們養生送終的必需品。這些東西，都是要靠商業來流通、靠工匠來製作。」

在列舉了一大堆因交通困難而導致的商貿不便後，桑弘羊進一步提出，只有大力發展交通，促進商貿活動，才能更好地保障民生。

桑弘羊說：「聖人造船、槳通行於江河峽谷，駕馭牛馬通行於山陵內陸，甚至到達邊遠地區，深入窮鄉僻壤，為的是流通各種貨物，便利百姓。武帝設定鐵官，以供應農業需要的用具，實行均輸，使百姓富裕。鹽鐵、均輸政策是全國人民所擁戴並賴以取得生活必需品的，絕不能廢除！」

群儒說：「國家有肥沃富饒的土地，而百姓還吃不飽，是由於工商業興盛而農業荒廢的緣故；山林大海出產各種好東西，而百姓仍不富裕，是由於沒有生產百姓的必需品，卻製造了很多奢侈品。所以大河的水也裝不滿漏酒的酒器，山林大海產的好東西也填不滿深溝峽谷。

盤庚住茅屋，舜藏起黃金，高帝禁止商人做官，為的就是遏止貪鄙的習俗，培養人們純樸的風氣。打壓商人、堵塞求利的門路，尚且還有人為非作歹，更何況朝廷帶頭牟利？《公羊傳》說：『諸侯好利，大夫就卑鄙；大夫卑鄙，士就貪財；士貪財，老百姓就要偷盜。』這就是開啟了求利的門路，為百姓提供了犯罪的階梯。」

桑弘羊說：「各地諸侯把本地特產作為貢物運到京城，一路上貨物的損耗肯定不少，等到了目的地時價值還不夠抵它的運費。因此在各郡國設定均輸官，來幫助運輸，便利於遠方交納貢物。在京城設立倉庫，用來收購和貯存貨物，物價賤時就買進，物價貴時就賣出。政府手裡掌握著物資，商人就不能牟取暴利，所以叫做平準。實行平準，百姓就能各安其業；實行均輸，百姓的勞逸就均衡得當。平準、均輸是為了平抑物價而方便百姓，絕不是開啟牟利的門路而成為人們犯罪的階梯。」

群儒回答：「以前向百姓徵稅，只徵收他們出產的東西，不徵他們沒有的東西，農民交納農產品，婦女交納紡織品。現在，均輸法名義上是在當地徵收特產，但是均輸官為了牟取更大的利潤，其實際做法卻是不收當地出產的東西，改為索取當地無法生產的東西。老百姓只好賤賣掉自己的產品，去市場上（實際上也是由官府經營）買均輸官要求的東西。

最近還聽說，有的地方命令百姓生產布絮，還包括齊、阿的細絹，蜀、漢的麻布等產品在內，官府任意刁難他們，以詐欺手段強行低價收購，農民翻倍受苦，婦女重複納稅，根本看不到所謂均輸的好處在哪裡。

官府濫發命令，關閉城門，壟斷市場，什麼東西都強行低價收購，囤積居奇造成物價飛漲，等市場嚴重缺貨時再高價出售牟取暴利。這種低價購入、高價出售的政府經商行為，也根本看不到所謂平準的好處在哪裡。」

不得不承認，儒生們雖然喜歡爭辯，但是他們確實發現並指出了均輸與平準法的弊端。在他們看來，所謂的均輸法，不過是朝廷以其無遠弗屆的政治權力，在經濟領域造成全方位的壟斷局面，操縱物價，賤買貴賣，以牟取暴利。

儒生們已經扭轉了一開始被動的局面，他們提出的一些現實問題讓政策的制定者桑弘羊也很頭大。至此，第一階段的辯論會正式結束，我們來做個簡單的總結。

這是雙方的第一場交鋒，一見面，雙方沒有多少客套，直奔主題。儒生們一上來就要求廢除鹽鐵專營，桑弘羊自然不肯答應，他詳細介紹了設定鹽鐵專營的目的 —— 為了保障邊防巨大的軍事開支。同時，圍繞平準和均輸兩項政策的正反面，桑弘羊與儒生們展開了激烈辯駁，不過很顯然，桑弘羊在這一場辯論中處於下風。

稍事休息後，雙方開始了第二輪辯論，此次辯論的主題是：力耕。顧名思義，就是鼓勵耕種的意思。

桑弘羊之問

桑弘羊首先發言：「君主應該控制自然資源，管理關卡集市，掌握平衡物價的權力，守候時機，根據輕重之策來管理百姓。在物價低時國家收購來託市，物價高時國家拋售來平抑物價。」

桑弘羊也學儒生們，抬老祖宗出來為自己壯膽：「從前夏禹時鬧水災，商湯時鬧旱災，老百姓很貧困，有的要靠借貸來過日子。在這種情況下，夏禹用歷山的金（銅），商湯用莊山的銅鑄成錢幣，救濟老百姓，大家都頌揚他們的仁慈。

過去，國家財用不足，部隊得不到給養。山東地區遭災荒，齊趙之地發生饑荒，全靠實行均輸法所積蓄的財富和國家倉庫中貯藏的糧食，才保證了軍隊的給養，飢餓的百姓得到救濟。均輸的收入不但能用來給邊關將士發餉，還能在發生自然災害時，購買救災物資來救濟災區百姓，可謂取之於民，用之於民。」

群儒說：「古時農民交十分之一的稅，按時節到魚塘捕魚，國家不禁止，百姓都能耕田種地，農業不荒廢，所以耕種三年有一年的餘糧，耕種九年有三年的餘糧。夏禹、商湯就是用這種辦法來防備水旱災荒，使百姓安居樂業的。如果荒草不剷除、田地不耕種，即使占有山海的財富，廣開各種取利的途徑，還是不能使國家富足。所以古時鼓勵百姓從事農業，努力耕種，不誤農時，衣食充裕，即使到了荒年，人們也不害怕。

穿衣吃飯是老百姓的基本需求，耕作收割是老百姓的主要任務。如果這兩方面都做好了，國家就能富足，百姓就會安寧，就像《詩經》說的那樣『百室盈止，婦子寧止』了。」

儒生們依然堅持原來的觀點：一切生產皆要以農為本，無農不穩。

那麼桑弘羊又會如何反擊呢？

他提出：「條條大路通長安，富國強本完全可以透過其他方法實現。管仲幫助齊桓公成就霸業，而紀氏由於只注重農業而亡了國。如果為了一家人的生活必須從事農業，那麼舜就不應該去製作陶器，伊尹也不應當去當廚師。善於治理國家的人，應該是天下人認為卑賤的，他認為高貴；天下人所輕視的，他卻重視，用工商業代替農業，用無用的東西換取有用的。

現在從山林川澤取得的財富，實行均輸法所獲得的累積，是為了施用輕重之法來役使天下諸侯。汝漢一帶的金子、各地進貢的絲織品，可以換取胡羌的珍貴財物。用我們的一點絲綢，就能得到匈奴的很多貴重物品，從而減少他們的財物。這樣，騾、驢、駱駝就可以成群結隊地進到邊塞內，各種良馬也都變成了漢朝的牲畜，鼠皮、貂皮、狐貉等各種貴重皮料和彩色的氈子、有花紋的毯子將充滿皇宮裡的倉庫，璧玉、珊瑚、琉璃也都成了漢朝的珍貴物品。

這樣，外部的各種物品源源不斷地運進來，而內地的財物不外流。外族的東西運進來，國家財用就充足；自己的財物不外流，百姓家用就豐足。

這才是《詩經》說的『百室盈止，婦子寧止』。」

群儒說：「古時，商人和工匠誠信經營，所以君子不論是從事農耕，還是打獵捕魚，都是一樣老實。現如今，商人喜歡宰客，工匠喜歡偷工減料，毫無羞愧之心，結果本來就刻薄的人會更加奸詐，而老實的人也會變得刻薄。

從前夏桀奢侈淫逸，歌妓充盈於宮中，她們衣著華麗，所以伊尹遠離夏桀，到了商朝國都，結果歌妓使夏桀亡了國。現在，外來的騾、驢抵不上我們的牛、馬，鼠皮、貂皮、毛氈、花毯也比不上我們精美的絲綢。美玉、珊瑚產於崑崙山，珍珠、犀牛、大象產於桂林，這些地方離漢朝都有幾千里。按照種田養蠶的勞動來計算一下購買這些物品的支出，就等於一件物品要用百倍的價錢，這太不划算了。

如果朝廷喜歡珍貴的東西，那麼奢侈的習俗就會流於民間；如果朝廷以遠方的東西為貴，那麼財貨就會外流。所以，帝王不以無用之物為寶，以使百姓知道節儉；不喜歡那些稀奇古怪的東西，以使國家富裕起來。治理百姓的方法，在於讓他們節儉重農，用井田制的方法分配土地即可。」

不難看出，儒生們對西周那套以「井田制」為核心的經濟管理制度是很欣賞的。既然他們如此看重井田制，那我在這裡就談談這個話題。

井田制是商周時期的土地分配方式，也是一種徵稅手段。政府把一塊大田劃成井字形的九宮格，中間一塊為公田，大家一起耕種，所得歸分封之地的貴族所有，其餘八塊則為私田。

不過，到了春秋時期，井田制就開始逐漸崩潰了。原因也很簡單，一方面，公田遠遠不夠政府的開銷；另一方面，越來越多的額外稅收壓力，逼得老百姓只能去荒郊野外自謀生路。

商鞅變法時，就學習了其他諸侯國的改革經驗，拋棄了井田制，採用授田制。

具體來說就是，政府分配土地給百姓，但是收稅不再透過公田收糧，而是每年下達耕作任務，不管這塊地你種還是不種，每年都必須按照土地面積向政府交稅。另外，農民除了交糧，還要交餵養牲畜的草料稅。如果沒有完成任務，就會按照秦律處罰。

雖然授田制並沒有提高生產力，但是透過設定沉重的任務量，逼著農民不得不提高生產效率，最終在整體上提高了糧食產量。

孔子生活在禮崩樂壞的時代，井田制正在解體，新的農戶私有制將要興起；比孔子晚兩百年的孟子時代，井田制早就崩潰了，即便如此，兩位聖人還是主張恢復井田制。儒家一向主張復古，他們力挺傳統，認為當下的事情一團糟，就是因為人們背離了傳統，所以他們支持井田制。這也在情理之中。

面對儒生們的食古不化，桑弘羊又會如何反擊呢？

桑弘羊說：「從京城向四方，穿越高山大河，凡是繁華的城市，無不是道路暢通，商人雲集。所以有才能的人順應自然變化，有智慧的人善於利用地利，聰明的人靠別人供養，不聰明的人靠自己勞動。長沮、桀溺不可能有百金的積蓄，穿草鞋的人不可能像猗頓那樣富裕，宛、周、齊、魯的商人走遍天下。」

緊接著，桑弘羊說出了一句至理名言：「富國何必用本農，足民何必井田也？」

要讓國家強大何必依賴於農業，要讓百姓富足何必用井田制這樣的笨辦法？又說，致富之道在於謀略，不在於身體的辛勞；利潤的獲取在於積聚效益，而不在盲目的蠻幹。他甚至認為，工商不暢，農業無從發展，國家財政也將失去來源。唯有工商，才是富國之道！

群儒說：「洪水氾濫，才有大禹治水的功績；黃河決口，才有宣房宮的建造；商紂王暴虐，才引起武王會諸侯於孟津，共謀討伐紂王；天下混亂，才使商人乘機謀利發財。

遠古時代，百姓純樸，重視農業，所求不多，路上行人稀少，公眾聚集的地方雜草叢生。大夥自負盈虧、自力更生，那麼耕作能力不強的自然餓死，紡織能力不強的自然凍死。既然剩下的都是吃穿不愁的人，那還需要商人搞貿易來調劑供需嗎？」

很顯然，為了反擊桑弘羊的經濟改革政策，儒生們已經明顯有極端的傾向了，他們的發言充滿了類似近代的「社會達爾文主義」或者說「叢林法則」氣息。在他們看來，不能養活自己的人，根本不值得同情，活該被社會淘汰！

至此，第二階段的辯論會正式結束。比起第一場，這一次的辯論水準還是挺高的，圍繞「重商主義」和「重農主義」，雙方展開了一場激烈交鋒，不僅看到了表面，更看到了實質。不過很顯然，儒生們在這一場最終還是處於下風。

事實上，鹽鐵會議所爭論的不僅僅是鹽鐵官營等經濟政策，還包括武帝以來的治國理念、外交政策、統治策略等，內容可謂是五花八門。他們所討論的深度和廣度在兩千年的歷史上也是絕無僅有的，很多問題直到今天也沒有定論。

他們認為農具品質太差，說政府督造的鐵具，完全不考慮農民使用是否便利。老百姓拿著政府鑄造的鈍刀，連草都割不斷。農民大老遠跑到城裡購買農具，還常碰上主管鐵器專賣的官員不在店內，只能空手而歸。買不到鐵製農具，窮困潦倒的百姓只好回歸到用木具耕地、用手除草的時代。

他們抱怨政府法律太嚴苛，主張德治，認為行仁政就可以無敵於天下。特別是漢武帝任用的一些酷吏，如杜周、張湯、王溫舒等人，枉顧法律，隨意陷害無辜群眾，動不動就一人犯罪，全族株連，使得人心恐慌，動亂不安，因而激起了百姓的反抗。他們一再引證歷史教訓，批判嚴刑峻法，指為亡國之道，把嚴刑峻法看作是秦王朝滅亡的原因。

他們反對向匈奴用武力，主張休兵止戰，以和為貴。他們認為，匈奴遠處漠北，對於他們的騷擾活動，應該以德服人，我們天朝上國物產豐盈，無所不有，大不了多給他們點財物，繼續落實和親政策，打好雙邊關係最重要，何必非要打打殺殺的呢？

儒生們口若懸河，大肆抱怨國家大政及方針政策，作為政策制定者的桑弘羊自然很不爽，甚至開始嚇唬對方：「儒墨文學之徒當年依附於淮南王劉安與衡山王劉賜，結果二王被定性為謀逆，那些人也禍及宗族。」

桑弘羊的潛臺詞再明顯不過，政治不是一般人能玩的，上面這些人就是你們的前車之鑑，要引以為戒！

丞相史也站出來力挺桑弘羊：「大司農顏異，反對武帝發行『白鹿皮幣』，死於腹誹罪；博士狄山，反對攻擊匈奴，被武帝送去前線，讓匈奴人砍了腦袋。你們這些人吃朝廷的飯卻批評朝廷的政策，生在盛世卻訕謗自己的皇帝，萬一哪天出門被攻擊，可怪不得別人！」

桑弘羊還拿秋蟬作了個比喻：「你們這幫傢伙，見過夏末叫個不停的蟬嗎？秋風一來就全沒了聲息。你們現在口不擇言，等到禍患臨頭，再想閉嘴，可就晚了！」

大概是後面被逼急了，桑弘羊甚至鄙視「賢良文學」出身低賤，說他們沒有資格議論國家的大政方針：「你們這些『文學』，能說不能做，身為下民卻訕笑上官，窮困潦倒卻非議富者，別有用心，信口開河，不過是沽名釣譽，想以博直名罷了。」他嘲笑「賢良」：「俸祿不足一把米的人，不配談論治國之道；家中存糧不到一石的人，沒資格談論天下大事！」

儒生們自然是很有骨氣的，他們反駁道：「堵塞民眾上升的管道，禁錮言論自由，每日阿諛奉承，皇帝從來聽不到批評之詞，這就是秦王朝滅亡的原因。所以聖人執政，必先除掉這些花言巧語傾覆國家之人。如今你們竟然用亡國之言來嚇唬我們，實在是太可悲了！」

桑弘羊嘲諷儒生窮困潦倒、衣冠不全，不配談論國事，儒生這樣頂撞他：「身分低賤，不妨礙有才智；貧困潦倒，不妨礙有德行。你們這些肉食者只知斂財，公卿積錢億萬，大夫積錢千斤，士積錢百斤。百姓飢寒交迫，沿路全是流民，我們儒者衣冠不整，有什麼好丟人的！」

這場辯論會，從春寒料峭的二月一直持續到了烈日炎炎的七月，歷時五個多月，辯論雙方所涉及的話題已非常深入。在桓寬的記載中，七十四歲高齡的桑弘羊在會上遭遇言語圍攻，儒生們沒有一絲尊重這名兩朝元老的意思，紛紛向他發難，痛罵他實施的鹽鐵專賣是與民爭利，君子不齒。

儒生在道德立場上罵桑弘羊，表面上是占了上風，可是實際上，這些儒生們只知洶洶反對，大談仁義道德，雖然看出了不少問題，卻提不出任何建設性的方案。

桑弘羊的態度很明確：「你們說要取消鹽鐵專營，我就問一個問題，如果不執行這項政策，一旦外族入侵，我們怎麼保衛國家？」

結果，儒生們無人能答。

鹽鐵會議，以儒生宣告勝利而告終。

事後，參會的儒生們均被賜予公大夫的爵位，其中一些人還被授了縣令之類的小官。儒生們自以為得到了一次一展抱負的機會，朝廷能夠改變以往的政策，不料，朝廷最後只是廢止了酒類專賣與關內的鐵官，並沒如同他們所企盼的那樣全面廢止鹽鐵、平準、均輸等政策，完全恢復到文景之治時的政策。

第二章

權臣秉鈞

反目成仇

霍光雖然也是儒生們的幕後支持者，但他是帝國的當家人，看問題的視角比儒生們實際多了。

當初的五個顧命大臣中，金日磾在一年後離開人世，田千秋一直都以老好人的形象示人，權力的「鐵三角」中，只剩下霍光、上官桀和桑弘羊三人。

我們在數學課上都學過一個概念，叫三角形穩定性。其實，在權力的「鐵三角」中，這種結構往往是最脆弱的。畢竟，權力這玩意只能獨占，不能共享，如果幾個人共同行使，肯定出差錯。

在這次辯論中，七十四歲的桑弘羊可謂是灰頭土臉。進一步講，儒生之所以敢直言，背後少不了霍光的支持。同為顧命大臣，霍光與桑弘羊也不似表面那麼和諧，桑弘羊自恃功高，想為自家子弟走個後門，謀個一官半職，結果被霍光一口否決。

除此之外，兩人的矛盾還表現在政見不同上。

同樣是漢武帝的忠實擁護者，桑弘羊信奉的是《輪臺詔》前的擴張路線，而霍光執行的是之後的守成路線。鹽鐵會議是霍光借地方上的儒生領袖打擊桑弘羊，僅僅是一種政治手段而已。

很快，上官桀與桑弘羊聯起手來與霍光唱反調。

桑弘羊跟霍光不合，原因上面已經說了，上官桀為什麼也要跟霍光唱反調？

事情的起因，還要從漢昭帝唯一活著的姐姐——鄂邑公主說起。

前面說過，漢昭帝劉弗陵即位時，只有八歲。為了防止外戚亂政，武帝死前逼死了劉弗陵的母親鉤弋夫人。所以，喪父喪母的漢昭帝只有一個姐姐鄂邑公主可以依靠。

隨著劉弗陵漸漸長大，鄂邑公主便開始謀劃劉弗陵的終身大事，簡單來說就是娶太太。

皇帝娶太太可是一件大事，有女兒的人都盯著呢，萬一自己的女兒被選中了，就等於得到了一張直達票，可以直接上桌參與這場權力的遊戲，並藉此機會一躍成為大漢朝頂級的豪門。

上官桀也不例外。

你肯定會問，他不是已經身處權力核心了嗎？還不滿足？

沒錯。

對最高的權力寶座來說，三個人明顯太擁擠了。誰都想一個人霸占寶座，將另外兩個擠下去。

曾幾何時，霍光與上官桀也有過一段蜜月期，兩人還結了兒女親家，上官桀的兒子上官安娶了霍光的女兒為妻，兩人又同受武帝遺詔為輔政大臣。霍光休假不上朝的時候，上官桀經常替代霍光處理國家大事。

可惜，這種親密關係並沒有維持太久。要知道，上官桀很早就擔任了九卿之一的太僕之職，官秩在奉車都尉霍光之上。只是由於武帝臨終囑託，霍光才一躍成為大司馬大將軍，官秩反在上官桀之上，上官桀心中自然不會服氣。

權力與地位的變化，在兩人的關係中投下了一道陰影，也為日後的權力之爭埋下了伏筆。

一日，上官桀讓兒子上官安上門拜訪老丈人霍光，婉轉提了一個請求，希望霍光安排他的女兒上官氏，也就是霍光的外孫女進宮，做小皇帝劉弗陵的皇后。

不料，霍光聽完卻是一口回絕：「開什麼國際玩笑？你那孫女上官氏現在才五歲，這麼小的年紀，怎麼能結婚？」

上官安碰了一鼻子灰，但是他仍不死心，轉而勾搭上了另一個人：丁外人。

丁外人是河間人，他的公開身分是鄂邑公主的門客，但是私底下，他還是鄂邑公主的情人。

鄂邑公主久居皇宮之中，不甘寂寞，和門客丁外人偷偷交往。好事不出門，壞事傳千里，很快，這件事傳得人盡皆知，也傳到了大將軍霍光的耳中。

上官安和丁外人私交不錯，他決定找丁外人幫忙：「聽說長公主要挑選女子進宮，我女兒容貌端正，如果能趁長公主選女入宮的機會進宮做皇后，那就圓滿了。」

問題在於，丁外人憑什麼幫他？僅僅是私交不錯？

上官安開出了自己的條件：「你不是想娶長公主嘛，漢家的規矩是只有列侯才有資格娶公主為妻，如果我女兒當了皇后，我一定幫你，你還擔心封不了侯嗎？」

丁外人心動了。

封侯，這是他多年的夢想，只有封了侯，他才能名正言順地娶鄂邑公主！

雙方一拍即合，成交！

丁外人隨後向鄂邑公主作了彙報，希望立上官安的女兒為皇后，鄂邑公主倒也樂見其成。很快，上官安的女兒上官氏順利入宮，封為婕妤。沒過多久，上官氏被封為皇后。

上官安成了正牌的國丈，被封車騎將軍，桑樂侯。

這下子，上官桀父子權力大增。尤其是上官安，在老爸的光環下，他非常得意。

他現在是皇帝的岳父，上官家一躍成為當時的頂級豪門。由於空前得勢，上官安越發驕橫淫逸。

自己的願望已經達成，下面該兌現對丁外人的承諾了。

上官桀父子雖然炙手可熱，但是上面還有一個霍光。要為別人封侯，沒辦法繞過他。

上官安又一次找到了霍光，替丁外人討要列侯的封賞。

不料，霍光再一次拒絕了他，任憑上官安糾纏，霍光就是不答應。

無奈，上官桀決定親自出馬，結果同樣碰壁而回。霍光的理由是：「丁外人既非劉姓宗親，也未建過任何功勳，高祖皇帝定下來的規矩，誰都不能打破。」

「好吧，既然封侯不行，給個光祿大夫的職位總可以吧？給我點面子好不好？」

霍光還是搖搖頭。

不肯、不肯，還是不肯，一點面子都不給。

上官桀感覺自己有點沒面子了。自己如今也算是皇親國戚了，同樣是託孤大臣，憑什麼你霍光在朝廷中獨攬大權、居於眾人之上？

上官桀妻子的父親很喜歡一名大夫。有一次，這人擅自跑到殿上，被捉拿下獄，按律當處以死罪，獻馬二十匹給鄂邑公主，這才免去了他的死罪。

事情雖然了結了，但是上官桀心裡很不服氣，開始怨恨霍光不近人情。

而接下來這件事，進一步加深了上官桀與霍光的矛盾。

上官安仗著自己是皇帝的老丈人，與丁外人勾結，做了很多不法之事。時任京兆尹的樊福經常干涉二人的不法行為，兩人心生怨恨，找了個殺手殺死樊福，並把殺手藏在了鄂邑公主家裡。

鄂邑公主家正好在渭城縣，而縣令正是被武帝表揚過的胡建。

這裡有必要翻一下胡建的履歷。

他本是武帝時的一個小官，雖然身分低微，但是為人剛正不阿，勇於和黑惡勢力作鬥爭。他在任守軍正丞期間，監軍御史為謀私利，私自將軍營的牆打通，與社會上的人做買賣。

監軍御史此舉違反了軍紀，但是不構成犯法，胡建決定先斬後奏，他特意選了一個校閱的日子，當場逮捕監軍御史，宣布他的幾條罪狀，然後斬首示眾。

案件報上去，胡建非但沒有被懲罰，反而得到武帝的高度讚揚，胡建因此一鳴驚人。

此時的他，正擔任渭城縣令一職。自己的轄區內發生了命案，胡建不敢怠慢，立即派兵包圍了公主的府邸，搜捕刺客。

鄂邑公主不但不交出刺客，反而還唆使家奴驅趕胡建派來的士兵，事後又告胡建欺負公主，殺公主家奴，箭射公主府。

這就有點過分了。

好在霍光知道其中的曲折，暗中保護胡建，使得公主的惡狀沒有告成。

上官桀並不打算放過他，趁著霍光請病假時，下令逮捕胡建。胡建得知消息後，憤懣自殺。

霍光回來後，臉色很不好看：「這是赤裸裸地踐踏法律！」

霍光與上官桀兩位鬧不合，消息傳到燕國，燕王劉旦坐不住了，他派人送了大量金銀進京，送給鄂邑公主及上官桀父子等人，祕密協商。

為了配合燕王劉旦的行動，上官桀父子祕密記錄霍光的過失，發給劉旦，讓他上書告發霍光，並替丁外人求侯爵之位。

劉旦大喜，上書說：「子路的姐姐死了，一週年後他還不脫掉喪服，孔子指責他。子路就說，我生活不幸，沒有兄弟，不忍心脫掉為姐姐穿的喪服。所以說，看一個人的過失，就可以知道他是否仁義。現在我和陛下只有長公主一位姐姐，陛下既然讓丁外人侍奉公主，何不賞他一個侯爵？」

小皇帝問霍光的意見，霍光還是堅持不同意。

「既然你不仁，那就休怪我不義了。」

上官桀父子與燕王劉旦很快達成統一戰線，一場針對霍光的陰謀如同無形的網，正在悄然張開。

這一天，正逢霍光休息，小皇帝劉弗陵的案頭出現了一封奏章，署名是燕王劉旦，其中痛斥霍光的一系列違法行為：

「霍光出去檢閱軍隊時，命人清道，驅趕行人，還讓人為他提前準備飲食，排場和皇帝一樣，這是典型的僭越。

霍光任人唯親，楊敞並無功勞，只因他以前當過霍光的侍衛，就被提拔為搜粟都尉。另外，霍光還擅自調動校尉到大將軍府，目的不純。

霍光大權獨攬，為所欲為，我擔心他會做出不利於皇上和朝廷的舉動，因此我願意交出燕王的印璽，進宮護衛在皇上左右，監督奸臣，以備不測。」

上官桀等人信心十足，劉弗陵只是個小孩子，遇上這樣大的事，必定會驚慌失措。而他所能信賴的，除了霍光，就只有自己了。小皇帝一定會召見自己，到時候自己和桑弘羊等人再添把柴，這麼火上澆油，小皇帝必定會傾向於自己。

只要小皇帝流露出嚴查霍光的意思，自己立刻部署抓人，來個先斬後奏！

在上官桀的主持之下，計畫進行得有條不紊。

「只要到了明天，一切終將見分曉！」

第二日上班時，果然不出上官桀所料，所有人都在熱烈討論此事。霍光也知道自己被舉報了，匆匆趕來，但是他畢竟是被告，不方便進去，只好很自覺地待在畫室之中，等待皇帝處置。

所謂畫室，是參加朝會之臣待命的地方。

劉弗陵上殿後，見霍光不在隊伍中，便問：「大將軍在什麼地方？」

上官桀說：「因燕王控告大將軍的罪行，所以他不敢進殿。」

劉弗陵說：「召大將軍進殿！」

霍光一進殿，沒有著急為自己辯解，先將官帽摘了下來，俯首跪地，向劉弗陵認罪。

哪知，劉弗陵竟揮一揮手，讓霍光起身，道：「大將軍請戴上帽子，朕知道這奏章是假的，大將軍無罪。」

霍光猛地抬頭，問：「陛下如何得知？」

不僅霍光驚訝，所有人都愣愣地看著小皇帝劉弗陵，只聽劉弗陵道：「大將軍去廣明校閱郎官，這是最近的事，選調校尉以來，也才不到十天的時間，燕國山高路遠，怎麼可能這麼快就知道這些事？況且，大將軍如要謀反，還用得著選調校尉嗎？」

小皇帝話才剛說完，所有人都睜大了眼睛，不可思議地看著小皇帝。「剛剛那些話，是這位稚氣未脫的小皇帝口中說出來的嗎？不可能啊！」

眾人還未從驚訝中回過神來，就聽見劉弗陵又道：「速去緝拿上書誣告大將軍之人！」

誰是那個誣告霍光的幕後推手？

只有上官桀！

見劉弗陵大有誓不罷休的意味，上官桀連忙道：「陛下，不過是些流言罷了，區區小事，用不著窮追不放……」

劉弗陵打斷了上官桀的說辭，道：「誣告大司馬大將軍，此人膽大包天，背後必有指使之人，怎麼會是小事？此事必須嚴查到底，看看到底是誰在背後煽風點火？」

上官桀等人已是面色蒼白，渾身冒冷汗。

後來，上官桀的同黨中有人對劉弗陵說霍光的壞話，劉弗陵立刻怒斥：「大將軍是重臣，先帝託付他輔佐朕，誰再膽敢誣衊大將軍，立刻問罪！」

自此之後，上官桀及其黨羽再也不敢在昭帝面前攻擊霍光。

霍光當權

假手昭帝除去霍光的 A 計畫失敗後，上官桀等人開始制定 B 計畫。他與鄂邑公主密議，準備由鄂邑長公主出面，擺下一桌「鴻門宴」，以霍光勞苦功高，慰勞他的名義，宴請霍光。等他到場時，周圍設下伏兵，立即殺之！

除此之外，上官安還寫了一封信給燕王劉旦，承諾他：「廢掉劉弗陵之後，我一定擁立你當皇帝！」

劉旦很激動，立刻回信：「一旦我當了皇帝，第一個就讓上官桀稱王！」

上官桀真有這麼好心嗎？自己搞定小皇帝，奪得實權，然後邀請燕王劉旦下山摘桃？

顯然不可能！

上官桀真正的打算是，先除掉霍光，廢掉小皇帝，再引誘燕王劉旦至長安殺之，然後將這劉家天下變成上官家的，自己上位當皇帝！

上官安越想越激動，他開始暢想自己的美好未來。有人問他，小皇帝要是被廢了，那皇后怎麼辦？那可是你的親生女兒啊！

不料，上官安卻輕描淡寫地回答：「獵狗在追逐麋鹿的時候，哪有時間管小兔子？」

意思再明顯不過，欲成大事者，應該不拘小節，何必在意那位小皇后？上官安的冷血無情，令人心寒。可憐的小皇后，就這麼輕易被自己的父親拋棄了。

劉旦這幾天也處在亢奮與焦慮之中，穿龍袍還是穿囚衣，即將見分曉。

燕國丞相保持著難得的清醒，他諫阻劉旦：「當初大王和劉澤密謀，就是因為劉澤太過於炫耀，導致造反計畫流產。聽說上官桀一向辦事不穩重，上官安又年輕驕橫，我擔心他們與劉澤一樣成不了事，也擔心他們事成之後會背叛大王，還請大王三思！」

此時的劉旦正處在自我膨脹中，根本聽不進任何反對意見。他說：「我是當前先帝最年長的兒子，本應該做皇帝，上官桀父子敢違背天下人心嗎？況且長公主也說了，只需擔心大將軍霍光和右將軍王莽，如今右將軍已經去世，丞相田千秋也病了，你就看著吧！」

即便過了七年，劉旦還是非常自信，他心中的執念不但沒有消失，反而越來越強烈，他一直強調自己是漢武帝在世的兒子中年齡最大的，這個皇位本來就應該是他的。在這種執念的引誘下，劉旦再次決定鋌而走險，為自己的前途博一把。

隨後，劉旦命小弟們隨時待命，翹首企盼長安城的消息。

巧的是，此時燕國卻怪事紛起：都邑薊城突遇暴風雨，大樹摧折、城樓倒塌；雨後，彩虹懸垂宮中，吸盡井水；九月，烏鵲相鬥，烏鴉溺斃於宮中水池；後宮永巷之中，群豬發狂，闖出豬圈，突入廚房。據載，更為奇異的是，有一隻成了精的老鼠站在王宮端門之中，旋轉跳舞，燕王心驚，派人以酒餚祭奠，並無效驗，舞盡一日一夜後力竭而死。其後，又有流星下墜，聲震遠近，通向京師的燕城南門也被天降大火焚毀。

種種怪異接連出現，宮中人人震恐。在講求天人感應的社會裡，這些徵兆的出現意味著什麼，劉旦當然心裡清楚，以致驚懼成疾，遣人四處祈禱鬼神。

燕王賓客呂廣善觀天文，他對劉旦說：「五行怪異，九至十月間會有兵馬圍城，朝廷中會有大臣被殺。」

劉旦聽後愈加憂懼，對呂廣說道：「事情還沒成功，就出現各種怪事，這可如何是好？」

莫非定律說，如果事情有變壞的可能，不管這種可能性有多小，它總會發生。用通俗的話來講就是怕什麼來什麼。很不幸，這次謀反的消息又一次走漏了！

洩漏消息的是鄂邑公主府上的一個門客。

門客名叫燕倉，職務是稻田使者，也就是管理稻田租稅的小官員。得知這個圖謀後，他首先去找大司農楊敞。

楊敞還有一個身分，他是太史公司馬遷的女婿，也是霍光的心腹，其大司農就是霍光力排眾議，提拔他上來的。

然而楊敞是個膽小鬼，懦弱無能，得知此事之後，當時就慌了，不知如何是好。他推說身體不適，往床上一躺，假裝生病了。

楊敞躺在床上，仔細一思索，這也不行啊，事情瞞不住的，可是向霍光去告發吧，他又不敢。想來想去，他決定將這個消息告訴霍光的另一個心腹，諫議大夫杜延年。

杜延年可比楊敞有主見多了，得知這個消息，一秒鐘也不敢耽誤，一面通知霍光，一面趕往宮中向皇帝彙報。

茲事體大，劉弗陵與霍光不敢怠慢，迅速集結了朝中兩千石的高官及在京軍隊，依次到上官桀父子、桑弘羊、鄂邑公主府家，搜查罪證，捉拿亂黨。

一切都在霍光的掌控之中。上官桀等人籌備了那麼久，霍光表面上不動聲色，暗中卻早已知曉了一切。即便爭權已經到了最後時刻，霍光也沒有主動出手，而是藉由小皇帝之手去平亂。

宮廷鬥爭酷烈之極，輸的代價通常就是性命。最終，上官桀父子被殺，滅三族；桑弘羊、丁外人等人也被殺，家族被滅；連蘇武的兒子也受牽連被處死。蘇武在霍光的保全之下，總算逃過了牢獄之災，但還是丟了官職。

鄂邑公主自覺無顏見漢昭帝，自殺謝罪。

京城一片紛亂，消息很快傳到了燕王劉旦這裡。得知事情已敗，劉旦猶不死心，問曾經勸阻過他的燕國丞相：「現在立刻發兵還來得及嗎？」

燕國丞相搖搖頭道：「上官桀已被處死，百姓也都知道了，現在發兵還有什麼用？發兵必敗啊！」

既然起兵叛亂不過是垂死掙扎，死亡的結局無可避免，燕王也徹底放棄了，索性開始放縱自己，置酒萬載宮，大會賓客，享受人生的最後一點美好時光，在絕望中等待最後時刻的降臨。

沒過多久，朝廷詔令下達，赦免了燕國所有的官吏和百姓，唯獨沒有赦免劉旦。

劉旦見此，仰天長嘆道：「只赦吏民，獨不赦我！」

他把王后、姬妾、諸位夫人迎到明光殿，道：「我這糟老頭做錯了事，該死！」說罷就要自殺。左右隨從趕緊攔住他，勸解說：「如果只是削去封國，或許還有機會活下去，要不要再等等看。」

時隔不久，小皇帝又派專人送來璽書，斥責劉旦：

「當初高祖皇帝取得天下，封立子弟為王用以藩屏江山社稷。先前呂氏諸王陰謀篡位，劉氏天下危若累卵，靠著絳侯周勃等人誅討賊亂，尊立了孝文皇帝，使宗廟得安，不是因為朝廷內外有人，裡外相應配合的緣故嗎？

樊噲、酈商、曹參、灌嬰等人仗劍衝鋒，跟從高祖皇帝南征北戰，無暇收拾自己，艱苦之極，然而得到的賞賜不過是封侯而已。現今宗室子孫沒有風吹日晒之苦，還可以繼承父輩的爵位。你身為劉氏子弟，卻與他人合謀危害社稷，把外人當成親人，把親人當成外人，有叛逆悖亂之心，無忠君愛國之義，你還有何臉面去祭拜高祖之廟？」

劉旦看完後絕望了，以綬帶自縊而死，太子劉建被貶為庶人，燕國被取消。

該殺的殺、該留的留、該賞的賞，一切看似歸於平靜。

然而，事情並沒有結束。

在謀反被鎮壓的兩年後，也就是西元前 78 年，一個叫侯史吳的人引發了一場軒然大波。

當初，桑弘羊被捕後，兒子桑遷一看風聲不對，立即翻牆跑路，在父親的老部下 —— 侯史吳家裡躲藏過一段時間，後來被抓獲伏誅。

之後有一年趕上朝廷大赦，侯史吳主動出來投案自首，被關進了監獄。

廷尉王平與少府徐仁負責審理此案，二人認為桑遷是因父親謀反而受牽連，後被侯史吳藏匿的。侯史吳窩藏桑遷的罪名，應該是「窩藏連坐者」，而不是「窩藏謀反者」。

於是，二人就按大赦令，赦免了侯史吳的罪。

但是複核此案的侍御史不同意這種判處，要求重新開庭審理此案。他認為，桑遷精通經學，明白事理，明知其父桑弘羊參與謀反，卻沒有勸阻抗爭，本身與謀反者並無兩樣；侯史吳身為三百石的官吏，知法犯法，窩藏嫌疑人桑遷，與一般百姓窩藏連坐者的性質大不同，應該從重處罰。

侍御史不僅推翻了此前的判決，還在寫調查報告時，順便彈劾了廷尉王平和少府徐仁，說這兩人為謀反者開脫，也不能輕饒。

得知這個消息，王平和徐仁兩人這可真是人在家中坐，禍從天上來！

侍御史如此曲解案情，肆意網織罪名，這波操作耐人尋味。

要知道，廷尉和少府可是九卿高官，如果不是秉承了霍光的旨意，僅為御史中丞屬官的侍御史是不可能有這份膽量的。

霍光為什麼要對這兩人下手？

很簡單，這少府徐仁是丞相田千秋的女婿。

換句話說，霍光要對付的是田千秋。

這裡我們再來看看兩人的關係。

田千秋最大的特點是低調。大多數時候，他都退居幕後，在朝堂中極力降低自己的存在感，以避免政治鬥爭。

田千秋在漢武帝釋出「輪臺罪己詔」的那一年被任為丞相，至今已有十一年。這十一年來，他一直充當著老好人的角色，在官場上小心謹慎，凡事唯霍光馬首是瞻。但是即便如此，終究還是沒能躲過政治鬥爭的漩渦。

而如今，霍光這麼做，目的也很明顯，再次強化自己的權勢，徹底剷除朝中的異己勢力。換句話說，他要獨運朝綱！

自己的女婿被牽連了，田千秋坐不住了，但是他也知道，自己不能明著替女婿說話，只能從侯史吳處著手。只要能證明侯史吳無罪，加在自己的女婿身上的罪名自然也就站不住腳了。

為此，田千秋多次找到霍光為侯史吳說情，但是霍光並不買帳。

這是逼自己不得不與霍光正面對抗啊！

情急之下，田千秋兵行險招，他召集高級官員，召開了一場討論會，商議侯史吳一案。明眼人都看出來了，他這是想為開脫侯史吳及王平、徐仁的罪名尋求依據。

遺憾的是，大夥兒並不買他的帳。長安人都知道，朝中真正說了算的是大將軍霍光，而非他丞相田千秋。此案明顯是霍光授意的，誰敢在這個事上找麻煩？

大夥兒的態度整齊劃一，一致指控侯史吳大逆不道，必須嚴懲。

田千秋沒轍了，只能把大家的意見密封，原樣報上去。

霍光得知此事，惱羞成怒。「召百官議事，你想幹嘛？想拿輿論來壓我嗎？」他以田千秋擅召官員開會議事、與朝廷公然唱反調為由，下令將廷尉王平、少府徐仁逮捕入獄。

一般來講，漢朝丞相有召集百官議政的權力，霍光為什麼會有這麼大反應？

那是因為，武帝是一位強勢的皇帝，他絕不會容許身邊有一位強勢的丞相。在他執政中後期，由親近侍臣組成的內朝逐漸有取代外朝之勢，相權開始失勢。召集百官議事雖然沒有超出丞相的職權，卻觸動了霍光敏感的神經。

霍光發了威，大夥兒不免人人自危，朝廷上下人心惶惶。

而丞相田千秋，也面臨著職業生涯以來最大的危機！

就在所有人都以為田千秋會被牽連的時候，一個人的出現挽回了局面。

這個人就是杜延年。

杜延年在之前已經亮過相，但是他還有一個身分，本書沒提到過，他的父親正是武帝時期十大酷吏之一的杜周。

杜周在職期間一直以張湯為偶像，在刑罰上極盡嚴苛。他當廷尉的時候，漢朝被關入監獄的人數大增，被關押的時間也大幅延長，被判死刑的人更是逐年上漲。

杜延年與他老爸的性格完全相反，是一個特別仁厚的人。劉弗陵登基那幾年，杜延年建議朝廷提倡節儉、為政寬和、順應民意，深得霍光的信賴。

杜延年深知，如果霍光將丞相下獄治罪，必定會引起政局動盪，這對霍光也不是件好事。

為此，他對霍光說了這樣一段話：

「法官即使要判人罪，也當有法律依據。現在改判侯史吳大逆不道，恐怕在法律上過於嚴峻。再說，丞相一向喜歡為下屬說情，平日沒什麼成見，至於擅自召集朝中官員，確實做得不對。但是丞相在位已久，又曾在先帝手下效命，除非有什麼重大過失，否則不宜廢棄。

近來民間都說朝廷刑罰太重，法官嚴峻苛刻，民間與群臣已頗有微詞。如果此次再罪及丞相，勢必會造成屬下喧譁，小民私議，流言四布，我擔心大將軍會因此在天下人面前名聲受損。」

杜延年的一席話顯然觸動了霍光。在杜延年的勸諫下，田千秋最終沒有被霍光追責，徐仁和王平二人卻保不住了。

不久後，王平被判腰斬，徐仁在獄中自殺。

作為武帝託孤重臣之一，又是漢帝國的丞相，田千秋不僅沒能力保住自己女婿的性命，自身也險遭不測，靠著杜延年的說情才僥倖躲過這場劫難，這不僅僅是他個人的悲哀，也是整個外朝官權力的一次大失落。

當初的五位輔政大臣表面上一團和氣，但是私底下都在或明或暗地較量角力，以爭取在權力的蛋糕上占據更大的份額，原本占小塊的想要大塊，原本占大塊的想要更大塊。當權力蛋糕的再分配達到納許均衡，政局才會再度趨向穩定。

幾年後，田千秋去世，朝臣中再無一人能與霍光相抗衡，放眼望去，已無對手。除繼任田千秋的王訢外，其後的兩位丞相均是霍光的手下。

比如楊敞，前面提到過，此人長年在霍光身邊工作，是霍光一手提拔起來的。但是楊敞膽小怕事，上官桀要造反，他聽說後裝病不出，霍光也知道他膽小，事後沒有追究。大概霍光也是看中了他的膽小謹慎，讓他當上了御史大夫，隨後又升任丞相。

楊敞死後，繼任丞相的是蔡義，他因精通《韓詩》而成為皇帝的老師，後被提拔為御史大夫、丞相。他當丞相時已經八十多歲了，鬚髮皆無，面似老嫗，身材矮小，腿彎腰羅，需要兩個人攙扶著才能走路。

當時有人議論，說霍光任用丞相不選賢舉能，只是任用那些唯唯諾諾的人。霍光自己也不好意思了，對下屬說：「蔡義當過皇帝的老師，他當然有資格當丞相，怎麼就說不選賢才呢？這種議論不能讓天下人聽到。」

號為百官之首的丞相竟成了霍光手中的牽線木偶，除了秉承霍光的旨意，在處理重大事務時舉手表態外，再無其他作為。而昭帝年幼，待他如父，一切軍政決策全出自霍光，其權威鎮服海內。

霍光終於登上了權力的巔峰，他現在是志得意滿、權勢顯赫。誰又能想到，十多年前，他還只是一個武帝祕書處的小跟班，兢兢業業卻又無人關注？

那時候，歷史的舞臺上亂哄哄，一個個主角次第亮相，你方唱罷我登場，燈光卻始終照不到霍光身上。

但是，那又如何？

有些人就是頭上長角，雖有一時之落寞，但是終究會顯露崢嶸。

匈奴內訌

劉弗陵以幼齡登基，北方的匈奴又開始蠢蠢欲動。

武帝時，漢軍多次出擊匈奴，打得匈奴人狼狽逃竄。然而，衛青與霍去病相繼謝幕後，漢軍卻接二連三遭遇慘敗。

太初二年（西元前 103 年），曾以七百騎兵打下樓蘭的趙破奴奉命出擊匈奴，遭受匈奴八萬騎兵圍困而大敗，漢軍全軍覆沒，趙破奴被俘。

天漢二年（西元前 99 年），李陵孤軍深入，遭受匈奴八萬騎圍困，血戰後無力突圍，李陵投降匈奴。

征和三年（西元前 90 年），李廣利受命伐匈奴，率七萬大軍尋覓單于至郅居水，遭到單于、左部、右部合力圍攻，漢軍覆滅，李廣利投降。

三場硬仗，匈奴殲滅俘虜漢軍十餘萬，繳獲了大量甲冑武器。正是這三場大勝，讓危機中的匈奴緩過一口氣，沒有分崩離析。

就在劉弗陵登基這一年，匈奴人悍然入侵，攻打漢帝國北方重鎮朔方城，洗劫附近的百姓，大掠而歸。

只是這一次，武帝初喪，新君繼位，政局未穩，漢朝並未發動大規模反擊，只是派了上官桀加強北部邊疆的巡防。

兩年後，也就是西元前 86 年，狐鹿姑單于病逝。

狐鹿姑單于的去世，是匈奴由盛而衰的轉捩點，因為他死後，匈奴起內訌了。

一開始，狐鹿姑單于的異母弟弟左大都尉是最有可能繼任單于位的，可是狐鹿姑的母親希望自己的孫子，狐鹿姑的兒子左谷蠡王壺衍鞮繼承單于位，於是派人殺了左大都尉。

不料，狐鹿姑臨死前，覺得自己的兒子左谷蠡王壺衍鞮年齡太小，不適合接自己的班，改立其弟右谷蠡王為接班人。

這下子，狐鹿姑的老婆顓渠閼氏不高興了，她找來衛律商量。對於玩陰謀搞政變，衛律可謂是特別清楚，他祕不發喪，改寫了狐鹿姑單于的遺囑，讓左谷蠡王壺衍鞮順利接班，成為下一任單于。

衛律自以為做得密不透風，可還是露出了破綻。左賢王、右谷蠡王很不爽，拒絕前往龍城參加單于主持的祭祀大典。

新上任的壺衍鞮單于害怕漢朝趁機來襲，不得不主動向漢朝開口，重提一個話題 —— 和親。

漢朝這邊，主政的是大將軍霍光，他也開出了條件：和親可以，但是有一個前提，匈奴要把之前被扣押的漢朝使節放回來，比如蘇武。

為此，漢朝派出了使節前往匈奴，商談具體事宜。

誰知，匈奴玩了個把戲，謊稱蘇武已死，只同意把蘇武的副手常惠放回來。

為了解救蘇武，常惠與漢使節一起商量，最後想出了一個辦法。

這一日，漢使面見壺衍鞮單于，說：「漢朝天子在上林苑射獵時，射下一隻大雁，說來也怪了，這大雁的腳上竟繫著一塊寫了字的帛書。」

壺衍鞮單于的好奇心被勾了起來：「哦？上面寫什麼？」

帛書上說：「蘇武被囚於湖澤之地。」

「有這種事？」壺衍鞮單于大驚，匈奴人本就迷信，以為是有什麼神靈在暗中幫助蘇武，尷尬了半天，最後說：「你們稍等片刻，我再去問問。」

然後，壺衍鞮單于假惺惺與左右聊了幾句，這才向漢使道歉，承認蘇武還活著，並答應讓蘇武等人歸國。

鏡頭切到北海。

遙遠的北海，風聲呼嘯而過，天地一片肅殺，蘇武孤獨的身影跋涉在空曠無人的荒野上。

這已經是他來到匈奴後的第十九個年頭了。

他的朋友不多，李陵算一個。幾年前，李陵來了，他帶來了一個壞消息——武帝死了。一向以硬漢形象示人的蘇武，這一次卻跪倒在地，向南叩拜號哭，淚流乾了，鮮血從他嘴裡大口大口地噴出，他倒下了，昏死過去。

親手交給他節杖的人不在了，還會有人惦記他嗎？

這一次，李陵又來了。不過這次他帶來了一個好消息，單于同意放蘇武回漢朝了。

李陵為蘇武餞行，兩人觥籌交錯，一醉方休。

幾杯酒下肚，李陵的淚流下來了，他開了口：

「如今你揚名天下，匈奴和漢朝無人不知、無人不曉，古往今來的那些英雄豪傑沒一個能比得上你！我李陵雖然膽怯無能，但是假如武帝當年不殺我的老母，不毀我的全族，我也絕不會投降的。然而，造化弄人，我已成異國之人，這一別就是永遠了！」

李陵和蘇武兩人把酒話別，卻是滿腹心事。

次日，蘇武收拾行囊，終於踏上了南下的路。

當他歷經險阻，回到長安時，身材高大的蘇武竟持節跪地，對著巍峨漢闕稽首再三，痛哭流涕！

時隔十九年，蘇武回國了。

去時還是髮髻烏黑的壯年使節，歸來已是鬚髮盡白。荒涼的北海，渴飲雪、飢吞氈的日子太苦了，熬白了少年頭，卻磨不滅那顆忠臣心。

他枯槁的手中，是一根節毛盡落的旄節。大漢的旄節是一根八尺長桿，桿上末端以染成紅色的犛牛尾裝飾，為其毦，一共三重。

這根旄節乃是當年漢武帝親自授予他的，代表了國家的尊嚴，承載著沉重的使命。身為使者，哪怕拼了性命，也要保護漢節周全。

在漫長的流放歲月裡，不論睡覺還是牧羊，哪怕節旄盡落，也不曾有失，是它，陪伴蘇武度過了一個個難捱的日子。

看著那根光禿禿的節杖，從大將軍霍光到長安普通百姓，無不為之動容。

而當年隨蘇武同去的兩百餘人，只有九人得以回歸。

蘇武回國了，但是漢匈關係並沒有因此而改善。就在他歸國後的第二年，匈奴左、右部出動兩萬騎兵，兵分四路，再次襲擾漢朝邊境。

面對挑釁，漢軍奮起反擊，斬殺九千匈奴騎兵，生俘匈奴甌脫王，讓匈奴人損失慘重。

吃了虧的匈奴人故技重施，又一次向漢朝發出了和親的訊號。漢朝則在這個問題上虛以應付，一直沒有安排和親的事情。

就這麼過了兩年多，按捺不住的匈奴人刺探得知漢朝酒泉、張掖一帶兵力較弱，再次派遣四千騎兵入侵漢境。

出乎他們意料的是，漢軍已提前得知了計畫。此戰，匈奴人再次遭遇漢軍重創，僅百人逃脫。

匈奴人不甘心，此後多次進攻漢塞，但是都因為漢朝邊境線上烽燧的報警功能十分強大，匈奴人根本沒占到什麼便宜，相當挫敗。

單于很鬱悶，不過他很快就找到了新的目標：烏桓。

說來，烏桓和匈奴的淵源也算久遠，它本是東胡部落殘餘的一支。當年冒頓單于橫掃草原，東胡遭到毀滅性打擊，其殘部向東逃竄到烏桓山與鮮卑山，成為烏桓與鮮卑兩個新的部族。

即使逃離了故地，他們依然無法擺脫被匈奴奴役的命運。每年兩個部族都得向匈奴進貢牲畜和物資，一旦交不夠，匈奴人就拿他們部族的女眷當奴婢。

漠北之戰，霍去病大敗匈奴，烏桓被解救出來，歸降漢朝。武帝將他們安置在遼東、上谷、漁陽、右北平一帶定居，並置烏桓校尉，專門管理烏桓事務。

經過數十年的休養生息，烏桓變得自大，想要獨立。

既然如此，那麼匈奴又為何會跟烏桓鬧翻呢？

原來，是有人告訴匈奴單于，說：烏桓曾挖了單于祖先的墳墓！這等辱人祖先的事情，誰都不能忍！

單于立刻下令：「調遣兩萬騎兵，收拾烏桓！」

漢朝方面得知這個消息後，犯起了難。兩個對手打架，要不要幫忙呢？

為此，霍光專門組織召開了一場軍事會議，討論要不要幫烏桓打匈奴。從內心來講，霍光是願意出兵迎擊匈奴的，因為烏桓頂多算是皮膚搔癢，匈奴才是心腹大患！如果能趁此機會給予匈奴重重一擊，絕對可以換來未來數年的和平。

不料，護軍都尉趙充國卻持反對意見。

趙充國這個人，我在前文提到過，他曾隨李廣利出征匈奴。回程時，漢軍被匈奴圍困，趙充國毛遂自薦，帶著一百多名敢死隊員殺出重圍，衝出匈奴的包圍，李廣利才帶著士兵跟隨其後突圍而出，避免了全軍覆沒。

他認為：「烏桓是餵不飽的白眼狼，漢朝在他們落魄的時候收留了他們，可是他們卻恩將仇報。匈奴收拾他們，其實對我們有利，現在匈奴南下的次數越來越少，漢朝主動招惹他們，不妥！」

霍光又扭頭問另一個人，此人正是霍光的女婿、中郎將范明友。范明友倒是沒有廢話，直言說：「現在出兵匈奴，正是時候！」

霍光聞言，欣慰不已，他下令由范明友率騎兵兩萬，從遼東出塞，迎擊匈奴。臨行前，他囑咐范明友：「大軍不可空手而歸，如果不能殺掉匈奴軍隊，就趁機殺掉烏桓！」

此時的匈奴人剛剛在戰場上占了上風，得知漢軍出動，擔心陷入兩線作戰，於是主動撤出戰場，往北遁了。

范明友沒能追上匈奴人，轉而去打烏桓。

此時的烏桓剛剛被匈奴人打一頓，氣都還沒喘勻呢，又被摩拳擦掌的漢軍打一頓，怎一個慘字了得！轉眼之間，勝負已定，范明友斬殺烏桓六千餘人，還斬獲了三名烏桓首領的頭顱，大勝而歸，因功被封為平陵侯。

這一戰，漢軍展示出了強大的攻擊力，幾乎震撼了草原上所有部族，包括剛剛打贏了烏桓的匈奴。之後的數年裡，匈奴總算老實了一段時間，不敢再有大規模的軍事行動。

武帝晚年，幾次遠征漠北失敗後，漢匈兩個帝國間的對抗已經從直接交鋒，轉變為對西域的爭奪。漢朝多次出兵西域，最終降服了沿路上的小國家，樓蘭更是被漢將趙破奴以七百輕騎攻破，最終臣服了漢朝。

只是可惜，樓蘭的情況很複雜，簡直就是一個小邦夾在兩個超級大國之間的血淚史。

一百年前，匈奴將大月氏趕到中亞，降服了西域三十六國，逼迫他們每年上交糧食、黃金、鐵器、牲畜，並為匈奴耳目，遮絕漢使。直到漢朝開通西域，開拓河西，武帝才意識到，奪取西域，徹底斬斷匈奴右臂，是獲得這場戰爭勝利的必要條件，而距漢最近的樓蘭首當其衝。

樓蘭位於今天的新疆巴音郭楞州若羌縣，別看只是一個縣，面積卻有很大，是當時漢通西域的唯一通道。它的位置不好，處於漢朝與匈奴兩個大國的接壤處，兩個都是大塊頭，無論跟誰混，都會得罪另一方。為此，樓蘭王左思右想，最後向漢朝和匈奴各送了一位人質。

可是在漢朝的樓蘭王子卻出了事——他在長安犯了罪，被廷尉判處宮刑，被閹了！

樓蘭王欲哭無淚，只能將在匈奴為質的王子迎回。由於漢朝餘威尚在，新王只能打發他的兩個兒子繼續去當人質。

武帝晚年，樓蘭王去世，匈奴最早得到消息，立即將在匈奴做人質的王子送了回去，扶持他做了新一任的樓蘭王。

可想而知，這位樓蘭王繼位之後，與漢朝的關係自然是越來越糟糕。

自從武帝病重去世後，漢兵已十餘年來不曾西出玉門，讓西域諸國對漢朝有些怠慢。加上匈奴人挑撥，每年都有漢使被截殺，漢朝在西域的影響力似乎又退回到了大宛之戰前。

劉弗陵繼位後，漢使依舊頻繁往來於西域的商路上。但是此時的匈奴正在恢復元氣，準備捲土重來，西域各國迫於匈奴的壓力，紛紛歸附。尤其是樓蘭，更是唯匈奴馬首是瞻，經常派人偽裝成盜寇，在驛道上劫殺過往的漢使和商人，衛司馬安樂、光祿大夫王忠、期門郎遂成，大漢許多使節都殞命於樓蘭境內。

這分明就是在挑戰大漢天威！

經過十多年的休養，已恢復國力的漢帝國，自然不會容忍這種狀況太久。

西元前 77 年，一個叫傅介子的人向霍光主動請纓，希望能為國家分憂解難，重開西域！

不破樓蘭終不還

傅介子是北地人，武帝時以從軍為官，隨李廣利遠征大宛，但是功名不顯。如今二十年過去了，也不過是個六百石的駿馬監。

駿馬監隸屬於九卿之一太僕之下，秩祿與縣令一樣。別看秩祿不高，但是傅介子主管天子之騎馬，常行走於宮苑，頗受大將軍霍光賞識。傅介子的夢想顯然不止於此。「大丈夫當提三尺劍，立不世之功，方不負世間走一遭！」

漢朝開國已有一百多年，經過波瀾壯闊的漢武時代後，帝國的階層已經漸漸固化，每個有志青年想往上爬，都會碰上有形或無形的牆壁，可是西域有這樣的機會！

當初張騫開通西域，異域封侯，名垂史冊，極大地激發了漢家男兒的鬥志和熱血。對於邊郡子弟而言，西域簡直就是冒險家的樂園，他們憧憬著神祕的西域，因為只有在那裡才有揚名立萬的機會。

傅介子也一樣，他也有異域立功封侯的夢想！此次申請出使西域，主要目的是與大宛恢復朝貢關係，順帶走訪一下樓蘭和龜茲，以此作為漢朝重返西域的訊號。

可是，從長安到西域，談何容易？

樓蘭，離長安六千一百里；龜茲，離長安七千四百八十里；大宛離長安更有萬里之遙。這一路上要跨越令人談之色變的白龍堆、三壟沙，要隨時防備可能出現的北邊匈奴人、南邊羌人的襲擊，還有無數未知的危險和困難。

傅介子深知，使節團出了玉門關，隨時都可能陷入險境，甚至有可能一去不復返。

可即便如此，他還是邁出了這一步，不僅僅是為了封侯拜將、青史留名的夢想，更是因為，有人做守護帝國安穩的盾牌，就得有人做銳意出擊的利劍！

而他傅介子，就是那把利劍！

和當年的張騫一樣，傅介子登上軺車，從長安出發，踏上了前往西域的征途。

黃底黑字的漢旗，在西域乾燥的風中獵獵作響。

從玉門關到樓蘭，中間相隔一千六百里，要穿越如無數條黃土巨鯨擱淺的雅丹魔鬼城，跨過兩片大沙漠，一個是三壟沙，一個是白龍堆。

三壟沙是三座沙山，沙很滑，風也大，南北長達一百公里，北接雄偉的庫魯克塔格山，南方則是一望無垠的庫木塔格大沙漠。白龍堆是羅布泊東部漸漸乾涸後，留下的一片不毛之地，方圓上千公里。白龍堆的白色鹽鹼層相當厚，如同鱗片，硬如頑石，哪怕是駱駝行走，幾天下來也會四蹄流血。

三壟沙和白龍堆是漢朝西出玉門的必經之路，長達數百里。當年李廣利兩次征伐大宛，大部分漢軍沒有倒在郁成之戰或輪臺之戰中，而是倒在了這兩道天險中。

大漠中缺糧缺水，加上部隊軍紀渙散，長官只顧自己發財，不愛惜士卒，幾乎每走一步，都有人倒下，再也起不來。

只有跨越三壟沙和白龍堆天險，才能抵達水草豐饒的羅布泊。漢朝時的羅布泊可不像今天，早已變成一片白茫茫的鹽鹼地，當時的羅布泊還不是死亡之海，而是生命之海，正是它滋養了樓蘭國。

而樓蘭，就位於羅布泊的西面。

使節團一路西行，出了玉門關，進入荒涼的塞外，頂著大風或烈日，跨過三壟沙和白龍堆，用了近一個月的時間，經歷了千難萬險後，終於抵達了樓蘭城。

即便如此，放到整個西域來看，樓蘭也是距離大漢最近的城邦。它地處咽喉要道，不管是去輪臺、龜茲、烏孫的北道，還是去于闐、莎車、疏勒的南道，都要在樓蘭中轉。

迫於漢朝的強大，樓蘭王對使節團畢恭畢敬，但是傅介子還是察覺到了樓蘭王的猶豫，質問他：「漢朝的大部隊就要到了，匈奴使者經過這裡到西域各國，為什麼不報告？」

樓蘭王戰戰兢兢地說：「匈奴使者剛過去，應該是去了烏孫，中途會經過龜茲。」

傅介子一揮手，帶著使節團馬不停蹄立即趕往下一站：龜茲。

龜茲是西域北道第一大國，人口八萬，擁兵兩萬餘，國土東西八百里，有十多個城，國都延城。龜茲以庫車綠洲為中心，其國東通焉耆，西通姑墨，北通烏孫，最盛時轄境包含了今天的新疆輪臺、庫車、沙雅、拜城、阿克蘇、新和六縣市。

一到龜茲，傅介子當面斥責龜茲王首鼠兩端，龜茲王也勇於承認錯誤，表示一定會努力改正。不久之後，傅介子從大宛回到龜茲，龜茲王主動彙報：「匈奴使者從烏孫回來，這幾天正好住在這裡。」

天賜良機！

傅介子當機立斷，率領所帶的漢軍斬殺了匈奴使者。回到長安後，他將情況據實上奏，漢昭帝下詔任命他為中郎，升為平樂監。

這之後，傅介子又對霍光說：「樓蘭、龜茲國多次反覆無常卻沒有受到懲罰，不足以立威。我路過龜茲、樓蘭時，他們的國王身邊安保較弱，容易接近，若能帶著勇士前去刺殺，成功的機率會很大。我願意出差，向西域各國顯示漢朝之威。」

霍光思忖片刻，道：「龜茲路遠，且去樓蘭試一試。」

第二次西行，傅介子招募了一批勇士，帶了大量禮物，名為贈禮，實則是一場中央政府授權的斬首行動！

為了這次出行，一行人做了充足的準備，鐵甲、兵器、給牛馬駱駝吃的豆子和草料、軍糧、水囊等，拉了好幾十車。當然，還有一捆捆上好的絲綢、幾箱金餅，這都是誘惑樓蘭王的餌。

一行人長途跋涉，穿過雅丹魔鬼城，跨過三壟沙和白龍堆，終於抵達了樓蘭城。

不料，傅介子卻在這裡吃了閉門羹，樓蘭王根本不敢見他。

沒辦法，上一次傅介子在龜茲斬殺了匈奴使者，震動西域。樓蘭只是沙漠綠洲上的一個小國，誰知道傅介子一言不合，會不會拿自己開刀？

樓蘭王安歸身邊守衛力量充足，即便與漢使座談，身邊也站著十來個樓蘭武士，一行人根本找不到刺殺的機會。

眼看任務就要失敗，怎麼辦？

傅介子倒是胸有成竹，他假裝要離開樓蘭，但是在走到樓蘭邊境時，對樓蘭的翻譯官說：

「煩請回去之後稟告你們大王，漢朝天子讓傅公持黃金、錦繡行賜諸國，不但樓蘭王有厚賞，樓蘭王的親信官員們也人人有份！樓蘭王如不接受，我就去其他國家了。錯過這村，可就沒這店了。」

說完，傅介子讓人開啟了使節團一直隨身攜帶的幾個箱子，裡面是華麗輕盈的蜀錦綢緞，還有一小箱竟堆滿了黃燦燦的金餅！

翻譯官忍不住嚥了一下口水：「這麼多金子，這可是自己幾輩子都賺不來的錢啊！樓蘭王真是糊塗，怎麼能拒絕人家送上門來的好東西！」

他跑去向樓蘭王報告。果然不出傅介子的預料，貪戀漢朝財物的樓蘭王坐不住了，決定親自接見使團團長傅介子。

沒辦法，中原的絲綢太珍貴了，它柔滑而又美麗，色彩像鮮花一樣美，質料像蛛絲一樣輕盈，深受西域各國尤其是貴族們的喜愛，早就成了王公貴族標榜身分的奢侈品。漢朝在贈賜西域諸邦時，也經常以絲綢為主。在西域，絲綢甚至可以當作貨幣來使用，原本各自為政的綠洲城郭因絲綢而變得活躍繁榮。

宴會上，傅介子頻頻將黃金、絲綢展示出來，醉醺醺的樓蘭王都看傻眼了。趁此機會，傅介子悄聲對樓蘭王說：「大王，我漢朝天子交代了我一件事，一定要親自告訴您，請借一步說話。」

而後，傅介子用眼神示意到後帳去。

樓蘭王在好奇心的驅使下屏退左右，起身跟隨傅介子而去。然而，剛進入後帳，兩把利刃便穿透了他的胸膛。

樓蘭王當場斃命。

突遭此變，樓蘭國的護衛和大臣們驚慌失措，嚇得四處逃散。傅介子卻毫不畏懼，極為鎮定，他走出王帳，對眾將士宣告：「樓蘭王安歸通匈奴，謀大逆，殺漢使，斷南北道，平樂監傅介子奉天子命，誅殺樓蘭王！」

出了門，外面已被樓蘭武士和民眾圍得水洩不通。被挾持的樓蘭貴族官員們用顫抖的聲音，向樓蘭人宣告安歸的罪過，同時大聲呼籲自己的族人看清形勢，勿要動手。

傅介子冷冷掃視一圈，大聲道：「安歸已死，漢兵將至，別亂動，否則將招致滅國之禍！」

一番話果然震住了慌亂的樓蘭人。在漢朝護衛的強大氣場下，傅介子從容不迫地割下了樓蘭王安歸的人頭，用快馬送回了漢朝，後來被懸於未央宮北門之外，而傅介子一行人亦迅速離開了樓蘭。

很快，那位曾在漢朝當人質的樓蘭王子被任命為新的樓蘭王。為了避免再一次成為漢匈博弈的犧牲品，新的樓蘭王識時務地南遷至車爾臣河流域，並更名為「鄯善」。漢朝方面則派了人到樓蘭屯田，聚積糧食，同時協助第一任鄯善王的統治。

傅介子捕殺樓蘭王，威震西域。漢昭帝對他大加讚賞，封其為義陽侯，食邑七百戶。

傅介子千里斬樓蘭，重振了大漢國威，成為當時及後代無數人的楷模。有人稱他為漢朝版的戰狼，我認為一點都不誇張。李白為他寫詩：「願將腰下劍，直為斬樓蘭」；杜甫無限懷念地說：「願見北地傅介子，老儒不用尚書郎」；王昌齡為他寫下了：「黃沙百戰穿金甲，不破樓蘭終不還」。

投筆從戎第一人、東漢班超把張騫和傅介子相提並論：「大丈夫無他志略，猶當效傅介子、張騫立功異域，以取封侯，安能久事筆硯間乎？」

第三章

廢立天子

二十七天皇帝

就在傅介子請戰這一年，小皇帝劉弗陵終於舉辦了加冠儀式。

普通男子加冠，意味著長大成人了。對於劉弗陵而言，加冠最大的意義在於，他從此可以親政，做這個國家真正的主人。

按理來說，昭帝既然成人，霍光是時候把權柄交出來了，此時霍光卻一點還政的意思都沒有，反而由於皇帝的委任，呈現更加強化的趨勢，仍然主持著帝國的全盤工作。

是霍光不願意交權，還是昭帝沒有接受？史書沒有記載，我們也不好猜測。

無論如何，這一點在朝野間還是惹了一些非議的，畢竟是外戚，大家首先想到的不是周公，而是諸呂。

然而，就在加冠後的第三年，年輕的漢昭帝卻突然去世，終年二十歲！

昭帝到死也沒能親政，基本上是個坐在幕後的皇帝。不過，後世普遍對他評價不錯，特別是在上官桀一黨進讒言廢霍光的事情上，他的機警聰慧博得了一致好評。唐武宗時期的宰相李德裕，也就是牛李黨爭時的李黨領袖這麼評價他：

「人君之德，莫大於至明，明以照奸，那麼百邪就無法隱藏了，漢昭帝就是這樣的人。」

不僅如此，他還把漢昭帝抬到周成王、漢高祖、文帝、景帝之上，還說如果漢昭帝有伊尹、呂尚的輔佐，肯定能超越成康之治的成就。

漢昭帝的死很突然，但是對於知曉內情的人而言，其實早有心理準備。《漢書》中多次提到，漢昭帝的身體狀況一直很差，後幾年一直生病，所以一直沒有孩子。霍光也很清楚昭帝的身體狀況，為了讓昭帝留下子嗣，霍光禁止其他女人靠近昭帝，只允許自己的外孫女侍寢。

不過很可惜，一直到漢昭帝去世，那個小皇后也沒能為皇帝生下一男半女。

對於朝臣而言，漢昭帝的死亡似乎有一種天崩地裂的感覺，長久習慣的環境，陡然之間天翻地覆了。

身為首席輔政大臣的霍光此時卻來不及悲傷，因為他面臨著一個棘手的難題：劉弗陵沒有留下子嗣，誰來繼承皇位？

眼下，漢武帝的六個兒子中，唯一還活著的只有第四子，廣陵王劉胥了。所有人都知道，劉胥以專橫跋扈、無法無天著稱，早在漢武帝活著的時候就已經將他排除在外。

更何況，劉胥的哥哥，燕王劉旦曾參與上官桀謀反一案，最終被劉弗陵和霍光先發制人，滿門被誅。一旦劉胥登上了皇位，霍光哪有好果子吃？

更何況，霍光能夠順利輔政的一個重要條件是皇帝年幼，便於控制。而此時廣陵王劉胥正值壯年，一旦迎立劉胥為帝，霍光這個輔政大臣還如何輔政？沒了輔政大臣這個頭銜，他的權力又從何而來？無論從哪方面來看，霍光都無法容忍劉胥上位。

可是問題在於，眼下劉胥畢竟是武帝唯一在世的兒子，繼承帝位當在情理之中。另外，群臣猜想是不願意看到霍光成為獨斷專行的權臣，在繼承人的問題上跟他爭辯，一致要求立廣陵王劉胥為接班人。

這就讓霍光很為難了。

按照古往今來一以貫之的官場政治運作規則，在陷入這種窘迫境地的時候，總會有看似不起眼的小人物不失時機地站出來為當權者解套。很快，這個人就出現了。

有個郎官向朝廷上書說：「周太王廢棄年長的兒子太伯，立太伯的弟弟王季為繼承人，周文王捨棄年長的兒子伯邑考，立伯邑考的弟弟周武王為繼承人。這都說明，只要適合繼承皇位，即使是廢長立幼也完全可以，廣陵王不適合繼承皇位。」

無論郎官的發言是不是出於霍光的授意，總之，霍光力排眾議，將劉胥踢出了接班候選人名單，轉而選擇了昌邑王劉賀。而這位幸運的郎官也被霍光破格擢升為九江太守。

昌邑王劉賀是誰？

說來話長，劉賀的老爸是昌邑王劉髆，就是當年李夫人與漢武帝愛情的結晶。當年為了替劉髆爭奪太子的位置，舅舅李廣利和丞相劉屈氂聯合，陰謀扳倒太子劉據，結果好不容易達成目的，這場陰謀卻被武帝察覺。手握兵權的將領擁立自己的外甥為儲君，覬覦皇權，觸犯了天子大忌，劉屈氂身死族滅，李廣利投降匈奴，其家族被誅滅，劉髆也失去了皇位繼承人的資格。

劉賀五歲時，父親劉髆已經去世，劉賀繼承了劉髆的昌邑王位。由於年齡小，沒有長輩管束，劉賀的青少年時代幾乎可以稱得上是「野蠻生長」。

劉賀喜歡和馬夫、掌管膳食的屬官一起吃喝玩樂，出手闊綽，給他們的賞賜不設上限。

昌邑國郎中令龔遂痛心疾首，跪在地上哭諫，勸他學好。但是頑劣淘氣的劉賀根本聽不進去，捂著耳朵跑開，還說：「郎中令真讓人羞愧！」

龔遂雙膝跪地而行，淚流滿面，痛哭流涕，周圍的人都感動得直落淚，只有劉賀不懂：「郎中令為什麼哭？」

龔遂答：「我傷心國家危險啊！希望您抽出一點空閒時間，讓我說完自己愚昧的意見。」

劉賀揮揮手，讓周圍的人避開。

龔遂問：「大王知道膠西王不做好事而滅亡的事情嗎？」

劉賀搖搖頭：「不知道。」

龔遂說：「我聽說膠西王有一個善於諂媚的臣子叫侯得，膠西王的所作所為明明和夏桀商紂一樣，侯得卻說膠西王與堯舜一樣聖明。膠西王喜歡他的奉承，經常和他同起居，聽信他的妖言邪說，以致弄到身死國亡。

如今大王親近那批小人，漸漸地就會沾染上他們的惡習，這是關係到國家存亡的問題，不可不慎啊！我想在郎官中挑選一些品學兼優的人與大王一起生活學習，坐著的時候一起讀《詩》、《書》，站著的時候共同演習禮儀。這樣，或許對大王有些幫助。」

劉賀同意了這個建議，可是沒過幾天，他就受不了了。讀書太無趣了，哪有喝酒聚會過癮？索性將這些人通通趕走了。

劉賀這麼瞎搞，大概老天都看不下去了，很快就出現了一些怪事。他曾看見白色的狗，身高三尺，沒有頭，脖子往下長得像人，還戴著方山冠；後來又看到一隻熊，可是他的隨從愣是沒看到；此後又有成群的烏鴉飛到宮中，讓人心中發怵。

劉賀也有點心虛了，他心知這不是好事，就去問龔遂：「這是怎麼回事？」

龔遂告訴他：「這是天帝的告誡，告訴您，在您身邊的那些人都是不識禮的小人，就像戴冠的狗一樣。只有把他們都趕走，您的王位才能繼續保持，要不然，您這王位也坐不長久。」

劉賀仰天而嘆：「為什麼不祥之物總是來啊？」

龔遂叩頭：「臣不敢把話埋在心裡而不向您提出忠告，我曾多次進言關係國家危亡的勸誡，可是大王您根本聽不進去。國家成敗危亡，難道就在於臣的幾句話嗎？

您也是通讀過三百零五篇《詩經》的人，這裡面關於為人處世和治國理政的道理講得很透澈了。您自己想一想，您的所作所為符合《詩經》中的哪一篇？您身為諸侯王，所做的事卻比普通人還不堪，這樣下去離敗亡就不遠了！您好好反省一下吧！」

龔遂說得掏心掏肺，可是劉賀卻是當耳旁風，吹過就忘。

劉賀還對流行時尚興趣盎然，熱衷引領時代潮流。聽說長安時尚界新出了一款「仄注冠」，劉賀專門派了中大夫到長安，大量訂製這種奇裝異服，賞賜封國的臣屬和奴婢們。

當時昭帝病重，所有人都很低調，劉賀卻完全沒有宗室應當具備的政治覺悟，依然我行我素，照常跑馬打獵射鳥，跟養馬的奴隸、廚師廝混在一起，天天過著醉生夢死的生活。

後來，昌邑王宮發生了一件十分詭異的事：王座莫名其妙地出現了一大攤血汙。劉賀大吃一驚，問龔遂原因。龔遂趁機告誡他：「這是不祥之兆，您必須深刻反省自己的過失。」

實際上，血汙事件有可能是龔遂的計謀，旨在教育劉賀迷途知返。但是很顯然，這種手段對於狂妄少年劉賀根本沒用。

安居山東一隅的劉賀不曾想到，他會在十九歲這一年迎來人生的劇變。

這一年，霍光力排眾議，將皇冠遞給了遠在山東的昌邑王劉賀。

故事寫到這裡，想必你一定在想，既然都知道劉賀是這樣的不良少年，霍光為何還會選中他？

我想，霍光之所以垂青於劉賀，恰恰就是因為他的玩物喪志。一個是野心勃勃的廣陵王劉胥，一個是胸無大志的劉賀，要想繼續握緊手中的權力，你會怎麼選？

這一天，劉賀接到了召他入京主持昭帝喪事的詔書，激動得不得了。

長安是最富貴繁華的所在，全國時尚潮流的發源地，光是想想就足夠興奮了。只要坐上那個至高無上的寶座，還有什麼能束縛他對美好生活的超凡想像力呢？

當天中午，劉賀就興沖沖地啟程，心情自由自在，半天時間跑了一百三十五里路，隨從的坐騎一匹接一匹地累死。經過龔遂提醒，他才打發幾十名隨從返回昌邑。

劉賀到濟陽，尋找鳴叫聲很長的雞，路上買合竹杖。經過弘農時，他縱容奴僕搶掠民女，裝在車子裡帶走，結果在湖縣遭到了長安使者的譴責。龔遂問劉賀，劉賀否認，想保護奴僕，然而龔遂太了解劉賀了，對他的狡辯置若罔聞，堅決處罰了那個奴僕。

一行人到了霸上，大鴻臚親自到郊外迎接。劉賀讓他的僕從壽成駕車，郎中令龔遂同車，一行人趁夜趕路，天明時，長安城已遙遙在望。龔遂告訴劉賀，按照國喪禮儀，奔喪望見國都就要開始哭了。

劉賀撇撇嘴，咽喉痛，哭不出來。

大夥兒都很無語：「哪怕你乾號幾聲，意思意思也行啊。」

到了城門，龔遂又提醒他。劉賀說：「城門和郭門一樣，不急不急。」

直到未央宮門口時，龔遂實在看不下去了，對他說：「昌邑國的弔喪帳篷在北邊，離這裡不遠。大王應該下車，哭得越悲傷越好，要不然你這皇帝怕是當不了了。」

劉賀沒轍了，為了即將來臨的美好生活，暫時委屈一下自己吧！

走完一系列煩瑣的流程後，劉賀終於接過了皇帝璽印和綬帶，繼承帝位，尊漢昭帝皇后上官氏，也就是霍光的外孫女為皇太后。

做了皇帝，劉賀仍然我行我素。自從進了都城，劉賀經常讓人私下買肉來吃。他對昌邑故舊仍有感情，帶著兩百多名昌邑隨從進宮，繼續和他們一起玩耍作樂。大行皇帝的靈柩還沒入土，劉賀就召昌邑國藝人進宮獻藝，取出三副太牢供品，和小夥伴們大吃大喝。

為了尋求刺激，劉賀還親自駕著車跑到北宮桂宮追野豬、鬥老虎。他和前任皇帝的女人們行淫亂之事，還下詔對掖庭令說，敢洩露出去就腰斬！

此類荒唐事，在《漢書》中比比皆是。

劉賀的所作所為，全被霍光看在眼裡。

二十七天后，霍光下定主意要廢黜劉賀。

哀哉海昏

不過，劉賀畢竟是霍光親自選定的皇位繼承人，短時間內又要廢黜他，不可避免地會在朝堂上引起激烈震盪。為此，霍光不得不謹慎行事，他先找來自己的親信大司農田延年商議。

田延年說：「大將軍是國家棟梁，既然知道這個人不行，為什麼不向皇太后建議重新選人立為皇帝？」

霍光很謹慎：「以前有過這種例子嗎？」

田延年說：「古時伊尹任殷朝丞相，放逐太甲而保全了王室，後世之人稱讚他忠。大將軍如果能做到這點，也就是漢朝的伊尹了。」

霍光點了點頭，又找來車騎將軍張安世，諮詢他的意見。

在取得這兩人的支持後，霍光讓田延年告知丞相楊敞，結果膽小的楊敞嚇得直冒冷汗，唯唯諾諾。

關鍵時刻，還是楊敞的妻子站了出來，替丈夫下定了決心。

楊夫人是司馬遷的女兒，頗有膽識。她見丈夫猶豫不決的樣子，暗暗著急，趁田延年更衣走開時，對丈夫說：「廢立君主是國家的大事，既然大將軍已有決定，你要趕快表態，要不然就會大難臨頭。」

楊敞這才下定決心，表示一定尊奉大將軍的號令，與大將軍共進退，共同廢黜這個混帳皇帝。

在將丞相楊敞拉上自己的船後，霍光名正言順地召集丞相、御史、將軍、列侯、中二千石、博士到未央宮開會，討論廢除皇帝一事。

霍光首先發言：「昌邑王行為昏亂，長此以往，會危害到國家社稷的安危，大家都說說，該怎麼辦？」

有沒有發現，此時的霍光已經不認這個皇帝了，連稱呼都又改回當初的昌邑王了。

大夥兒一聽，頓時氣炸了：「廢除皇帝？你霍光只是個首輔大臣，有什麼資格廢立皇帝？」

所有人都目瞪口呆，面面相覷，可是沒人敢站出來表態。大夥兒都看向丞相楊敞，期待著他能表態，可楊敞卻是眼觀鼻、鼻觀心，一副「事不關己，高高掛起」的樣子。

早就安排好的田延年手按劍柄，橫眉立目，大步跨出，替霍光發威了：「先帝把天下託付給大將軍，是讓大將軍在危難時定劉氏江山。昌邑王繼位之後昏亂無能，鬧得朝廷上下雞犬不寧，大將軍不出來主持公道，將來有何面目去地下見先帝？今天這事必須有個結果！誰要是退縮，我就砍了誰！」

田延年這番話慷慨激昂、擲地有聲，大夥兒都被鎮住了。當然，震住大夥兒的主要是那把劍。

霍光趕忙擺出一副痛心疾首的樣子，說：「田延年指責我，指責得很對啊！國家現在不安定，我應該先受處分啊！」

他裝出一副責無旁貸的樣子，將廢立大權一股腦兒地攬到了自己的身上。

這臺戲都演到這份上了，底下那幫群演，不，大臣們，也都有所覺悟了，忙不迭地表忠心，說：「天下蒼生的幸福都繫於大將軍一人，我們都聽大將軍的！」

此情此景，今日讀來依然寒氣逼人，而且就連霍光本人在數年之後，回憶起當時的情景，也撫著自己的心口說：「現在想起來還有點心悸呢！」

為了防止這幫人反悔，霍光拿出早就寫好的奏章，讓大夥兒一個個都簽名蓋手印，一起進宮去見皇太后，歷數劉賀的種種荒唐行為，提議廢掉劉賀，另立新君。

此時的皇太后正是霍光的外孫女，一個十五歲的小女孩，能有什麼主意？自然是霍光說什麼，她就聽什麼了。

隨後，皇太后乘車來到未央宮承明殿，詔令各個宮禁保全，禁止讓劉賀的人進宮。劉賀大搖大擺地走進了宮門，旁邊的黃門哐噹一聲就把宮門關上了，親信被攔在了門外。

這一幕來得太突然，劉賀有點糊塗了：「你們這是幹什麼？」

霍光跪了下來，道：「皇太后有詔令，不許昌邑王的群臣進來。」

劉賀說：「不讓他們進宮可以和朕商量，何必氣勢洶洶呢？」

劉賀很快被軟禁起來，霍光告誡負責人：「保護好昌邑王，如果他出了任何閃失，會讓我對不起天下人，背上殺害君王的罪名。我要是被連累了，你們一個也別想跑！」

緊接著，車騎將軍張安世帶兵逮捕了劉賀的所有親信，關在詔獄內。

此時的劉賀還不知道自己要被廢黜，聽說自己的親信全部被抓，他還在為他們鳴不平：「朕的那些舊臣有何罪？大將軍憑什麼關押他們？」

不久，太后下詔召見劉賀，劉賀心中開始慌了，他問旁邊的人：「我犯了什麼罪，太后要召見我？」

沒有人能回答劉賀這個問題，也沒人敢回答這個問題。

當他看見上官太后端坐在帷帳中，左右衛士手持兵器，群臣肅立在兩側時，他終於明白，自己的政治生涯要結束了。

見劉賀進入殿內，眾人目光像刀子一樣射向他，太后召昌邑王上前聽候宣旨。

這一聽，就聽得劉賀心驚肉跳。

「昌邑王荒淫昏亂，喪失禮義，淫邪不軌，破壞漢家制度，多次規勸都不改正，恐將危害國家。」

劉賀大腦一片空白。

除了「昏亂」外，描述劉賀行為的詞語，還有「淫辟」、「狂悖」、「狂亂無道」、「狂亂失道」、「淫亂」等。

楊敞威嚴的聲音還在耳邊迴響：「臣請太后舉行祭祀大禮，告高祖皇帝，昌邑王不可統治天下萬民，應當廢黜！」

劉賀腦中嗡嗡作響，還沒反應過來，自己怎麼突然從天堂跌入了地獄？

霍光示意他交出皇帝玉璽和綬帶，劉賀不甘心：「我聽說，天子有諍臣七人，即使無道，也不會失去天下。」

然而，霍光只冷冷地回覆了他一句：「皇太后已經下詔將你廢黜，豈能自稱天子！」

隨後，霍光抓住劉賀的手，解下他身上佩戴的玉璽、綬帶，呈給上官太后。

登基僅二十七天，霍光就借太后之手，廢了劉賀的帝位，將他發配回了山東老家，之後又被趕到了江西，廢為海昏侯。

對於大漢王朝在位時間最短的皇帝，班固都懶得專門為他立傳，只在〈宣帝紀〉、〈武五子傳〉中提了一下。

正史用三個字總結了他被罷黜的原因：行淫亂。

不僅如此，霍光還專門統計過，劉賀當了二十七天皇帝，一共做了一千一百二十七件壞事，具體來說，不外乎貪色寡情、貪婪剛愎、忤逆信饞。

劉賀被罷黜皇位後，他從封國帶到京城的兩百多個舊臣大多被殺，臨刑前連連大叫「當斷不斷，反受其亂」。

這就是史書上記載的關於劉賀的一生，普通人記得最多的，只有二十七天做了一千多件荒唐事，以及那儲存完整的海昏侯墓。

故事就這樣結束了嗎？

並沒有。

如果我們深入挖掘一下，會發現，劉賀被廢一事中，有太多匪夷所思之處。

比如，霍光為何要廢黜劉賀？僅僅是因為他的荒唐嗎？這期間究竟發生了什麼？

拋開劉賀的荒唐行為，我們再來看一下整個過程。

皇位看似風光無限，卻也危機四伏。

早在劉賀入京時，王府的中尉王吉專門為他傳遞了條資訊，他明確告誡昌邑王：「大將軍霍光仁愛勇智，忠信之德天下莫不聞，在武帝身邊兢兢業業二十餘年，沒有犯過錯。武帝駕崩後，將江山託付給霍光，而霍光也扶持幼君治國理政，海內晏然，不比周公和伊尹差。如今昭帝去世，霍光願意主動提攜您，這是您的幸運！

你只是霍光選擇的傀儡，即位後只能像昭帝一樣做個老實人，對他言聽計從，尊之敬之，絕不能觸怒霍光。」

劉賀即位後，有一次夢見蒼蠅屎積在西階東面，用大瓦覆蓋。他問龔遂是怎麼回事，龔遂趁機提醒他：

「陛下讀的《詩經》不是說過嗎？『營營青蠅，止於樊；豈弟君子，無信讒言。』意思是說，青頭蒼蠅嗡嗡飛，飛到籬笆上面停；開朗平和的君子，不要相信那讒言。陛下身邊進讒言的小人太多，這些人就像蒼蠅一樣可惡啊！陛下應該選拔先帝親近的人作為侍中，如果不能疏遠昌邑舊人，恐怕會有禍事。」

不僅如此，龔遂還表示，自己願意第一個離開長安，當大家的表率。

可是，劉賀對王吉和龔遂的諫言並沒有放在心上，他竟真的發號施令，像模像樣地做起皇帝來了。

如果僅僅是一些日常政務，霍光或許還會任由他折磨。可是，劉賀竟然得寸進尺，著手調整宮廷禁衛兵馬，準備讓昌邑國的相國安樂接任長樂衛尉一職。

這就觸到霍光的敏感處了。

要知道，長樂衛尉負責掌管太后寢宮長樂宮的守衛工作，而上官太后是霍光的外孫女，是霍光手裡的一張王牌。劉賀用自己的昌邑國舊臣替代長樂衛尉，很明顯是想效仿當年剛入宮的劉恆，將宮廷宿衛權控制在自己手中。想當年，劉恆在入主未央宮的第一夜，就將自己信任的舊臣安插在衛將軍、京城南北軍等關鍵職位上，以保證自己的安全。以霍光處事之精明，當然是一清二楚。

這件事引起了霍光的警覺，無異於直接向霍光宣告，他劉賀要親自掌權！

然而劉賀忘了，此一時，彼一時也。他要挑戰的對手，已經在帝國的朝堂上修練了數十年，遠強於文帝當初面對的那些人。跟霍光比，劉賀的段位連青銅都算不上。

那些昌邑國舊臣臨刑前高呼「當斷不斷，反受其亂」，或許正是他們不甘心的表現，不甘心沒能遏制霍光的大權，結果導致自己被反殺。

二十七天內，做了一千一百二十七件壞事，平均一天干四十二件壞事，可能嗎？

翻閱史料，發現其中還有許多劉賀在入京即位前所做的荒唐事，占據了大量篇幅，給人一種「罄竹難書」的即視感。問題在於，為什麼在此之前，霍光沒有發現劉賀的人品很差？難道他都不調查背景的嗎？為什麼上位後短短二十七天，劉賀這些陳芝麻爛穀子的事就被抖出來，寫進史書裡了呢？

來來來，霍光大將軍請你回答一下這個問題。

霍光說：「這都是昌邑群臣的責任，他們沒有及時將劉賀在封地的狂悖行為上報朝廷，所以他們也難逃死罪！」

那劉賀即位後，這些事情又怎麼突然為人所知了？

霍光說：「……那我也不知道，肯定是天意使然！」

短短一月，皇帝變成平民。

來時，群臣簇擁；走時，家丁零落。

返回山東的劉賀，處境有些尷尬。他被廢後，大夥兒落井下石，向太后提議，古時被廢黜流放的人都會被發配偏遠地區，希望將劉賀發配到漢中，讓他自生自滅。

霍光卻以太后的名義否決了大夥兒的建議，甚至護送劉賀回到山東老家，賜予劉賀食邑兩千戶，並慷慨地將他老爸昌邑哀王劉髆的家產都送給他。

王的身分，卻再也沒有了。

昌邑國從此被廢，代之以山陽郡。

多年以後，繼位的漢宣帝左右四顧，發現劉賀活得很好，總覺得他是個潛在的危險，派人送了一封密信給山陽太守張敞：「要謹慎防備盜賊，注意往來過客，注意保密。」

從以往的經驗來看，劉姓諸王都有一顆總是怦怦亂跳的篡逆之心，漢宣帝對他無法放心。

張敞馬上就明白了皇帝的心思，他立即布置人手，不分晝夜監控劉賀的一舉一動，定期向宣帝彙報。我們看看張敞給皇帝的彙報中是怎麼監視劉賀的吧：

「我於地節三年（西元前 67 年）五月到山陽任職，劉賀就住在從前的宮中，有奴婢一百八十三人，關大門開小門，只有一個門人到街上購物，每天早上送一趟食物，此外不得出入。

地節四年（西元前 66 年）九月中，我去看望劉賀，他二十六七歲的樣子，臉色很黑，小眼睛，鷹鉤鼻子，眉毛鬍鬚很稀疏，身材高大，還患有風溼，走路不方便。他穿短衣大褲，戴著惠文冠，佩玉環，插筆在頭，手持木簡趨前謁見。

我和他坐在庭中閒聊，見到了他的妻子和奴婢。我想試探一下他，說：『昌邑有很多梟』。

劉賀答：『沒錯，以前我到長安，根本沒有貓頭鷹；回來時經過濟陽，聽到有貓頭鷹的叫聲。』

劉賀這人看著有點呆傻，他有十六個妻子、二十二個兒女，其中十一個兒子、十一個女兒。我統計了他們的個人資訊，請陛下過目。

劉賀的老爹劉髆有歌女、舞女十一人，這些人既不是姬妾，也沒有身分地位，當初劉髆死後就應當讓她們回家，卻被府中的人強留下來。我認為應該讓她們回家，劉賀不肯，可見他的天性喜好敗亂傷亡，看不到一點仁義。後來丞相御史幫忙上奏，那些人才被送回家。」

自此，漢宣帝覺得劉賀不足為慮。

元康三年（西元前 63 年）三月，漢宣帝下詔：「聽聞舜弟象有罪，舜稱帝後封他於有鼻之國。骨肉之親明而不絕，現封故昌邑王劉賀為海昏侯，食邑四千戶。」

接到通知後，劉賀只得帶著家人，千里迢迢來到了豫章郡。

雖然被封為海昏侯，生活衣食無憂，劉賀的政治生命卻提前畫上了句號。朝中侍中金安上向漢宣帝諫言稱，劉賀是上天拋棄的人，陛下至仁，才封他為列侯，他沒有資格奉宗廟朝聘之禮。

皇帝批了「同意」兩個字。這之後，在各諸侯一年一度到長安參加大型活動的名單上，再也看不到劉賀的名字了。

這對劉賀而言，打擊不可謂不沉重。

西漢有一項規定，每年八月，諸侯王和列侯要祭祀宗廟，向皇帝獻上黃金。如果所獻黃金分量或成色不足，王削縣，侯免國。

劉賀沒有奉宗廟資格，但是他也準備了大量金餅，希冀著終有一天能回到長安祭祖獻酎。然而，他終究沒有等到那一天。兩千年後，江西南昌海昏侯墓重現天日，其中出土的三百七十八枚總重達一百公斤的金器，就是他當時迫切心情的真實寫照。

身在南國，劉賀依然心向著北方。他常行船到修水與鄱陽湖交會處，遙望北方，憤慨而還。

一次行舟中，豫章太守卒史孫萬世和劉賀閒聊，孫萬世問他：「你被廢時，為什麼不斬大將軍，卻聽憑別人奪去天子璽印與綬帶？」

劉賀隨口答：「錯過機會了啊！」

孫萬世又恭維他：「您不久將升為列侯。」

劉賀點點頭：「大概會這樣，但是現在不宜談論這個話題。」

不料，這段閒談很快被人上報給漢宣帝。宣帝抓住這個機會，詔令削去劉賀三千戶食邑。

劉賀最終也沒有等到皇帝和朝廷的一絲憐惜，在海昏侯國的四年裡，劉賀長期躺在榻上會客，連起身都十分困難。西元前 59 年，劉賀在鄱陽湖邊鬱鬱而終，年僅三十三歲。

那些準備的金餅沒有等到跟著主人入朝酎祭的那一刻，「黃腸題湊」和玉衣也終是不敢用，只能陪著他一起埋到地下。萬般無奈卻不敢越雷池半步，可以想見劉賀臨終時該是何等不甘與悽楚。

元平元年（西元前 74 年）六月，昌邑王劉賀廢黜，朝廷再次無主。

擁立新君以安宗廟，成為朝中大臣急待解決的問題。或者說，大夥兒都在等大將軍霍光的指示。

只是這一回，霍光也沒有主意了。

武帝在世的直系子孫中，燕王劉旦謀反事敗自殺，其子孫當然不在考慮中；廣陵王劉胥四肢發達頭腦簡單，早在迎立劉賀之前已經被否。放眼望去，還有誰適合當這個接班人？

草根皇帝

直到有一天，一個人的名字突然被人重新提及 —— 劉病已。

劉病已是誰？

為了講清楚他的身世，我們將時間的指標撥回到巫蠱之禍前。

當年，太子劉據納了一位史姓女子為良娣，史良娣為他生下一子，名為劉進，號稱史皇孫。史皇孫長大後，娶妻生下一子，即為劉病已。

我們接下來的主角劉病已，正是劉據的孫子、武帝的曾孫。

然而，劉病已出生沒多久，巫蠱冤案爆發，劉據的妻兒門客幾乎全部被誅殺，劉病已也受到牽連，被丟進了監獄。出生沒多久，他就失去了父母，這是人生中的大不幸。

那一年，劉病已還是襁褓中的嬰兒，僥倖撿了一條命。

監獄之中男女混雜，骯髒黑暗，劉病已的處境可想而知。不過，就在這裡，劉病已遇到了他人生中的第一個貴人。

劉病已所在的監獄，由一個叫丙吉的廷尉監管轄。丙吉是魯國人，年輕時研習法律，在魯國監獄負責斷案，升至廷尉右監，後因事丟了官。

武帝末年，巫蠱案發後，丙吉被再次啟用，調至郡邸監獄，負責審理巫蠱一案。在這裡，他見到了哭得嘴唇發紫的皇曾孫劉病已。

在陰冷潮溼的監獄裡待久了，連成年人都受不住，更何況一個出生還沒幾個月的嬰兒？

丙吉心地善良，他見嬰兒哭個不停，心中不忍：「太子劉據詛咒皇帝，這事本來就證據不足，太子很有可能是被冤枉的。更何況如今太子已死，孩子有什麼錯？」

丙吉決心，無論如何也要保護好這個孩子，為冤死的太子保留最後一點血脈。

劉病已還沒斷奶，丙吉便找了兩個忠厚的女囚，為她們安排了一間乾淨的牢房，哺育他照料他，自己每天來看望兩次。

沒有人承認劉病已的皇族子弟身分，也沒有人在乎他。他無父無母，就連這名字，也是丙吉起的。

在丙吉和兩個女囚的照顧下，劉病已的日子倒也不算太難過。可惜，沒過多久，大禍再次降臨。

有一次武帝生病，覺得周身不適。身邊有個術士告訴他：「長安監獄之上有天子氣，故而陛下您的病一直不見好轉。」

漢武帝是個迷信的人，認為是這股天子之氣害了自己。他下令，將長安監獄中的所有囚犯，無論罪責輕重，一律處死！

丙吉一聽，頓時就慌了，他看了一眼還在襁褓中的劉病已，暗暗下定決心，就算是拼了命，他也要保護好這孩子！

當傳達詔令的宮廷內務官郭穰抵達丙吉所在的監獄外時，丙吉大門緊閉，將郭穰拒之門外，堅決不允許他踏入監獄半步。

郭穰在外面喊話：「這是皇上的旨意，你要抗命不成？」

丙吉隔著門答：「皇曾孫在此，其他人尚且罪不至死，更不要說是皇曾孫！」

郭穰威逼利誘，丙吉死活不開門，雙方一直僵持到了天明。

沒辦成事，郭穰只好回去告丙吉的狀。

然而，聽了郭穰的彙報，又得知丙吉是為保護劉病已才拚命阻攔，劉徹只嘆了一口氣，道：「天意啊！」

此後，劉徹便不再提起此事，也不曾對丙吉有任何獎懲。

那一夜，長安城的監獄中人頭滾滾，只有丙吉所管監獄中的囚犯得以倖存。

後來，巫蠱冤案被平反，劉病已雖然擺脫了罪囚身分，但是他無依無靠，無處可去，連吃飯都是問題。天性純良的丙吉便常常用自己微薄的薪資供養劉病已的衣食，護他周全。

即便如此，丙吉覺得皇曾孫住在陰暗潮溼的監獄裡，不是辦法，於是讓獄官寫了一封信給長安京兆尹，想把劉病已和保母一起送過去。不料京兆尹根本不接，劉病已只能繼續住在獄中。

保母服刑期滿，劉病已對她特別依戀，丙吉就自己出錢，發薪資給她，僱她留下來照顧劉病已。

後來，宮廷事務署財務管理員對丙吉說，最近宮裡開支緊張，沒有皇帝的詔令，劉病已的夥食費大概也沒辦法發了。

丙吉沒有在意，他從自己的薪資裡留出一部分，買米買肉，照顧劉病已。劉病已自幼體弱多病，好幾次幾乎性命不保，丙吉日夜照顧，總算熬了過去。

可是，丙吉也深知，自己終究只是一個最低階的官吏，薪資微薄，自己能照顧他一時，能照顧他一世嗎？

後來，丙吉終於找到了劉病已的親人，祖母史良娣的娘家。當時，史良娣已經在巫蠱之禍中死去，劉病已被交給史良娣的哥哥史恭撫養。當時史恭的老母親還健在，年紀已經很大了，看到小傢伙孤苦無依，非常心疼，親自照顧他飲食起居。

再後來，皇帝下詔，將劉病已的名字重新記到皇室譜牒中，劉病已交由掖庭令（宮廷事務總管）撫養，並命宗正（皇族事務部）為其登記皇族屬籍。

在這裡，他遇到了人生中的第二個貴人。

張賀時任掖庭令，這個人在歷史上名氣不大，他父親和弟弟卻是聲名赫赫，父親是武帝時最有名的酷吏張湯，弟弟是霍光的心腹張安世。

張賀曾在太子宮做過劉據的賓客，可惜因為巫蠱冤案，張賀也被牽連，判處死刑。

哥哥入獄後，弟弟張安世向劉徹苦苦求情，劉徹念及他們的父親張湯的功勞，免了張賀的死刑，改判宮刑。

即便受了此等大辱，張賀也沒有變成反社會人格，他感念劉據舊恩，哀憐劉病已，小心奉養，甚至拿出自己為數不多的錢供其日用，教其讀書。

眼看著劉病已一天天長大，張賀開始張羅著為他訂一門親事。一開始，他想把自己的孫女嫁給他，於是和自己的弟弟、車騎將軍張安世商量，猛誇劉病已，說他如何天賦異稟、聰慧敏捷，不料卻被張安世澆了一盆冷水。

張安世說：「如今皇上（劉弗陵）正年輕，你卻常誇讚皇曾孫天賦異稟、聰慧敏捷，是想惹禍上身嗎？

皇曾孫畢竟是衛太子之後，能被召回掖庭撫養，已經是很僥倖的事了，以後休要再提嫁女之事！」

如此，張賀便再也沒有嫁女的心思。

雖然這事最後沒成，但是張賀仍舊想為劉病已尋一門合適的親事。經過多方打聽，他聽說下屬許廣漢有個女兒叫許平君，相貌不錯，且年齡相當，便想撮合一下。

許廣漢是昌邑國人，家境殷實，可惜前半生遇上的盡是倒楣事。

年輕時，他曾跟著第一代昌邑王劉髆來過長安，跟隨武帝遊幸至甘泉宮。因被同事灌了幾杯酒，離開時昏昏沉沉，許廣漢誤把別人的馬鞍放到自己的馬背上。事情發覺後，執法者將其定為盜竊，當處死刑，許廣漢最後選擇了受宮刑，做了宦者丞。

沒過兩年，倒楣事又來了。

元鳳元年，上官桀勾結燕王劉旦、長公主謀反被霍光拿下後，許廣漢奉命在長公主的住宅內搜查罪證。他搜了一圈什麼都沒發現，可之後其他人二次來查，卻搜出了一個「密櫃」，裡面放著幾千條綁人的繩索！

不管許廣漢如何辯駁，他還是被定了失職之罪，官丟了不說，還被判了鬼薪之刑，罰在未央宮掖庭裡做苦力。

好在許廣漢表現勤勉，過了幾年，被掖庭令提拔當了暴室嗇夫，混了個主管。

許廣漢有一女兒，名叫許平君，眼看到了出嫁的年齡，父親為她說了一門親事，眼看著都要成親了，準女婿竟然死了。

這下子，再沒人來為許平君說親。母親找了算卦的占卜，說女兒未來當大貴，特別開心，父親卻不信，滿心憂愁。

得知那位落魄的皇曾孫想求娶女兒，許媽媽強烈反對，可許老爹卻執意將女兒嫁給劉病已。結婚當天，張賀還拿出自己的家財為劉病已籌備婚事。

結婚後的劉病已總算是有了依靠，他身後有祖母娘家史家和岳父許廣漢為依靠，又因張賀的關係，師從東海人澓中翁學習《詩經》。

朝廷看在他皇曾孫的面子上，在勳貴雲集的尚冠裡分給他一戶小院子。即便如此，劉病已依然是這裡面最落魄的一個，能住進這裡的要麼是列侯宗室，要麼是朝廷重臣，可謂家家高門大戶，唯獨他跟這座小院子一樣落魄寒酸，無人問津。

閒暇的時候，他常常一個人出門，遊走於市井之間，與普通人打交道。事實上，他本就是普通人，沒有人在意他的皇族身分。長安有一百六十個里，街衢通達，每隔幾個里坊便能遇到一個市集，車來車往，十分熱鬧。他喜歡鬥雞走狗，喜歡街市上的人情味和煙火氣，磨刀霍霍的狗屠、路邊擺攤的老者、賣布的中年漢子，偶爾還會有高鼻深目的西域客商牽著駱駝走過，各種嘈雜聲叫賣聲此起彼伏，這一切都讓他感到無比親切。廟堂之上的世界太過遙遠，對他來說並沒有清晰的概念。

然而，也正是有著這樣的生活，才讓劉病已對大漢王朝的基層社會現狀和運作有了清晰的認識，也對民間疾苦有了更深切的體會。

在充滿陰謀、算計與殺戮的宮廷中，丙吉與張賀，用不計得失的慈愛和善念照亮了劉病已的童年，讓人看到了人性最光輝之處。每每讀到這裡，都讓人感慨不已。

劉病已本以為，這就是自己的全部人生。但是歷史的軌跡總是奇妙，十八歲那年，他的人生迎來了轉機！

昭帝去世，昌邑王劉賀被廢，帝位空虛。丙吉見霍光對於新帝人選猶豫未定，思索了半天，最終決定上書，將他心中那個合適的人選推薦給霍光。

丙吉為霍光進言道：

「臣聽說民間對那些身為諸侯或居於高位的皇族成員都沒有什麼好評，臣覺得有一人，大將軍可以考慮考慮。奉詔養育在掖庭的孝武皇帝曾孫劉病已，如今十八九歲了，通曉儒家經術，性格平和。將軍可對劉病已詳加考察，再參考占卜結果，看其是否適合繼承皇位。」

「劉病已？」

霍光在自己的腦海中迅速搜尋這個名字，可依然沒什麼印象。

巧的是，還有一人也向霍光推薦了劉病已。此人正是霍光的得力助手、太僕杜延年。他的兒子杜佗素與劉病已關係不錯，知道劉病已品德優良，美名在外，也極力向霍光推薦。

先是丙吉，後是杜延年，接連兩個人都推薦劉病已，霍光不由得上了心。經過一番考察，霍光已初步掌握了劉病已的基本資訊。他五歲出監獄，被祖母娘家史家撫養，後被召回掖庭撫養，娶一小吏之女為妻，終日遊走於市井之間，與普通人無異。

「這樣一個沒有任何靠山和背景的人，不就是霍光苦苦找尋的接班人嗎？」這樣的劉病已，正合霍光的心意。

「就他了！」

隨後，霍光正式提議立劉病已為帝：「禮制，人重視血統關係所以尊重自己的祖先，尊重祖先就會敬奉祖宗的事業。昭帝無嗣，應選擇支子孫賢德的為繼承人，武帝曾孫名病已，有詔令由掖庭進行照管，今已十八歲，從師學習《詩經》、《論語》、《孝經》，操行節儉、慈仁而愛人，可以做昭帝的繼承人，奉承祖宗大業，統馭天下臣民。」

當劉病已還在家中逗弄剛出生的兒子時，掌皇族事務的宗正劉德突然來到他家，攜上官太后所賜御衣，召劉病已入宮覲見太后。

七月，劉病已進入未央宮，朝見皇太后，先封為陽武侯，隨即群臣奉上璽、綬，劉病已即皇帝位，謁高廟。是為漢宣帝。

這一年，他十八歲。

出身坎坷、孱弱無助、在民間混跡了十幾年的劉病已，被命運選中，一步踏入了最高權力場。他將會怎樣面對曾讓他家破人亡的朝堂鬥爭呢？

韜光養晦

劉病已成了漢帝國的第十任掌門人。他深知，眼下自己沒有能力擺平這深不可測的官場，倒不如老老實實夾緊尾巴做人。除了自己的血緣關係，他沒有任何優勢可言，他必須看清自己，也必須看清誰才是漢帝國的實際控制人。

劉病已表面上是皇帝，可任誰都知道，霍光才是權力中心的一號人物。當初武帝的五位託孤大臣經過一系列明爭暗鬥，只有霍光依然屹立在朝堂之上。如今的霍光將文官集團和武官集團的權力集於一身，大權獨攬，甚至已經達到了獨斷專行的地步。

他既然可以網羅劉賀不適合為帝的上千條罪狀，將其廢掉，自然也可以廢掉毫無根基的劉病已。劉賀前鑑不遠，如何處理好與霍光的關係，是初即大統的劉病已的首要之務。

承明殿內，每逢朝會，群臣總會看見一位身穿黑色朝服、頭戴紅色委貌冠的公卿立於皇帝御榻之側。他雖然個子略矮，卻手握能讓那些比他高一頭的文武百官們戰慄緘默的權勢。

他就是大司馬、大將軍霍光。

功高震主歷來就不是什麼好事，繼位之後的劉病已視霍光為心頭大患，放眼朝堂，大多都是霍光一派的人，霍氏家族的人更是在多個重要位置上任職。他知道，自己的一舉一動，都逃不過霍光的眼睛，從他上位那一刻起，霍光就在暗中注視著他、考核著他。

劉病已是劉賀的姪兒，是劉賀性格的反面。他不敢動，那種感覺不好受，但他不是劉賀，他懂得隱忍，懂得謀劃。在面對強大的對手霍光時，他選擇了韜光養晦，選擇了隱忍。

忍，不是因為怕，而是在雙方實力嚴重不對等的情況下的策略，是一種政治謀略。劉病已在殘酷的現實面前，迅速成長起來，他掌握了這種政治謀略，而且嫻熟地加以運用。他的實力還太弱小了，弱小到可以忽略不計，他的對手卻掌握著整個國家的軍政大權，任何不成熟的舉動都有可能被對方踢出局，劉賀不就是活生生的例子嗎？

環境塑造人，十八歲的劉病已像打了催熟劑的蔬菜一樣，以閃電般的速度奔向成熟。

登基之後的一年裡，劉病已戰戰兢兢、如履薄冰，所有外來的奏章一律先送往霍光處，等他批完再轉給自己。朝堂之上，劉病已對霍光也是給足了面子。

登基不久，劉病已就讓有關部門對安定漢室宗廟有功的人論功行賞。其中，霍光增加食邑一萬七千戶，加上之前的，霍光的食邑數量已達兩萬戶。

兩萬戶，這是一個什麼概念？我來簡單分析一下。

西漢一朝，雖然封侯者不在少數，封萬戶侯的卻不多見。劉邦時封侯者多達四百餘人，封侯萬戶者僅有二人，一個是平陽侯曹參，一個是留侯張良，排名第一的丞相蕭何也只有八千戶。曹參傳四代，至武帝元光五年（西元前 130 年）國除，距始封時已經過了六十九年，封戶才過了兩萬。

霍光有生之年就封戶兩萬，其權勢恩寵之盛，可以想見。

除了給霍光一個大禮包，劉病已在丞相的任免上也是全部放權，讓霍光自己做主。前面說過，丞相楊敞去世後，八十多歲的蔡義接班，緊接著又是七十多歲的韋賢。劉病已這麼做，在一定程度上穩住了霍光，這也是在霍光去世前，君臣能相安無事的一個原因。

對於這個由自己一手扶持起來的皇帝，霍光顯然也並不完全放心。就在劉病已登基一年後，霍光在朝堂之上跪地叩首，主動要求歸政於皇帝。

這絕對是劉病已趁機拿回原本屬於自己皇權的好時機，他卻拒絕了。權勢很誘人，但是他知道自己還沒有實力握在手中。他對霍光說：「朕登基不久，仍需大將軍輔佐，還請大將軍繼續挑起擔子，輔佐於朕。」

劉病已的識趣讓霍光很放心。

霍光是心滿意足了，劉病已卻如坐針氈。

初登帝位的時候，劉病已和霍光前往宗廟祭拜高祖皇帝，兩人同坐一輛車，劉病已卻有一種如芒刺在背的感覺。

當時的霍光可謂是一手遮天，兒子霍禹被任命為中郎將，掌握兵權；姪孫霍雲過繼給霍去病，也被封為中郎將，有自己的親兵隊伍；另一個姪孫霍山任奉車都尉、侍中，執掌漢朝的胡、越少數民族部隊；霍光的兩個女婿，分別任長樂宮和未央宮的衛尉，相當於大內侍衛；其餘霍氏宗族遍布朝野，都在重要部門任職。

不難看出，劉病已剛登基時，霍光的權勢大到什麼地步，黨親連體，根據於朝廷。盤根錯節，遍布朝野，朝堂上的每個角落都有霍家的人，劉病已怎能不怕？

劉病已登基不久，就有一個不怕死的大臣彈劾霍光擅自廢立皇帝，沒有臣子的禮數，大逆不道！

這個不怕死的大臣叫嚴延年，時任侍御史。

劉病已看完奏書，心中頗為複雜。扳倒霍光，這是自己心心念念都想做的事，可問題是時機不對。另一方面，嚴延年批評霍光對皇帝擅行廢立，似乎就是說劉病已不該當皇帝。

對於這封奏摺，劉病已的態度是擱置一旁，不表態。

嚴延年很鬱悶，第一炮就啞了火，這後面還怎麼辦？

眼看彈劾霍光沒有任何動靜，嚴延年又把矛頭瞄準了霍光的心腹，時任大司農的田延年，罪名是田延年手持兵器，衝撞了皇帝侍衛的車。

田延年辯解說自己沒有衝撞，劉病已把此事交由御史中丞查辦。

御史中丞問：「田延年，你有沒有武裝衝撞皇帝侍衛的車隊？」

田延年回答：「沒有！」

御史中丞說：「好的。」

調查完畢，田延年是無辜的，嚴延年沒事找事，造謠生事。

嚴延年不服，說他親眼看見田延年衝撞皇帝車隊，而且還攜帶武器。御史中丞大怒，馬上質問他：「你既然都看見田延年違法了，當時為什麼不攔住他？」

「這——」

嚴延年欲哭無淚。

很快，他被御史中丞扣了個「闌內罪人」的罪名——這是一個死罪。嚴延年一見形勢不妙，趕緊溜之大吉，亡命天涯。

御史中丞顛倒黑白，霍光不可能不知道，想必也有他的默許在內。

不過，即便在霍光當權的年代，作為「傀儡」的劉病已也並非毫無作為。繼位第二年，他下了這樣一封詔書：

「我以卑微身分，蒙受祖先恩德，繼承聖人事業，奉祀宗廟，日夜不敢忘。孝武皇帝躬行仁義，北征匈奴，單于遠遁，南平兩越，東定北韓，開疆拓土，設立郡縣，百蠻之地，莫不臣服，使臣不請自至，貢物陳列宗廟中；協調音律，改造樂府之歌，薦享上天，封泰山，建明堂，改以建寅之月為歲首，又改定車馬祭牲的顏色；開創聖人功業，尊重賢人而賞賜有功之人，復興衰亡諸侯和貴族世家，讚美周的後代……

孝武皇帝功德茂盛，而祭祀所用的廟樂卻與他的功德不相稱，朕甚為憂傷。請有關官員一起商定，為孝武皇帝商定廟樂規格等事宜。」

劉病已為何會突然下這樣一封詔書？難道是他真的崇敬仰慕從未謀面的曾祖父劉徹？

想來未必，畢竟劉病已的祖父和父親就死於武帝之手，他不可能心血來潮，他的真實情感不可能那樣深厚和強烈。更何況，劉病已身居漢帝國的最高權力場，他的每一項決定都是經過深思熟慮的。

既然如此，那麼他的這個舉動，背後必然有更深的含義。

我們都知道，劉病已雖然當了皇帝，但是還有一個問題一直在困擾著他，那就是繼承皇位的合法性問題。

其實，選劉病已當皇位繼承人，霍光也承受著很大的壓力。這種壓力一方面來自天下對他擅自廢立皇帝的質疑，另一方面也源於劉病已出身低微，缺乏繼承皇位的合法性。

有人要說了，劉病已是劉徹的曾孫、劉據的孫子，怎麼就沒有資格繼承大統了呢？

沒錯，他是劉徹的曾孫不假，可他的祖父劉據在巫蠱之亂中公然舉兵造反，是違抗天子的罪人。雖然劉徹晚年意識到自己錯怪了劉據，還修建了歸來望思臺表達思念和悔恨，卻一直沒有正式為劉據平反。換句話說，劉據本人並沒有在政治上真正翻身，畢竟，劉據及母親衛子夫死後，連個諡號都沒有。在這種情況下，作為劉據直系子孫的劉病已是沒有資格繼承皇位的。

對這個問題，劉病已也心知肚明，這是自己能否坐穩天子寶座的基本問題。為此，他制定了一個循序漸進的方案，具體來說是分兩步走。

第一步，先解決最緊要的問題：摘掉自己身上「造反派後代」的帽子，結束劉據這一支在政治上不清不楚的尷尬地位。

在處理完封賞重臣及拒絕霍光歸政的事情後，劉病已立刻下詔要求有關官員為自己的爺爺議定諡號。經過一番考量，最終給了劉據一個十分值得玩味的諡號：戾。

明眼人都能看出來，「戾」是一個貶義詞。《逸周書．諡法解》中這麼解釋「戾」：「不悔前過曰戾；不思順受曰戾；知過不改曰戾。」劉據當年確有違抗天子詔令、鼓動長安百姓謀反的事實，給他一個「戾」字的惡諡也無可厚非。

得知這個結果，劉病已內心有點複雜，劉據畢竟是自己的祖父，下面的人這麼做，自己有點沒面子，好在他也沒有繼續糾結這個問題。對劉病已來說，不管是美謚、平謚還是惡謚，只要有個謚號，他的「正名」目的就已達到，沒必要再冒險去爭一個虛名。

劉據雖然是自己的爺爺，然而畢竟有鼓動群眾造反、跟他老爸唱反調的事實，按照禮法要求和當時的輿論環境，劉病已都應該選擇站在武帝這邊，更能體現他的政治立場。

第二步，下詔商議武帝廟樂，進一步承認武帝在位時取得的成績，把他放到和漢高祖劉邦、漢文帝劉恆一樣的高度來尊崇。

這麼做，其實是向所有人昭告，他劉病已與劉弗陵嫡庶有分，他是繼承孝武皇帝事業和遺志的正統，他的繼位天經地義且名正言順。

但是對於武帝的功過，朝中的爭議還是很大。

前面講過，武帝雖然有過非常輝煌的執政成績，但是也相當折磨國家和百姓，一度導致民生凋敝，這一點在當時也是得到公認的。況且西漢時期臣子們都比較耿直，有一說一。比如，長信少府夏侯勝堅決反對劉病已的這條詔令，他說：

「孝武皇帝雖然有攘四夷、廣土境之功，卻窮兵黷武，殺戮太重，揮霍無度，讓老百姓財力窮竭，天下虛耗，戶口減半，蝗災四起，赤地數千里，甚至發生人吃人的慘劇，原先的儲備累積至今還未恢復。所以武帝對老百姓沒有恩澤，不應該為他制定廟樂。」

劉病已覺得自己有點沒面子。

大夥兒趕緊拉住夏侯勝：「你清醒一點，這是詔書啊！難道你敢反對詔書？」

也有好心人勸他不要冒違抗皇命和否定先帝的風險，可夏侯勝不為所動，依然一副耿直的樣子：「這道詔書不應該執行。當臣子的職責，必須堅持真理，直言不諱，而不是為了討好皇帝而順從他的旨意。我的話已出口，絕不收回，就是死我也不會後悔。」

為了堅決維護皇帝的權威，不折不扣地落實詔書，丞相蔡義和御史大夫田廣明帶頭聲討夏侯勝「非議詔書，毀先帝」的罪行，定性為大逆不道，又揭發丞相長史黃霸事先知道夏侯勝的態度而沒有舉報，犯有包庇慫恿之罪。

最終結果是，兩人都被扔進了監獄，判處死刑。

這裡要多說幾句，夏侯勝這個人很特別，他是西漢「今文尚書學」的開創者，講求經世致用。武帝時任博士，宣帝時先後擔任過長信少府、太子太傅，是一個勇於直言議政的人。

值得一提的是，黃霸和夏侯勝雖然被打入死牢，但是之後就無人問津了。

其實早在劉賀當皇帝的時候，夏侯勝就曾嚴肅地告誡過劉賀：「你就當吧，我預測過不了多久，你手下的大臣會有人搞死你。」劉賀不爽，把夏侯勝扔進了監獄。然而霍光聽到這番話，心中卻不停的思索，他召夏侯勝來問話：「你為什麼知道有大臣要搞劉賀？」

夏侯勝索性賣起了關子，說：「因為我讀了《今文尚書》。」

不久，劉賀被廢。

夏侯勝的神奇預測，把《今文尚書》炒成了儒家必讀書籍，也把自己炒成了大儒。

黃霸知道，夏侯勝精通經學，和這麼厲害的人一起蹲監獄，機會可是千載難逢。於是在監獄中，他便請求夏侯勝為他講解經學。

夏侯勝很鬱悶：「我們都要死了，還講什麼經學？」

黃霸一臉渴求的樣子：「朝聞道，夕死可矣。」

夏侯勝一聽：「這麼好的學生，打著燈籠都難找啊！」此後，兩人便在監獄中做起了老師和學生，不亦樂乎。

這一教一學，就是兩年。

別人進監獄是蹲大牢吃牢飯，黃霸蹲監獄卻順便讀了書。

兩年後，關東地區發生大地震，山崩地裂，城牆房屋倒塌，死了六千多人。劉病已在賑災的同時宣布大赦，夏侯勝與黃霸也出了監獄。

黃霸後來一路被提拔到揚州刺史，相當於揚州大區的監察官。到了宣帝朝末期，黃霸更是接了丙吉的班，做到了帝國的丞相一職。

夏侯勝也得到了劉病已的任用，既然你這麼愛爭辯，那就索性讓你做個諫大夫吧！他被任命為諫大大給事中，相當於皇帝的親近諫官兼內廷祕書。

為什麼劉病已不殺夏侯勝，反而在他復出後對他更加親信？《漢書》中記載了這麼一個故事：

有一次，夏侯勝見完劉病已，出去後把皇帝的話告訴了別人，劉病已有點不高興，責備夏侯勝。夏侯勝說：「陛下說得很好，我宣揚之；堯的話散布於天下，至今仍被誦讀。我認為這些話可以傳頌，就說給別人聽了。」

這馬屁拍得相當高級，劉病已心裡暖暖的。

此後，每逢朝廷商議大事時，劉病已知道夏侯勝性格耿直，就對他說：「先生您有話儘管直說，不要因為上次那事而有所顧慮。」

話題扯回來，劉病已透過為武帝立廟樂一事，擴大了自己的政治影響力。但是，當上皇帝的劉病已並不能隨心所欲，憚於霍光的權勢，他總是戰戰兢兢，對霍光極為敬重，言聽計從。

但是在一件事上，他沒有妥協。

第四章

掌權之路

君臣矛盾

劉病已登上帝位後，確立皇后成為舉國關注的一件大事。在霍氏家族的暗示下，大臣們紛紛上奏，要求他立霍光之女霍成君為后。

臣子們的溢美之詞如滔滔江水綿綿不絕，劉病已卻只是微微一笑，並不發話。等殿上的喧囂漸漸平靜下來，劉病已下了一道微妙的詔書：

「我在貧微之時曾有一把舊劍，現在我非常懷念它，眾位愛卿能否幫我把它找回來呢？」

「舊劍？什麼舊劍？」大臣們幾乎都是一頭霧水，感覺太莫名其妙了，皆不能領會其精神。

這可是有史以來最另類的詔書啊！

於是乎，聰明的大臣就對皇帝的生活經歷刨根問底，擋都擋不住。很快，有人就聽出了劉病已的弦外之音：「皇帝連一把舊時陪伴在側的劍都念念不忘，又怎會捨棄結髮之妻另立他人為后呢？」

時光倒回多年前，他叫劉病已，她叫許平君。

那時，他是生於監獄、長於監獄的落難皇孫，她是長在民間的平凡女孩。

他無家無業、無親無故，也無處容身。在他最孤獨、最無助的時候，她出現了，給了他一個家。初遇，便已伴隨著相濡以沫，於是，此生的相守就此注定。

一年後，許平君為劉病已生下兒子劉奭，也就是後來的漢元帝。

劉病已當爸爸幾個月後，劉賀也結束了短短二十七天的皇帝生涯，丙吉向霍光上書，他被推向了歷史舞臺的中央，登基稱帝。

人們常說，人心易變。此時的他雖貴為皇帝，卻又有著更多的無奈。霍光希望霍成君能夠成為皇后，從此地位無憂；群臣也希望霍成君能成為皇后，從此朝局穩定；霍成君也希望自己成為皇后，從此母儀天下。

妥協，也許是最好的選擇。

可是劉病已偏偏選擇了不要。

他終究是一個性情中人，很多事他都可以向霍光妥協，可是唯獨在這件事上，他卻保持了一個男人的執拗，他固執地選擇了自己的心中所愛。

許平君，那個支持他陪伴他，始終不離不棄的平凡女子，才是他發誓要相伴一生的人。她是劉病已在這個世上最信任的人，拋棄她的念頭，他是從來也沒有動過的。

在那沉悶、冰冷、壓抑得令人窒息的深宮之中，只有在許平君面前，他才能做回真實的自己。

這就是「故劍情深」的故事，貧賤不相離，富貴亦相知。而那一紙浪漫的聖旨，也見證了一個平民之女與一位帝王最平和溫情也曠古絕今的愛戀。

善於揣摩皇帝心意的臣子們紛紛改口：「請立許平君為皇后。」畢竟，深情不可負！皇帝如此珍惜貧賤時的妻子，怎能不令人動容？

霍光對於封后一事一直耿耿於懷。按照慣例，皇后的父親是要封侯的，霍光卻始終不允，直到一年後，才為許廣漢封了個地位次於侯爵的「昌成君」。

劉病已固執地選擇了自己的愛人，不止得罪了霍光，還得罪了霍光的夫人霍顯。

人的欲望是無止境的，霍光可以管理天下，卻管不了枕邊人。眼下，自己的外孫女成了皇太后，女兒霍成君也嫁給劉病已成了婕妤。但是，霍顯仍不滿足，一直念念不忘讓自己的女兒成為皇后。

原本憑藉霍家的威勢，霍顯幾乎認定了皇后之位非自己的女兒莫屬，不料半路殺出個許平君，硬是奪走了到嘴的肥肉。堂堂大司馬、大將軍霍光的女兒，竟敗給了平民出身的許平君，是可忍孰不可忍！

霍顯不甘心！

她下定決心，一定要將許平君拉下來，讓自己的女兒上位。

機會很快就來了。

許平君懷孕後身體不適，召御醫來診治，而女御醫淳于衍正是霍顯的人。

在霍顯的威逼利誘下，淳于衍在許皇后的湯藥中加入了孕婦禁服的一味中藥 —— 生附子，毒殺了許皇后。

十九歲，正是蓓蕾初開的年紀，年輕的許平君卻在暗夜長空裡悽美凋零。三年的執手相望，劉病已守護住了愛情，卻失去了妻子。

那一夜，他在許皇后的靈前哭得撕心裂肺，淚如雨下。

許皇后的意外之死，讓劉病已痛不欲生。傷心之餘，他對這幾個大夫產生了懷疑，派人將大夫抓起來審問。

霍顯慌了，她察覺到了事情的嚴重性，擔心淳于衍招供，轉而向自己的丈夫尋求幫助。

在聽妻子講完事情的前因後果，霍光猶如五雷轟頂，糊塗啊！自己一輩子謙恭謹慎、躬行節儉，想不到到頭來，卻被自己身邊的人害慘了。害死皇后，不管有多大功勞，可都是抄家滅門的大罪啊！

「怎麼辦？主動揭發嗎？」

這個念頭只是一閃而過。霍光的身後，是整個霍氏家族，一旦這事被揭露出來，那麼不僅僅是自己，整個霍家都難逃一劫。

就在霍光糾結的當下，廷尉的調查結果出來了。他們一致認為，沒有確鑿證據證明是御醫照顧不周，許皇后去世，或是自身體質虛弱的緣故。淳于衍等人無罪，應當被釋放。

霍顯終於鬆了一口氣，霍光卻依然眉頭緊鎖。

其實，劉病已怎麼會不明白，這一切就是霍家的陰謀，但他還是忍住了。此時的他羽翼未豐，還無力與霍氏家族抗衡，為了大漢的江山，他只能選擇隱忍。

一著不慎滿盤皆輸，劉病已越是思念許平君，越是假裝一切都沒有發生。他把愛妻葬在自己早已選好的墓地杜陵南園，並追諡為「恭哀皇后」。

許皇后去世後，霍成君如願以償，成為劉病已的第二任皇后。

霍成君當了皇后，劉病已繼續封賞霍家的族人，霍成君想要什麼就給什麼。一時間，霍家登峰造極，顯赫無比。

不知道霍光是否明白這樣一個問題，當一個人權勢用盡，福報享盡，剩下的，就只有災殃了。

劉病已很清楚，改變你能改變的，接受你不能改變的，剩下的，唯有繼續等待了。劉病已是識時務的人，他深知，當你勢不如人時，你就要一直忍耐、等待，哪怕最終靠死神幫你贏下比賽。

時光荏苒，轉眼已是地節二年（西元前 68 年）。這是劉病已登基的第六年。

這年三月，秉政二十年的霍光走完了人生的最後一段旅程。如同他曾經效忠的漢武帝一樣，霍光也終究敵不過生老病死，蕭蕭然走下了政治舞臺，無論他多麼放不下這片江山，放不下那份權力。

得知這個消息，劉病已終於長長舒了一口氣。自己韜光養晦，熬了六年，終於熬死了霍光。

讓劉病已芒刺在背的霍光終於死了，屬於他的時代結束了，劉病已只覺神清氣爽、渾身舒泰，於是開始逐步收回權力。當然，這事不能急，得慢慢來。

劉病已與上官太后親自臨喪，按皇帝的規格厚葬霍光，並下詔追思霍光的功德：

「大司馬大將軍博陸侯宿衛孝武皇帝三十餘年，輔孝昭皇帝十有餘年，屢逢國難，躬秉忠義，率領三公、九卿、大夫等群臣定長治久安之策，以定宗廟，讓天下黎民都得安寧。功高德劭，朕深為欽佩。現讓其子孫享受其榮光，不減少其爵邑，世世代代免其徭役賦稅，其功如丞相蕭何。」

把霍光的功績和蕭何相提並論，這個評價可以說是相當高了。自古及今，只怕沒有幾個臣子能有霍光這般的榮耀了。

此外，劉病已還給霍光一個無比榮耀的謚號「宣成」。「聖善周聞」曰「宣」，「安民立政」曰「成」，這可是屬於帝王專用的評語。此等恩寵，簡直前無古人後無來者。

霍光也成了中華歷史上殯葬規格最高的大臣，只是這無限的風光與榮寵背後，埋伏著的是步步殺機，潛藏著的是萬丈深淵。

我們不禁要問，霍光真的當得起這麼大的榮耀嗎？到底該如何評價他？

宋人有個叫王十朋的傢伙，寫了一首詩：

武帝英雄類始皇，甘心黷武國幾亡。

晚年賴有知人術，解把嬰兒付霍光。

意思很直白，他把秦皇漢武相提並論，說兩位皇帝都是古代英雄，又都驕奢極欲、窮兵黷武，把國家弄得瀕於滅亡。只是武帝知人，晚年把輔佐幼年太子的重任託付給霍光，才使西漢政權渡過了危機。

在一定意義上，這首詩說到了問題的要害。昭宣時期的前二十年內，霍光確實是一個非常關鍵的歷史人物，武帝折磨了一輩子，到他臨去世時，四海虛耗，戶口減半，留下的是一副爛攤子。劉弗陵年幼，所有的重任都壓在了霍光身上。

霍光沒有讓武帝失望，他用了二十年的時間，繼承武帝休養生息的政策，保證了漢帝國這艘大船平穩執行。沒有霍光，就沒有劉病已的今天，更沒有大漢王朝的復興。

他的一生極具代表性，前半生謹慎小心，獲得武帝信任，後半生專權跋扈，廢立皇帝。雖不能說像周公輔佐成王那樣盡善盡美，倒也確實盡心盡力，是個守成名臣，可見武帝看人還是很準的。

霍光是大漢帝國的忠臣、能臣，甚至可以說是救世之臣。沒有他，就不會有漢朝中後期的「昭宣之治」。

只可惜，霍光被架上權力的巔峰，下不來了。權力之路，有如河流，逆水行舟，不進則退。霍光深知，他的地位並不穩定，甚至依然脆弱得很，江湖未靜，霍光就必須搏鬥下去。他必須盡一切力量，捍衛他的地位，不僅為了他自己，更是為了整個霍氏家族。

在他執政的二十年內，他完全以周公自居，大權獨攬。他還把自己的整個家族帶入上層，把持政權。所謂水滿則溢，月滿則虧，一個權臣甚至一個家族，如果控制政權太久，而且甚至到了操控皇帝廢立的地步，絕對不會有好下場。

霍光自己雖然做到了善終得保晚節，但是他的家族中人還會這麼幸運嗎？

山雨欲來

在追思霍光功德的背後，一個剪除霍氏家族的行動在有條不紊地展開。

霍光雖然去世了，但是霍家的親屬和親信還控制著朝廷的各個重要部門，尤其是兵權還掌握在他們手中。為了穩住霍家人，劉病已委任霍光姪孫霍山領尚書事，總攬朝政。

要收回霍家的權力，不能急，得一步一步來。而此時，一個叫魏相的人登上了歷史舞臺，陪著劉病已在政壇上大展身手。

在這裡，我們有必要介紹一下他的履歷。

魏相是濟陰定陶人，少年時代學習《易經》，做過郡裡的小吏。朝廷選人的時候，魏相策論答得不錯，做了茂陵縣令，在此期間，他最出名的便是其嚴明的吏治。

有一次，御史大夫桑弘羊的一個門客來到茂陵，假稱桑弘羊也要來，想藉此收取一些好處。縣丞覺得不像是真的，就沒理這個門客，門客大怒，將縣丞綁了起來。

事情傳到魏相那裡，魏相仔細一問，懷疑其中有鬼，又將門客關了起來。經過徹查，確認該門客是仗著桑弘羊的名氣在外面招搖撞騙，魏相手起刀落，直接將其按律處死。

如此痛快俐落地處理完了一個案子，魏相立刻在當地引起了轟動。後來，他被提拔為河南太守，秉持其一貫的吏治嚴明的風格，打擊當地豪強勢力，將地方治理得井然有序，百姓無不拍手稱快。

不過，正因為他出了名的嚴苛，也為自己引來了一些麻煩。

丞相田千秋去世後，兒子被任命為洛陽武庫令，成了魏相的下屬。但是小田聽說魏相管理相當嚴厲，怕時間長了被魏相修理，居然棄官跑了！

魏相很尷尬，難道自己在大夥兒心中的形象這麼嚴厲嗎？連忙派手下去追，結果人家堅決不願回去。

魏相非常鬱悶，說：「小田這一跑，大將軍霍光一定會認為我不是個東西。丞相剛死，我就收拾他兒子，這可怎麼辦？」

事實證明，魏相的擔心是沒錯的。小田一溜煙跑回了長安，也不知道他是怎麼向霍光彙報的，反正霍光從此對魏相印象深刻，咬著後槽牙說：「幼主（劉弗陵）剛剛即位，函谷關是京師的屏障，屯聚武庫和精兵，才讓丞相田千秋的弟弟任關都尉、兒子任武庫令。丞相剛一去世，魏相就排擠他兒子，簡直不識抬舉！」

巧的是，有人見魏相處境堪憂，便拿出當年魏相斬殺桑弘羊門客一事彈劾魏相，指責其濫殺。

霍光索性將他扔進了監獄，交給廷尉審查。

不過，魏相剛進監獄，就有人來為他求情了。

魏相雖然對手下人很嚴苛，但是對百姓很好，所以在河南民間很有威信。聽說他遇上官司，河南的兩三千戍卒一起向霍光請願，願意再留守一年來贖魏相的罪過；一萬多百姓到了函谷關，要向皇帝上書請願。

民意不可違，守關的官員不敢耽誤，立即上報，卻被霍光否決了。好在魏相運氣不錯，只被關了一冬天，趕上了朝廷的大赦令，被放出來了，之後又擔任茂陵令。

辛辛苦苦好多年，一朝回到解放前。

魏相這種性格和脾氣，顯然在官場是混不下去的。好友丙吉還特意囑咐他：「朝廷已經了解了你的能力和政績，過不了多久就會重新啟用你，希望你以後行事要慎重，鍛鍊自身的才能。」

收到好友的提醒，魏相收斂了些，重新開始在官場上摸爬滾打。沒過多久，他就被徵召為諫大夫，後來再次擔任河南太守。

數年後，劉病已登基，聽聞了魏相的才能，將其從地方提拔到中央擔任大司農，不久又升為御史大夫。從此，魏相正式邁入了西漢的權力中心。

四年後，把持西漢朝政二十年的霍光去世，劉病已感念霍光的恩德，將霍光的兒子封為右將軍，讓霍光哥哥的兒子掌領尚書事務。

魏相覺得自己的機會來了，而他為劉病已籌劃的第一件大事，正是拔除霍家的勢力。

霍光剛剛離世，魏相第一時間上了一封書給劉病已，內容是「拉張打霍」。

他說：「國家新失大將軍，陛下最好擢升有功的高官接替，不要空懸大位，以免爭權。」順便，他也提出了自己認為合適的人選：張湯之子張安世。

他說：「車騎將軍張安世侍奉孝武帝三十餘年，忠信謹慎，勤勞政事，我覺得可以提拔他為大將軍，但是不再兼光祿勳事；張安世的兒子張延壽，穩重厚道，可以任光祿勳。」

魏相這個建議，與劉病已不謀而合。很快，劉病已下詔，宣布張安世為新任大司馬、大將軍。

但是，這個任命讓張安世欲哭無淚。

原因很簡單，全長安的人都知道，張安世乃是霍光一手提拔起來的人，是霍光的左右手，張安世的孫女還嫁給了霍家外親，張家與霍家是一條船上的。魏相無視霍家子弟，轉而提拔張安世接任大司馬、大將軍之位，這讓霍家子弟情何以堪？

其實，魏相要的就是這個結果：故意製造隔閡，拉攏張安世，分化霍氏集團。

張安世坐立不安，決定去見皇帝。一進去，他就主動摘官帽，叩頭說：「老臣才能不夠，自量不足以居大位，繼大將軍後，懇請陛下哀憐，以全老臣之命。」

劉病已笑道：「你太謙虛了，你要是當不了，還有誰能夠勝任？」

「陛下……」

「好了，不要再說了，君無戲言，這事就這麼定了。」

張安世推辭再三，也沒能推掉這塊燙手的山芋。

為了不讓張安世一人獨大，幾個月後，劉病已又以減少戰爭、徭役為由，解散了張安世手下的一支屯戍部隊。

沒過多久，魏相又透過劉病已的老丈人，昌成君許廣漢，上了第二封祕密奏章，請求直接削權：

「陛下，《春秋》譏諷世世為卿相的人，憎惡宋三代人都做大夫，到魯季孫的專權當道，都曾使國家處於危難禍亂。從武帝後元以來，王室子弟能得到俸祿，國家的政事卻要由塚宰來決定。現在霍光去世，他的兒子又做了大將軍，哥哥的兒子做尚書，掌握政要，霍家的兄弟女婿們都握有兵權，權勢極大。

不僅如此，霍光的夫人霍顯和他們家的女眷都在長信宮有名籍，可以自由出入，有的夜裡從禁門出入，驕橫奢侈，放縱不羈，恐怕將來無法駕馭控制。陛下應該想辦法削弱他們的權勢，打消他們的陰謀，以強固大漢萬世的基業，保全霍光的功臣名聲。」

按照一般的流程，官員向皇帝上書，都會寫兩份，副本先給領尚書事的官員審閱。如果沒問題再上正本；如果有問題，正本就不上了。

為了避開霍家人的眼線，這回魏相沒留副本，只寫了一份正本交給皇帝。

劉病已看過之後，很是贊同，封魏相為給事中，採納了魏相的全部意見。

劉病已是個擅長溫水煮青蛙的皇帝，在霍光死後不到一年的時間裡，他一方面為霍家的青蛙們送錢送地送爵位，一方面提拔張安世為大司馬，魏相兼給事中，然後把尚書看本的權力牢牢掌握在自己手中。

然而，魏相被劉病已加官給事中，參與國家大事決策，還是引起了霍氏集團的領頭人 —— 霍光老婆霍顯的警覺。

霍顯為何察覺不妙？這就要從霍家與魏相此前的一次糾紛說起。

魏相還是御史大夫時，有一次，僕人駕車趕路，遇到了霍家的僕人。道路狹窄，雙方互不相讓，魏家的人說：「我們是直行，你們是拐彎，按照規則，你們應該讓我們。」霍家的人馬上跳起來了，說：「天底下的人都要讓我們，憑什麼？」

雙方打了一架，霍家僕人夜闖魏府，幾乎踢壞了大門，魏相親自出來勸阻，仍是無濟於事，最後逼得魏相磕頭道歉才作罷。

堂堂御史大夫，三公之一，居然向一個家奴磕頭，這是何等的侮辱！

經此一事，這梁子算是結下了。

可魏相呢？一臉雲淡風輕，彷彿從來沒發生過一樣。

平靜，可怕的平靜。

霍顯的心頭湧起了不祥的念頭。

她的預感是準確的。不久，劉病已又做了一件大事，做這事時，劉病已出手很果斷，完全超出霍家人的想像。

霍光去世第二年，劉病已突然宣布，立七歲的劉奭為太子，而這劉奭，是已故皇后許平君的兒子。

霍顯聽聞這個消息時，當即氣炸了，飯都吃不下，還吐了血。她怒道：「劉奭是皇帝在民間生的賤種，竟然能當太子？如果我女兒生下皇子，豈不是只能當個王爺？」

她嚥不下這口氣！

她不惜毒死許皇后，讓自己的女兒當皇后，為的就是讓自己將來的外孫當太子，這樣霍氏家族的地位才能穩固。現在外孫還沒生出來，皇帝就立了太子，這還了得？

霍顯怒從心頭起，惡向膽邊生，通知霍皇后，準備故技重施，除掉太子！

不殺，就沒有機會，過去是毒殺皇后，霍成君才能當上皇后；現在只有殺了太子，霍成君將來的兒子才有機會當太子，這是霍顯的邏輯。

霍顯行動了。

劉病已沒能保護好自己心愛的女人，斷然不會再讓悲劇發生在自己兒子的身上。他為太子劉奭安排了兩個保母，最重要的工作就是無論什麼食物，都要她倆先吃，再讓太子吃，霍家的人一直沒有找到下手的機會。

有魏相做幕後推手，劉病已才大膽做了幾件大事。他先是立了太子，接著又提拔自己的老丈人許廣漢，封為平恩侯。

至此，魏相認為，事情已經成功大半。劉病已更加相信，他已勝券在握。

就在這一年，劉病已突然下達了多條詔令：

霍光的女婿，度遼將軍、未央衛尉、平陵侯范明友，調任為光祿勳，後又將其度遼將軍的印信和綬帶收回，只擔任光祿勳一職。

大司馬張安世改任衛將軍，以及未央宮、長樂宮兩宮的衛尉。

霍光的兒子霍禹任大司馬，卻不讓他戴大官帽，而是戴小官帽，且不頒給他印信、綬帶，同時撤銷了霍禹以前統領的屯戍部隊和官署。

霍光的大女婿，長樂衛尉鄧廣漢，調任少府。

霍光的二女婿，諸吏、中郎將、羽林監任勝調出京師，任為安定太守。

霍光另一女婿，散騎、騎都尉、光祿大夫趙平，其騎都尉的印信和綬帶也被收回。

霍光的孫女婿之一，中郎將王漢調任武威太守。

霍光的姐夫，光祿大夫兼任給事中的張塑，調出京師，任蜀郡太守。

在經過長期周密的準備後，劉病已架空了霍氏家族掌控朝政的權力。緊接著，他將所有未央宮、長樂宮，包括長安城的守衛將士，都換成許家（就是許皇后的娘家）、史家（祖母的娘家）的子弟擔任，然後由張安世統率。

這則消息猶如一顆重磅炸彈，在霍家子弟們頭頂上炸開了花，炸得暈頭轉向，霍山等人如遭五雷轟頂。「怎麼突然就變天了呢？死神真的要來了？」

霍禹索性請了病假，不去上朝了，其餘人也是滿肚子牢騷。

霍禹的老部下任宣來探望：「聽說您病了？」

霍禹說：「我得的是心病，誰的藥都不管用。」

任宣笑道：「霍兄啊，我勸你還是放寬心。」

霍禹氣鼓鼓地說：「要不是我家老爺子，皇帝哪裡會有今天？如今老爺子的墳墓還沒乾，他皇帝就疏遠排斥我霍家，沒收了我的官印，反而任用許、史兩家的人，我不服！」

任宣見霍禹怨恨很深，勸他：「別怨了。三十年河東，三十年河西，現在這形勢，你還看不明白嗎？大將軍一手遮天、生殺予奪的時代一去不復返了！那麼多人都因冒犯大將軍而被下獄處死，反倒一些普通人因被將軍賞識，官至九卿，爵為列侯，你讓別人怎麼想？如今許、史兩家是皇上的姻親，受到尊寵是理所當然的。你如果因此而心懷怨恨，我認為不應該。」

霍禹聽後沉默不語。過了幾天，想通的霍禹又老老實實去上朝了。

形勢對於霍氏一族越來越不利，霍禹、霍山和霍雲委屈得不行。

霍氏覆滅

霍山說：「現在丞相執政，受到皇帝信賴，將老爺子制定的法令全部推倒重來，將公田授給貧民，公然宣揚老爺子的過失。又有儒生遠道而來，衣食不保，卻喜歡口出狂言，不避忌諱。老爺子當初最討厭這些滿口仁義道德的人了，如今皇上卻喜歡跟這些儒生打交道，又讓他們自行上書答對政事，這些腐儒沒事就向皇帝吐槽我們，不勝其煩。

曾有人上書說老爺子在時，主弱臣強，攬權獨裁，如今他的子孫當權，兄弟們更加驕橫恣肆，恐怕將要危及宗廟社稷，災異怪事頻繁出現，都是因為這個緣故。這話說得太狠了，我把奏摺壓了下來，沒給皇帝看。後來上書的人變聰明，全都使用密封奏事，皇上直接讓中書令取走，不透過尚書，皇上越來越不信任我了。」

霍老太太問：「丞相老挑我家的毛病，你們幾個難道就沒辦法抓到他的把柄，將他治罪嗎？」

霍山說：「全長安人都知道，丞相廉潔正直是出了名的，哪能讓一般人挑出毛病來？反倒是我們家這些兄弟行事過於張狂，目中無人。民間一直在盛傳，說我們霍家毒殺了許皇后，真有此事嗎？」

重壓之下，老太太不得不告知霍禹等人一個事實：「外面傳的『霍家謀害許皇后』一事，不是冤枉，確有此事。」

霍禹等人徹底傻眼了！

「像這等事情，為什麼不早對我們說？皇上排斥我們家的幾個女婿，原來是因為這個緣故啊！毒殺皇后，這可是大罪，死都不知道怎麼死的，您怎麼這麼糊塗啊？」

「完了，全完了！」

就在霍禹等人焦慮難安時，有人提了個建議：謀反！

「皇帝是不會放過霍家的，既然如此，何不推翻這個皇帝，就像曾經廢黜劉賀一樣？」

然而，這次霍氏謀逆的商議，被人告發了。

讓所有人意外的是，劉病已卻很冷靜，下令逮捕了兩個外圍參與者，然後宣布：「此案到此為止！」

所有人都看不懂了，皇帝這是打算放霍家一馬嗎？

至少霍家不會這麼想。

霍家子弟慌了手腳，他們並沒有理解皇帝的一番苦心，反而認為這是自己最後的機會。他們抓緊一切機會，緊鑼密鼓籌備造反。

不料這時候，又出了意外。

霍雲的舅父李竟被審問，牽扯出了霍家，皇帝下令：霍山、霍雲二人不適合在宮中供職，免職回家。

霍禹坐不住了，他每日惶惶不可終日，而宮中的劉病已卻坐如泰山，繼續處理著日常事務。

黑雲壓城城欲摧。皇家和霍家這場權力戰，連長安掃大街的都認為衝突爆發已經為時不遠了。是的，火拚就要來了，大家等著看戲就是了。可問題是，皇帝什麼時候才會徹底撕破臉皮，清算霍家？

沒有人知道。

這天，劉病已讀到一封上書，陷入了沉思。

上書者為山陽郡太守張敞。這個人我之前提到過，劉賀當皇帝期間，他向皇帝上諫，批評劉賀不能選賢用能，告誡他不可一味任用昌邑國舊臣，應當適當親近朝中大臣。後來張敞因為性格耿直，得罪了霍光，被調離京城，發配到函谷關當都尉。

劉病已登基後，張敞被提拔為山陽郡太守。眼看霍家覆亡在即，張敞送了一波助攻：

「我聽聞春秋時期，公子季友有功於魯國，趙衰有功於晉國，田完有功於齊國，都受到本國的優待，並惠及子孫。後來田氏篡奪了齊國政權，趙氏瓜分了晉國，季氏則專權於魯國。因此，孔子作《春秋》，考察各國的興衰存亡，嚴厲批判卿大夫世襲制度。當年，大將軍霍光作出廢立皇帝的重大決策，使宗廟平安、國家穩定，功勞不算小。

周朝時，周公輔政不過七年；霍光輔政卻有二十年，霍光的功勞是很大，可其危險性也更大。如果讓霍氏家族繼續執政，勢必危及君權，最好的辦法是打發霍禹、霍雲、霍山這三人回家，讓他們安享晚年，不要過問政事。

當然，僅打發霍氏是不夠的，張安世也必須挪個地方，最好為他安排個皇帝老師的職務，讓他有事可做。如果按此做法，可以保持權力平衡，漢朝也不會有那麼多事了。可惜的是，我遠在他鄉，而長安也沒人為陛下提出這些意見，所以才造成眼下亂哄哄的景象。」

最後，張敞又總結道：「綜上所述，陛下解除霍雲和霍山二人職務，這個做法必定會引起霍家恐懼，導致惡性循環。如果不及時制止，想出一個兩全其美的辦法，後果不堪設想。」

然而，劉病已看過這封上書之後，僅表示了對他的讚賞，並未採納他的意見。不僅沒有採納，劉病已還將被罷職的霍雲重新起用，任為玄菟太守。

不只張敞不懂，大夥兒也不懂了：「皇帝這是什麼意思啊？」

霍氏子弟也受不了了，自從知道毒害許皇后一事乃是確鑿事實後，他們就知道，自己與皇帝已經結下了血海深仇，和好已無可能，最後的結果只有決裂。可問題是，皇帝遲遲不表態，沒有人知道那把懸在他們頭頂的達摩克利斯之劍何時落下來。

這種感覺太壓抑了，將他們逼得幾欲發狂！

與此同時，霍家也出現了一系列怪事。

霍家府邸憑空出現了許多老鼠，那些老鼠與人相撞，用尾巴在地上畫線。貓頭鷹也來湊熱鬧，賴在霍家大院的樹上，徹夜邪叫不止，叫得人心裡發毛。

緊接著，更奇怪的事冒出來了，霍家的大門莫名其妙塌了，霍雲住宅的大門也突然崩了。霍家的人怪夢連連，先是霍顯夢見家裡的灶長到了樹上，井裡的水漫到了地上，還夢見霍光對她說：「你知道我們的兒子要被捕了嗎？」霍禹則夢見車騎喧鬧的聲音，說是來逮捕他的，嚇得他神經高度緊張。

種種怪象，擾得霍家人徹夜難安。

這種日子何時會結束？

霍禹受不了了，在萬般焦慮和崩潰的情緒下，廢黜皇帝的方案終於定了下來：

「由上官太后設宴，召魏相、許光漢等人前來，在酒宴上殺死二人，隨後再由上官太后出場，隨便尋個由頭廢了皇帝。」

方案經霍家舉手表決，全票透過，就等付諸實踐了。

然而，讓霍家絕望的是，計畫還未實施，又一次被人洩露了。

霍家陰謀是怎麼洩漏的，到底是有人告密，還是劉病已在霍家安排了眼線？沒有人知道。

總之，他們失敗了。

七月，霍家造反事敗，霍顯、霍禹、鄧廣漢等人接連被捕，霍禹被判腰斬，霍顯及霍氏家族中人悉數被綁到長安街頭斬首，因與霍氏有牽連而被誅殺的有數千家，霍雲、霍山、范明友皆自殺。太僕杜延年因是霍家舊友，也被罷免官職。

八月，皇后霍成君被廢，囚禁於昭臺宮；十二年後，霍成君自殺。

這一年，距離霍光去世剛剛過去三年。

不是夢幻，仿若夢幻。

其實縱觀整個過程，自從霍光死後，劉病已就已經有了剷除霍氏集團的計畫，他要一步步削弱霍家的勢力，看霍家子弟各種花樣作死，為自己製造有利輿論。然後，他念動緊箍咒，看著他們頭上的箍越來越緊，看著他們在驚恐絕望中掙扎。

在此過程中，他對霍家的態度有打擊、有安撫，但是從始至終，他要將霍家斬草除根的態度從未改變。

從霍光去世至霍氏滅族，這中間過了三年，霍氏集團原本是有機會重新調整與皇帝關係的，可惜這些後輩們沒一個成器的。父親死後，兒子霍禹就成了霍家的繼承人，可他的能力和水準到底如何呢？

我們來聽聽霍光對他的評價。

當初，張安世之子張千秋與霍禹皆以中郎將的身分，隨度遼將軍范明友擊烏桓。回來後，霍光問二人戰鬥方略和山川地形，張千秋張口就來，還畫地成圖，連細節都記得一清二楚。再問霍禹，他卻支支吾吾了半天，最後說了一句：「都有文書記載。」

霍光大失所望，覺得兒子不成器，嘆道：「霍氏世衰，張氏興矣。」

但是，為了保證霍氏權力的延續性，霍光在彌留之際還是決定為兒子霍禹求官。

從結局來看，霍禹顯然辜負了老父親的一番苦心。

其實，早在很多年前，就有人預見了霍家滅亡的結局，當時霍家權勢正盛，茂陵人徐福上書皇帝，說：

「霍氏一定會滅亡，奢侈無度必然導致傲慢無禮，傲慢無禮必然會冒犯主上，最終生出大逆不道之心。霍氏掌權日久，權勢太盛，忌恨的人太多了。天下人都忌恨他們，而他們又倒行逆施，不滅亡還等什麼呢？陛下即使厚愛他們，也應該時時加以抑制，不要讓他們走上毀滅的道路。」

徐福接連上了三次書，可劉病已的回覆就和雍正皇帝的奏摺批覆一樣簡單：「知道了。」

霍氏滅亡後，凡告發霍氏的人都得到了封賞，唯獨漏了徐福。

於是，有人為徐福抱不平，特意向劉病已上書，說道：

「臣聽聞，有人去別人家做客，看到主人家爐灶的煙囪是直的，旁邊還堆著柴薪，便告訴主人說，要把煙囪改成彎的，柴薪也要搬到遠一些的地方。

主人不聽，後來果然發生了火災。當時，很多鄰里朋友出手幫忙滅火，幸而火被撲滅。主人殺牛設宴，酬謝他的鄰居，被燒傷的人安排在上座，其他的人按出力大小依次入座，唯獨沒有宴請那位勸他改煙囪的人。

有人對這家主人說：『你當初若能早些聽了那位客人的勸告，今日也就用不著破費殺牛置酒，而且始終不會有火災。現在論功請客，建議您防患於未然的人沒有被感謝，而在救火時被燒得焦頭爛額的人才是上客嗎？』主人這才省悟而去請那位客人。

茂陵人徐福，多次上書說霍氏將會有謀逆行為，應該預先防範，結果一切如徐福所言。但是那些告發了霍家謀逆的人皆被陛下賞賜，唯獨徐福這位早早勸誡防微杜漸的人沒有被獎賞。希望陛下明察，嘉許徐福『彎曲煙囪、移走柴薪』的遠見，使他居於『焦頭爛額』者之上。」

劉病已這才賞賜徐福綢緞十匹，並任其為郎官。

第五章

漢宣名臣

王道仁政

霍家覆亡後，跟霍家關係密切的人多多少少都受到了牽連，眼看著其他人紛紛遭了殃，張安世也是心慌。

他是霍光的左右手，在廢昌邑王、立漢宣帝兩件大事上，霍光都是和張安世商議定策。可以說，張安世曾一度是僅次於霍光的大臣。

如今霍家完蛋了，自己能獨善其身嗎？

更何況，張安世有一孫女嫁給了霍家的外親，霍家謀反案被定罪後，孫女按律要連坐。為這個事情，張安世多次想向皇帝求情，可始終沒有足夠的勇氣。他自己尚且危如累卵，弄不好，非但救不了孫女，連自己也得腦袋搬家。

細心的劉病已觀察到張安世最近消瘦了許多，無精打采的，覺得蹊蹺，問了左右才知緣由，最後赦免了張安世的孫女。

不僅孫女沒事，張安世此後還得到了比從前更多的優待。

這又是為何？

事實上，張安世之所以能躲過這一劫，還得感謝他的哥哥張賀。

前面說過，張賀曾任掖庭令，對劉病已很是照顧，不僅自掏腰包供給他日用，還親自教他識字學習，儼然成了亦師亦父的角色。

劉病已登基之時，張賀早已去世，為報養育之恩，劉病已想追封張賀為恩德侯，設兩百戶人家為張賀守墓。而且，張賀兒子去世很早，弟弟把自己的一個兒子張彭祖給他做養子。張彭祖幼年時又與劉病已一起同過窗、一起翻過牆，所以劉病已即位後，有意賜張彭祖關內侯。

然而，張安世卻再三推辭這些封賞，又請求減少為哥哥張賀守墓之戶，減至三十戶。

劉病已被他磨得不耐煩了，臉一板，說：「朕是賞給掖庭令的，不是給你的！」

張安世這才把話嚥了回去。

張安世這個人做事極其謹慎，滴水不漏，每次與皇帝商議大事，商量完總是稱病提前退出。等到皇帝頒布詔令後，再假裝大吃一驚，派人到丞相府去詢問。所以即使是朝中大臣，也無人知道他曾參與過很多重大決策。

張安世曾推薦過一個人入仕，那人上門表示感謝，張安世卻說：「我看中你的本事才舉薦了你，這是公事，豈能私謝？」

自此，張安世竟與此人絕交。

有一位郎官仕途不順，對張安世發牢騷。張安世指責他：「你勞苦功高，皇上自然一清二楚，升遷與否，由皇上做主。作為人臣，你怎麼好意思自賣自誇？」

表面上看，張安世拒絕為郎官說話，可透過私下運作，他卻成功替郎官升了職。他之所以明裡拒絕郎官，就是不想讓人抓住接受請託的把柄。

他手下人曾對他說：「將軍輔佐明主，卻不怎麼引薦士人，大家都在譏笑您呢。」

張安世答：「明主在上，群臣賢能與否自然是黑白分明。臣下做好自己就行了，沒必要也沒資格向朝廷薦士。」

隱藏自己的鋒芒，而把老闆置於絕對第一的位置，這是張安世求得安全的關鍵一招。

霍家覆亡後，張安世和兒子張延壽都在朝中身居要職。張安世總覺得他們父子長期位高權重不是什麼好事，主動去找皇帝，交了兩份請示：

一是外調兒子張延壽，別讓他待在京城，二是降低他們父子的俸祿。

對普通人而言，升職加薪是夢寐以求的事，可張安世不這麼看，他太清楚官場的凶險了。

劉病已看完後，准了張安世的要求，將他的兒子張延壽調出京師，任為北地太守。至於俸祿問題，劉病已則想了個辦法，讓人將他的俸祿單獨存放起來，暫時不給他就是了。

憑藉著這份謹慎與小心，張安世與皇帝君臣相得，配合十分默契。

張安世不僅自我要求頗高，還對家人嚴格約束。他的兒子張延壽、曾孫張臨，在行事風格上都很像張安世。張臨有句口頭禪：「桑、霍為我戒，豈不厚哉！」指的就是曾經的風雲人物桑弘羊和霍光，都在為人處世上有致命缺陷，或身遭刑戮，或身後族滅。

四年後，年老多病的張安世請求告老還鄉，歸還侯爵之位，劉病已再三挽留，說：「將軍老成持重，又是三朝老臣，朕甚為依賴。究竟是什麼原因讓你產生了告老還鄉的念頭呢？朕若准了，讓天下人都譏諷朕遺棄老臣，朕情何以堪？希望將軍注意飲食，好好養病，多輔佐朕幾年。」

於是，張安世又強撐著身子骨繼續輔佐皇帝，直至去世。

在競爭激烈而又殘酷的官場中，張安世用自己的忠心與謹慎贏得了皇帝的信任，避免了重蹈霍氏因驕奢而敗亡的舊轍。張安世一門三侯，其後人也是八代高官未失侯位，足足一百八十年，即便在王莽篡權時也沒有中斷。

在坐穩了皇位後，劉病已著手做了兩件事。

第一件事是立皇后。

霍氏家族被剷除後，皇后霍成君也被廢，後宮亟須確立一個新的主人。可是，皇后的位置至關重要，該交給誰呢？

劉病已糾結了很久，最後選中了在後宮默默無聞的王夫人。

王夫人是劉病已好友王奉光的女兒，嫁了許多次都嫁不出去，劉病已當了皇帝後，索性將她娶進宮，封為婕妤。

當然，劉病已之所以將她立為皇后，更重要的是因為她沒有孩子，可以一心一意照顧太子劉奭。她的角色，與其說是劉病已的妻子，不如說是太子的養母。

第二件事是改名。

眾所周知，劉病已的名字，是丙吉看他小時候體弱多病，為他特意取的，希望他無病無災、健康成長。可如今，他當了皇帝，如果繼續用這個名字，會帶給百姓不少麻煩。

這又怎麼說？

說起這事，不得不提到古代的一個習俗，簡單來說就兩個字：避諱。

何為避諱？古人在提到君主和長輩時，不能直接說出或寫出對方的名字，以示尊重。還記得楚漢戰爭時，韓信身邊有個謀士叫蒯通嗎？他本來叫蒯徹，劉徹繼位後，這「徹」字常人就不能用了，所以在史書中改為蒯通。

「徹」字還好，「病已」這兩個字，實在是太常見了，誰沒生過病？老百姓根本繞不過去，而且已經有不少人因為衝撞了皇帝的名字而被判刑。

劉病已得知此事後，改名劉詢，並正式公告天下。

改名字，也意味著他的人生邁入了嶄新的階段。從登上皇位到正式親政，乃是一段荊棘密布、危機四伏的旅程。多少人未能走完這段旅程，就已經提前死了，劉詢很幸運，他終於安全地渡過來了。

一種強烈的激情和感動，充斥著劉詢的心胸。在那高高的龍椅上，他體會到偉大、崇高、時間和遙遠，天地的盡頭，使命的無限。

祖輩當年的金戈鐵馬早已成為過去，留下的，只有無盡遐想。從《烏龍闖情關》走出來的劉詢，能開創另一個盛世嗎？

我們拭目以待。

作為一位成長於民間的皇帝，劉詢深知百姓生活之疾苦，所以他掌權後，大力發展生產，輕徭薄賦。翻開《漢書》，劉詢體恤民意、休養生息的舉措俯拾皆是：

本始元年（西元前 73 年），他即位不久，就免除了當年租稅，後又對遭災地區免除三年的租賦。

地節三年（西元前 67 年），他下令降低鹽價，減輕百姓的負擔。

五鳳三年（西元前 55 年），他下令減少人頭稅。

甘露二年（西元前 52 年），他下令減收全國百姓算賦錢，一算減三十錢。

甘露三年（西元前 51 年），免除當年田租。

在徭役方面，劉詢也是能省則省。當時，漕運所消耗的人力極大，僅從關東向京師運四百萬斛谷，每年就需用六萬勞力。劉詢親政後，採納大司農中丞的建議，在三輔、弘農、河東、上黨、太原等郡買糧，供給京師所用，一下就減省了關東多半的漕卒。

為了鼓勵農耕，劉詢制定並發表了一系列支農惠農政策，還派農業專家蔡葵為「勸農使」，巡視全國，指導農業生產工作。

武帝時一頓操作猛如虎，結果使得民生凋敝，經濟蕭條，經歷霍光輔政時期的恢復，帝國在劉詢在位期間再次迎來了中興，幾乎可以與文景之治相媲美。在他登基十二年後，國家農業連年豐收，一石穀物的價格降到了五錢左右。

五錢是個什麼概念？要知道，文景之治時，一石穀物的價格大概是十數錢到數十錢，宣帝時的富庶可見一斑。

在真正掌權後，劉詢改變了原先的工作模式，制定了週例會制度，要求每隔五天，群臣向自己彙報一次工作。有了這個制度，大臣們再也不敢抱著敷衍苟且的態度來辦事了，原本暮氣沉沉的大漢官場風氣頓時煥然一新。

劉詢作出的另一項變革是地方官的任期。他認為，像郡太守、封國丞相這樣的官員是維持一方穩定的關鍵因素，如果頻繁更換，容易引發當地政局民生動盪。為了地方的長遠發展、保障政策的持續性，他宣布無限期延長地方官的任期。

除此之外，他還為基層官吏漲俸祿，加薪百分之五十。他認為，提高俸祿是為了高薪養廉，讓官僚不用擔心生計問題，從而減少官員魚肉百姓的情況。

為了改變武帝以來內朝一家獨大的政治格局，劉詢有意扶持外朝勢力，使內外朝勢力達到某種程度的平衡，比如丞相。

宣帝之前，丞相是個不折不扣的高危險行業。尤其是武帝一朝，他在位五十四年，換了十三個丞相，平均四年換一個丞相，絕大多數都死於非命。劉詢即位以來，一共任用過五任丞相，每任丞相都很厲害，隨便拉出一個都能秒殺歷史上百分之九十以上的丞相，不能不說是一個奇蹟。

前面說過，霍光權勢正盛時，丞相都是一些六七十歲的老頭。霍光去世後，丞相韋賢主動申請病退，劉詢爽快答應，讓魏相接任。

作為劉詢剷除霍氏集團的重要幫手，魏相如今的地位今非昔比。不料，還是有人站了出來，想要挑戰他的權威。

比如，西漢第一神探，趙廣漢。

京都神探

我們先來看一下他的履歷：

姓名：趙廣漢

籍貫：河北博野縣

職位：京兆尹

專長：打黑、除惡、抓賊……

絕技：鉤距法

道具：舉報箱

外號：京都神探

趙廣漢從一名基層官員做起，因廉潔、機敏和果斷而小有名氣，後因能力出眾，一路升至代理京兆尹，相當於京城長安的代理市長。

趙廣漢上任不久，就碰上了一塊硬骨頭。他手下有個叫杜建的中層官員，是長安城一霸，為人一向霸道，根基頗深，上通宮中權宦，下結宗族賓客，黑白兩道皆有他的人脈，很少有人敢輕易得罪他。

杜建在參與修建昭帝平陵時，憑藉關係大肆貪汙，影響極壞。趙廣漢掌握證據後，警告杜建懸崖勒馬，但是杜建認為自己關係硬，根本聽不進上司的話。

趙廣漢怒了，逮捕杜建歸案。自從他入獄後，說情的、利誘的、威懾的幾乎踏破了門檻，總之就是一個意思：杜建動不得。

趙廣漢偏不信邪。

杜建背後的宗族黨羽仍不死心，他們甚至打算去劫獄。

這一切，都沒有逃過趙廣漢的眼線，他派人去警告想搞事情的人：「別以為我不知道你們的那些小動作，敢輕舉妄動，就等著你們全家來陪葬吧！」

大夥兒面面相覷：「他是怎麼這麼快知道的？」

最終，趙廣漢將杜建斬首棄市。行刑那天，謀劃劫獄的人一個也沒出現。

從此以後，趙廣漢的名字傳遍了長安城。

處置杜建一案，可以看出趙廣漢不畏權勢，一身正氣。劉詢登基後，聽聞了趙廣漢的能力，將其調到了潁川郡當太守，想讓他治一治當地的歪風邪氣。

這潁川郡是出了名的難治理，當地的豪門大族上與政府官員結為朋黨，下與土匪盜賊暗中勾搭。他們內部還透過聯姻結盟，勢力盤根錯節，幾任地方官都拿他們沒辦法。

趙廣漢上任後，經過幾個月的明察暗訪，基本摸清楚當地的豪門大族。他將最猖狂的原氏、褚氏兩大家族的主事者抓起來，公布其罪狀後，立即斬首。

對於趙廣漢，有人讚之為清廉循吏，有人毀之為狹私酷吏，雖然毀譽參半，但是他一直是百姓心中的「青天」，是公平和正義的化身。

趙廣漢不僅敢作敢為，而且工作效率奇高，是有什麼祕訣嗎？

還真有。

史書記載，趙廣漢善於「鉤距」，從雜亂的資訊中梳理出有效資訊，用現在的話來說就是大數據分析。可見，趙廣漢還是一位不折不扣的「大數據」高手。

但是，要想掌握大數據，首先要有資料來源，在這方面他確實有兩把刷子。

第一把刷子是接待上訪。

無論是屬下還是上訪百姓，老趙都會熱情接待，一個接著一個，甚至通宵都不休息。在這種交流中，他總能從中獲取有用的資訊，完善自己的資料庫。

第二把刷子是舉報箱。

初到潁川時，趙廣漢為了獲取線索，按照存錢罐的樣式發明了缿筒，也就是今天的舉報箱。他將舉報箱放在衙門口，告訴大家：「你們有什麼想說又不方便說的，通通扔進來吧，我照單全收。」從此，民眾不再擔心被報復，積極踴躍地舉報投訴。透過這種方式，趙廣漢掌握了大量資訊，很快開啟了工作局面。

趙廣漢在工作中很講究方式方法，善於發揮集體力量，調動員工的積極性。他對待員工多以鼓勵為主，每當行動成功，或是得了獎賞，他總是歸功於部下，說：「這是某某的功勞，不是我的功勞。」

在他的人格魅力感召下，員工也都盡心竭力，甘願為其所用，即使赴湯蹈火也在所不辭。他還十分關心員工的待遇，長安城裡負責巡查盜賊和管理監獄的原本都是編外人員，薪水低，生活也沒有保障。在他的申請下，這些編外人員全部漲了薪水，個個心懷感念，勤於職守。

趙廣漢當了六年的京兆尹，深得民心。百姓讚嘆說：「自漢朝建國以來，長安城從來沒有像現在這樣太平安寧，所有主政的官員沒有一個能比得上趙廣漢。」

趙廣漢還有一件頗為出名的事情，那就是「問牛知馬」。比如，他要了解馬的價格，先問狗的價格，再問羊的，再問牛的，再問到馬，然後參照彼此的價格，比較驗算，便可知道馬的價格貴賤了。

經過趙廣漢大刀闊斧的整治，潁川的不良風氣徹底改變。在他擔任潁川太守的第二年，朝廷令他帶兵去前線，歸趙充國指揮。戰事結束後，趙廣漢隨軍返回，劉詢重新任命趙廣漢為守京兆尹，一年後轉正為京兆尹。

重回長安，趙廣漢遍布長安地區的情報網又被重新啟用。他在長安任職期間，有幾個遊手好閒的少年聚在一處偏僻的地方，暗中策劃搶劫。結果，一夥人還沒商量好具體方案，趙廣漢已經得到了舉報，派人將他們一舉拿獲。嫌疑人心服口服，對於犯罪未遂供認不諱。

有一次，長安城發生了一起綁架案：有個叫蘇回的皇宮侍衛在下班回家的路上被兩個劫匪劫持了。接到報案後，趙廣漢立即讓全城的眼線密切追蹤，最終發現了劫匪的住處。

為了穩住劫匪，他站在院子中間，讓手下敲門，大聲告訴劫匪：「京兆尹趙君讓我向二位好漢傳個話，你們手上的人質是皇上身邊的宿衛，千萬不要傷害他，否則你們也不會有好下場。如果你們懸崖勒馬，立即釋放人質，尚可從輕發落，如果有幸遇到大赦，還可獲得赦免，請二位三思！」

兩人一聽是趙神探，嚇壞了，久聞趙廣漢大名，沒想到今天被甕中捉鱉，於是舉手投降。

趙廣漢說：「感謝二位保證了人質的安全。」把犯人送到監獄後，他囑咐獄吏善待劫匪，還給他們酒肉吃。

遺憾的是，這兩位最後也沒等到大赦的機會。眼看臨刑在即，趙廣漢為他們預先安排好了棺材及安葬用品，並派人告訴他們後事已安排妥當。兩劫匪大為感動，嘆道：「能遇趙神探，死無所恨！」

還有一次，趙廣漢發文召見湖縣的都亭長。都亭長路過界上，當地亭長開玩笑說：「老兄見了京兆尹，替我問個好啊！」

都亭長拍著胸脯：「保證把話帶到。」—— 然後就把這事忘了。

到了京兆府後，都亭長辦完事，準備返程。趙廣漢就問他：「界上的亭長託你向我問好，你怎麼不問候我啊？」都亭長一聽，嚇出了一身冷汗。

趙廣漢拍拍他的肩膀，安慰他：「你回去時，替我感謝界上的亭長。只要他好好工作，我是不會虧待他的。」

這麼一個不畏強權、精明強幹的能臣，怎麼會和丞相魏相發生矛盾呢？

原因其實也很簡單，這個世界上，有才者常敗於傲，趙廣漢也不例外。

霍光去世後不久，趙廣漢準備向霍家發難，他查到霍家有非法釀酒、非法屠宰的嫌疑，於是親自帶人到霍家搜查，將搜出來的釀酒器具砸了個稀巴爛，還用刀砍壞了霍家的大門。

眼看娘家人被欺負，霍皇后向劉詢哭訴，要求皇帝為自己的娘家人做主。劉詢把趙廣漢叫過來罵了一頓，卻並未對他進行實質性的處罰。

如果只是這樣，趙廣漢反倒還能留個不畏強權的美名，可後來的事實證明，光明之下必有陰暗，他自己也不那麼乾淨。都知道酒是官營的，私釀、私售都是違法的，是重點取締對象，可他自己卻縱容門客私自在長安街賣酒，還被丞相府的官吏查了。

門客來找趙廣漢，說這事一定是那個蘇賢搗的鬼，肯定是他告到丞相府的。

這時候趙廣漢開始護短了，他派人去追查蘇賢的底細，有沒有什麼違法亂紀的事。有個叫禹的御史大概是為了討好上司，彈劾蘇賢身為騎士屯駐灞上卻不到屯所，按律當斬。

可沒想到，蘇賢的老爸是有門路的，他上訴要求重查此事，最後查明，御史禹言過其實，彈劾有誤。

趙廣漢這才發現自己一腳踢到了鐵板上，結果是禹被處斬，趙廣漢也被判逮捕審訊。正好朝廷大赦天下，趙廣漢運氣好，只是被降了一級俸祿。

趙廣漢不甘心，開始反擊。很快他就查出，蘇家背後是靠一個叫榮畜的豪強在支持著，於是乎，他羅織罪名砍了榮畜。

蘇家和榮家當然不服，再次聯手狀告趙廣漢。

劉詢看過訴狀後，將此案交由丞相和御史大夫查辦。趙廣漢認為自己接二連三地被控告，一定是丞相魏相在盯他，抓住他不放。

「怎麼辦？」

他決定把丞相也拉下馬。

前面說過，趙廣漢有很多眼線，其中一個眼線就安插在丞相府。一天，丞相的一個婢女犯了錯，自縊而死。

趙廣漢得知消息後，懷疑是丞相夫人因為妒忌而殺人，於是派人去勸告魏相，不料魏相軟硬不吃，趙廣漢索性揭發了魏相。

案子報上去，劉詢的批示是交給趙廣漢自己處理。

趙廣漢很激動，他帶人直闖丞相府，讓丞相夫人跪在庭下交代前因後果，還帶走了丞相府的十多位奴婢，準備大審特審。

魏相見趙廣漢不依不饒，也火了，遞了一道摺子給皇帝，說：「殺害婢女一事絕對是無中生有，希望陛下重新派人徹查此案，看看趙廣漢指控罪名是否屬實！」

劉詢又把皮球踢給了廷尉。

廷尉最後查明，婢女是被趕出丞相府後才死的，趙廣漢的指控並不成立。

隨後，蕭望之也站出來幫魏相說話：「趙廣漢侮辱大臣，想脅持丞相，違逆節律，傷害風化，是不道之罪。」

什麼是不道之罪？滅絕人道，這是大罪。

「查來查去，原來是你趙廣漢徇私枉法，還反咬別人一口！」劉詢勃然大怒，將其判處腰斬。

據史料記載，臨刑時，長安城無數百姓和官員自發聚集在宮門前號泣，為趙廣漢求情。他們有的低聲抽泣，有的嚎啕大哭，甚至有人說：「我等活著對國家無益，情願替京兆尹去死，讓他繼續治理京兆，保護百姓吧！」

趙廣漢死了。他精於吏治，頗有廉名，但是最終在權力中迷失了自己。他是清官，也是小人；他是神探，也是罪犯。很多時候，善與惡，其實就在那一念之間。

話題扯回到潁川郡上。

趙廣漢任潁川太守後，採用法家手段，鼓勵人們互相告發、檢舉，效果確實很顯著，可帶來的負面影響也是極壞的，當地民風惡化，打小報告成風，人人自危。

德治楷模

劉詢很頭痛，拿著一堆履歷挑了半天，最後選中了韓延壽，讓他去扭轉這種風氣。

韓延壽是燕地人，是被霍光一手提拔起來的，先任諫大夫，後調任潁川太守。

那麼韓延壽是怎麼做的呢？

他上任後，將當地被人信任和敬重的數十位長者依次請來，設酒宴，親自奉陪，開誠布公，告訴他們自己推廣禮儀的一些想法，勸導他們改變風俗。當老人們都被他說服後，韓延壽與他們共同商定鄉里婚喪嫁娶的禮儀，並逐步推行，教化百姓。

在韓延壽的引導下，穎川風俗由是一變。可以說，韓延壽的治理風格是漸進的、和緩的，而效果也最為明顯。

幾年後，韓延壽被調任為東郡太守。

韓延壽為官，以禮義為第一要務，一切皆依古制，推行教化，每到一地，必定聘請當地賢士，以禮相待，廣泛徵集建議，虛心聽取他們的批評意見。

每年春秋兩季，他都要積極舉辦古代的「鄉射」之禮，用比賽射箭的辦法選拔人才。屆時，賽場上陳列鐘鼓、管弦，舉行隆重的儀式，人們出入賽場時，也都相互作揖禮讓，客氣一番。

每年八月，政府檢閱民兵，設定刀斧旌旗，演練騎馬射箭；整修城池，收取賦稅，都於事前公告日期，約定集合時間。小吏和百姓對此極為敬畏，積極參與，準時集合。

不僅如此，韓延壽還善於用仁義教化來管理下屬。他的下屬背著他做了壞事，如何懲治呢？他不是憤怒地拍桌子點名責罵，而是當著大夥的面深刻反省自己：「難道是我哪方面做得還不夠好，對不起他們嗎？要不然他們怎麼會做出這種事呢？」

結果下屬聽聞後，羞愧得無地自容。韓延壽所轄某縣的縣尉甚至因此而自殺，還有官吏自刎，幸虧及時解救，但是傷及喉管，再也說不了話了。

韓太守聽說後，馬上跑去看望，他抱著這個官吏痛哭不止，又是找醫生，又是派人看護，還破格免除了他家的徭役負擔。

後來，韓延壽調入京師任左馮翊，相當於北長安市長。

一次，他出外巡視各縣。高陵縣有兩兄弟，因爭奪田產而相互控告，在韓延壽面前吵得不可開交。韓延壽覺得這是對自己推行禮義教化的嘲弄，但是同時，他馬上又想到，這也正好是教化本郡官民的大好良機，於是以一副無比悲傷的神情說：

「我有幸成為京城一郡的長官，本以為可以作一郡表率，宣明教化，但是如今百姓中有骨肉互相訴訟，為了一點土地吵紅了眼，既有傷風化，又讓所有長吏、三老蒙羞。我這左馮翊當得不稱職，這便回去引咎辭職，閉門思過，聽候朝廷處分吧！」

當日，他便稱身體抱恙，不再處理公務，閉門自省。

高陵縣的官員哪見過這種上司，一個個大眼瞪小眼。最後大夥一商量，上司都自己關禁閉了，還等什麼呢，自己也主動點吧！於是紛紛自認處罰，自己關禁閉。那兩親兄弟也懊悔羞愧不已，剃了頭髮前去認罪，都說願意把地讓給對方，終生不敢再爭。

韓延壽這才多雲轉晴，開門請他們入內，取來酒肉招待哥倆，有意讓鄉里知道，百姓們只要悔過從善，都可以得到勉勵。

韓延壽的聲譽很快就傳遍了周邊二十四縣。百姓想起這位楷模，總不忍心負了他的一番好意和至誠之心，不願再生爭端和訴訟。

按理說，韓延壽在工作中挑不出毛病，仕途應該順遂才對，可沒過多久，他就遭到了御史大夫蕭望之的彈劾。

這又是怎麼回事？

原來，是有人向蕭望之舉報，韓延壽在東郡任太守時，揮霍公款千餘萬。

一千多萬可不是小數目，蕭望之去和丞相丙吉商量此事。丙吉宅心仁厚，輕易不修理人，他對蕭望之說：「馬上要大赦了，就不要追查此事了。」

正好有御史在東郡查辦公事，蕭望之讓他順便查一查。原本這事在祕密進行，不巧的是，韓延壽知道了。

韓延壽聽說蕭望之要調查自己，極為惱怒，他決定硬碰硬，也派人去調查蕭望之在左馮翊任期內挪用一百多萬公款的事。

為了將這個案子辦成鐵案，拿到蕭望之的犯罪證據，韓延壽抓了蕭望之過去的一個小弟，嚴加審訊。那人不堪拷打詢問，不得不承認自己曾與蕭望之狼狽為奸，貪汙了公款。

緊接著，韓延壽搶在蕭望之彈劾他之前，把「證詞」交給了皇帝。

蕭望之哭笑不得，向劉詢上奏以示清白：「臣身為御史大夫，承擔總領天下監察事務的職責，有人檢舉，臣不敢不聞不問。如今臣按照正常程序調查案情，卻受到韓延壽的要挾。請陛下公允判處，將兩樁案子一查到底，以證臣的清白。」

劉詢於是命人分別調查兩件案子，結果查出，蕭望之挪用公款一事純屬汙衊；而韓延壽那邊查出了很多問題——他在東郡時，曾用官府的銅製器物鑄成刀劍，還用公款私自僱小吏為其服務，在「鄉射」等禮儀過程中又被發現多有僭越之處。

韓延壽因此被指控，大夥兒紛紛彈劾他構陷大臣為自己脫身。劉詢審議之後，決定判韓延壽死刑。

歷史再次重演。他當年在東郡做官時，愛民如子，贏得了百姓的一致好評。行刑之時，東郡官吏、百姓足有數千人來為他送別，人們扶老攜幼，攀住韓延壽的囚車車輪不放，爭相送上酒肉。

韓延壽不忍拒絕，一一飲用，共計喝酒一石有餘，並讓原來的屬下向來送他的百姓致謝，慨然說道：「辛苦各位父老鄉親遠端相送，我韓延壽死而無恨！」

送行百姓無不痛哭流涕。

仔細審視趙廣漢與韓延壽的故事會發現，這兩人其實都敗在一個人的手中。

這個人，正是蕭望之。下面，我們隆重請蕭望之出場！

腐儒帝師

蕭望之是蕭何七世孫，東海蘭陵人。受父輩的薰陶，蕭望之從小就刻苦好學，向多位老師求學，成了儒生中的佼佼者。當初漢昭帝劉弗陵在位時，蕭望之被丙吉推薦給霍光。

要知道，當時的霍光可是大司馬、大將軍，地位無比尊崇。為加強防備，凡是要見霍光的人，都得脫光衣服，摘去兵器搜身，由兩個侍衛挾持進入。

蕭望之和王仲翁一起去見霍光，面對如此羞辱人的做法，王仲翁相當配合，乖乖讓人搜了身便順利入內，偏偏到蕭望之這裡時卻出了意外。

蕭望之是個耿直的人，說什麼也不願意被剝光衣服搜身，甚至和那兩個侍衛扭打在一起。

霍光聽聞後，特意召見蕭望之。蕭望之說：「將軍您憑藉功勳和功德輔佐幼主，推行教化，天下之士皆伸長脖子踮起腳，爭願親身效力來幫您。但是現在拜見您的士人都要先剝光衣服被搜身，還要被挾持著才能見到您，這恐怕不合周公輔成王時一沐三握髮、一飯三吐哺以招攬寒士的禮節和誠意吧？」

蕭望之這一番話相當不客氣，最後沒得到一官半職，和他一起來的王仲翁倒是混了個大將軍史。

三年後，王仲翁已官至光祿大夫、給事中，蕭望之因考了射策第一名，被分配看守小苑東門。所謂射策，是漢代考試選拔人才的一種方法，主要考經學。

王仲翁出入，每次總是前呼後擁，趾高氣揚，經過蕭望之身旁時，對他說：「你不肯遵循常規，怎麼反而做了個守門官？哈哈哈！」

面對王仲翁調侃和嘲諷的態度，蕭望之淡淡地說：「人各有志。」

在王仲翁看來，不就是被剝光了搜身、被挾持嗎，有什麼大不了的？「你只要稍微低個頭，功名富貴立刻到手，你怎麼就這麼死腦筋呢？」

「是，我是死腦筋，因為我有我的傲骨和尊嚴。為了所謂的前途而拋棄尊嚴，這種事我做不出來。所以我寧願去當個看門的，也不願意向權貴低頭，你永遠也不會理解我的志向！」

蘭陵青年蕭望之，京師數一數二的儒學才俊，就這樣被埋沒在塵埃裡。

都說是金子總會發光的，很快，他就等來了屬於自己的機會。

幾年後，霍光去世，蕭望之向皇帝上書一封，陳述自己關於治國理政的主張，他說：

「《春秋》中記載，昭公三年，魯國曾下了一場大冰雹，當時季氏專權，以下犯上將魯昭公趕走，逼至他鄉，這便是上天對季氏專權一事發出的警告。

陛下勤於政務、廣求人才，賢能堪比堯舜，前不久長安卻下了一場大雨雹，上天竟沒給一點好兆頭，是因為朝政由權臣把持，一姓專權，陰陽失調，上天才會發出警告。枝葉過盛就會折損主幹，希望陛下能親自治理政務，選拔任用賢才，與他參政謀劃，讓公卿大臣朝見稟奏事情，清楚地陳述他們的職責，用來考核其功績與能力。只有諸事治理好了，至公至正之公道就樹立起來了，奸邪就被堵住了，私權也就被廢除了。」

蕭望之所說的一姓專權，其實就是指霍氏。

雖然他的這番言論並不見得多高明，但是劉詢還是給予了熱切回應，將其任用為謁者，當了朝廷接待賓客的近侍。

事實證明，蕭望之在謁者的職位上工作相當出色。當時，劉詢才剛剛親政，求賢若渴，蕭望之幫皇帝處理官民上書，讓劉詢很滿意。

沒過多久，蕭望之被接連提拔為諫大夫、丞相司直，短短一年之內連升三次，做到了兩千石級別的高官。

然而，此後的兩次職務調動，卻讓蕭望之有點不高興。

有一年，蕭望之接到一紙調令，要他去平原郡當太守。

蕭望之一心想在中央當官，不願意到地方工作，他上書皇帝說：

「陛下哀憐百姓，唯恐不能惠及天下，所以將朝中的諫官都派往地方。但是陛下身邊也不可缺少諫臣，否則陛下如何得知朝政中的弊端和缺陷呢？」

劉詢一看：「既然你不想去，那就當個少府吧，幫我管理皇室私財和生活事務。」

然而，短短一年後，劉詢再次下令，調任蕭望之為長安左馮翊。

蕭望之得知消息，都快哭了，難道是自己哪裡做得不夠好，皇帝要將我發配到地方？他又上了一封書給皇帝，直言身體不好，準備辭職。

劉詢很無奈：「這傻貨怎麼就不懂朕的良苦用心呢？」他派人傳話給蕭望之：「任你為左馮翊是想透過治民來考察你的政績，不是因為聽到你有什麼過失。」

蕭望之這才放下心來，一心撲到工作上。三年後，京師人人稱頌其治理有方，他又被調任為大鴻臚。

上一任丞相魏相去世後，丙吉繼任為丞相，蕭望之便接過丙吉的擔子，成為新一任的御史大夫。

蕭望之位列三公，顯赫一時，如果再加把勁，將來丙吉退休後，丞相之位也非他莫屬。可偏偏，他把事情搞砸了。

也許是與生俱來的傲氣，也許是仕途過於順利，蕭望之性格上的一些缺陷也逐漸暴露了出來。

在對待各少數民族政權上，蕭望之奉行雙重標準。比如烏孫請求跟漢朝和親，蕭望之就堅決反對，認為烏孫首鼠兩端，無信義，硬生生把這事搞砸了。

又過了些時候，匈奴內亂，大家都主張乘這個機會滅了匈奴，結果蕭望之卻站出來反對：

「春秋時，晉國的范宣子帶領軍隊侵齊，聽說齊國國君死了，他就帶領軍隊回了國。君子崇尚不討伐有喪事的國家，前單于嚮往並接受漢朝教化，稱臣順服，派使者請求和親，四海無人不知。現在盟約還在有效期內，單于不幸被賊臣所殺，如果出兵攻打，這是乘其亂而幸其災，他們一定奔走遠逃，不趁義動兵，恐怕勞而無功。陛下最好派使者去弔喪慰問，輔佐其新一任首領，援救其災患。如果能幫他們的首領坐穩單于的位子，對方必定會稱臣服從，這是最好的結果。」

漢朝邊境處的羌人發生動亂，朝廷派兵征討，財政吃緊，軍糧不足。京兆尹張敞想了個辦法，對於那些罪行較輕的犯人，允許他們用糧食來為自己贖罪。

蕭望之堅決反對，他從儒家綱紀倫常的大道理出發談了一堆，說這是縱容犯罪，無益教化，且必會造成貧富差距拉大，有失公允。

禮樂教化向來是儒家最推崇的東西，蕭望之的批判的確是義正詞嚴、正義凜然，然而並沒有什麼用。糧食問題怎麼解決？他有辦法弄來糧食嗎？這就不是蕭望之關心的了。反正戰爭的勝負也不是他的責任，他只要安心做好他的聖人就行了。

又有一次，西域莎車人殺死大漢任命的莎車王及漢朝使者，依附匈奴，倖存的大漢使者馮奉世當機立斷，調兵平亂。捷報傳來，劉詢相當高興，打算好好嘉獎一下馮奉世等人，結果蕭望之又說話了。

他認為，馮奉世沒有彙報便擅自發兵，若皇帝當著天下人嘉獎他，以後奉命出使的人將會以他為榜樣，徵調各國軍隊，以圖建功於萬里之外，多生事端，此風不可漸長。因此，馮奉世不宜受封。

在蕭望之的堅持下，劉詢只得任命馮奉世為光祿大夫，沒有封侯。

如果蕭望之對一般人瞧不上眼也就罷了，關鍵是，他對丞相丙吉也是一肚子怨氣。

丙吉是什麼人？這是皇帝劉詢的救命恩人，不過一開始，劉詢並不知道這事。

想當年，劉詢受巫蠱冤案的牽連，被武帝下獄，廷尉監丙吉義無反顧地將他從鬼門關救回，還安排了兩個保母哺育，後來稍大一點，又把他送到了其祖母的娘家。多年以後，劉詢重回朝堂，成為九五之尊，丙吉也絕口不提以前對皇帝的恩德，所以很少有人知道這段往事。他只是安安分分地做著御史大夫，對他來說，看著劉詢日漸長大，於願已足。

如果不是一個女僕站出來，劉詢恐怕永遠也不會知道這段往事。

霍家完蛋後，有個女僕生了歪心思，讓她的丈夫上書說，當年她在監獄內曾撫養過劉詢。

上書傳至劉詢處，劉詢讓掖庭令去核查此事。女僕說，這事情丙吉可以作證。

掖庭令帶著女僕去見丙吉，哪知丙吉勃然大怒，指著女僕罵道：「當年你差點害了皇曾孫，還捱了板子，你有個錘子的功勞！就算是有，那也是胡組和郭徵卿的功勞！」

隨後，丙吉不得不向劉詢上奏，說明了當年胡組、郭徵卿撫養劉詢的事實。

直到此時，劉詢才得知丙吉當年對他的養育之恩，於是封丙吉為博陽侯，食邑一千三百戶。

皇帝如此信任丙吉，可是蕭望之卻對丙吉甚是不滿。

丞相生病，按照官場規矩，御史大夫要主動探望，但是丙吉每次生病，蕭望之卻從沒去探望過。

上班時，御史大夫應當跟在丞相後面邁入宮殿，蕭望之卻每每與丞相丙吉並排進入，一點都不禮讓。

有一次，丙吉與蕭望之意見不合，蕭望之不願妥協，當眾對丙吉說：「您年紀大，但是也當不了我的父親吧？」意思是即使丙吉年齡大，也休想讓他唯命是從。

對於蕭望之的無禮，丙吉只是一笑而過，並沒有追究。然而，蕭望之卻一次又一次找碴，他上書說：「百姓困乏，盜賊未止，朝中兩千石級別的官員多沒什麼才能，不能勝任其職。三公人選不合適，所以三光（日、月、星）不明，今年歲首日月少光，是臣的責任。」

三公不稱職，難道不是丞相之罪？跟你有什麼關係？就算要承擔責任，也輪得到你蕭望之站出來？

蕭望之揪著丙吉不放，劉詢也有些生氣，當即派人去詰問蕭望之。面對皇帝派來的使者，蕭望之只是摘下帽子，拜了兩拜，使者問他話，他故意伏地不起，一點都不配合。

劉詢是真的生氣了，下詔說：

「有官員說你苛責朕派去的使者禮節不周到，對丞相無禮，傲慢不遜，無法做百官的表率。你應該好好反思自己，何以陷入這樣的境地。朕不忍用律令來處罰你，只降職為太子太傅，光祿勳楊惲隨後會送去印綬，你順便把御史大夫的印綬也交予他。你也不用進宮了，直接去太子那裡報到吧！」

劉詢是真的生氣了，以至於連他的面都懶得見了。蕭望之只好回去踏踏實實做了太子太傅。

天下良吏

讓我們再一次將目光聚焦到丙吉身上。

在得知丙吉為自己所做的一切後，劉詢大為感動，要為丙吉封侯，不巧丙吉生了重病。劉詢生怕爵還沒封，人先死了，很是著急。太子太傅夏侯勝安慰說：「丙吉不會死的，我聽說有陰德的人，能夠享受他的福報，並且惠及子孫，現在丙吉還沒有得到報答，他的病肯定能好。」

巧的是，此後丙吉果然痊癒了。病剛好，丙吉就立即上書，堅決謝絕封侯，表示不應憑空名受賞。劉詢說：「我封你，並非空名，而你上書歸還侯印，是要彰顯我這個皇帝不道德啊。什麼也別說了，趕緊把身體搞好，幫我治理國家。」

魏相死後，丙吉繼為丞相。

丙吉雖然是監獄小吏出身，但是也學過詩書，通大義。他身居相位之時，崇尚寬厚禮讓之風。下屬犯了錯，他就讓對方休長假，令其自行離職，不再追究。

對於下屬，他總是盡力掩其過而褒其功。丙吉的車夫嗜酒成性，平日裡也常常喝得爛醉，有一次出門，更是直接吐在丙吉的車上。

身邊的人看不下去了，想辭退車夫，丙吉卻說：「如果只是因為這件小事將其辭退，日後他將在何處容身？你就忍一忍吧，不過是車墊沾了些汙穢之物而已。」

丙吉的寬厚可見一斑。

恰好，這個車夫是邊郡人，熟悉邊塞警戒事務。有一次外出，看到負責遞送加急文書的驛騎，知道邊郡有急事，於是過去打聽情況。一打聽才得知，有外敵侵入雲中郡和代郡，急忙回相府向丙吉報告，並提出了自己的建議：「邊關告急，朝中老臣多不習戰事，您應當早做準備。」

丙吉覺得有理，於是提前了解邊郡及官員的情況，做足了準備。

不久之後，劉詢召見丞相丙吉和御史大夫蕭望之，詢問邊郡戰事，丙吉侃侃而談，而蕭望之倉促之下一問三不知，被皇帝訓了一頓。

劉詢稱讚他：「丞相憂慮邊事不忘職守。」

出來後，丙吉向眾人說明情況：「如果不是車夫提前報告，我怎麼會被皇上褒獎呢？」

有一次，丙吉外出體察民情，碰上一幫市井之徒在打架鬥毆，死傷之人躺了一地。丙吉像壓根兒沒看見似的，繼續前行。而後看到一個人趕著一頭牛，那牛看上去氣喘吁吁，直吐舌頭，丙吉卻派人去詢問這牛趕了多遠的路。

下屬很奇怪，身為一國之相，不關心前面的人命案件，卻只關心這些瑣碎之事，豈不是本末倒置？

聽完身邊人的疑問，丙吉只是淡淡道：「百姓鬥毆死人，有長安令、京兆尹管，我只負責一年一次檢查他們的政績優劣，上報皇上或賞或罰而已，丞相不必親自過問小事。如今春日未熱，牛卻喘氣吐舌，這恐怕是季節失調，對民生不利，所以要問一下，這才是丞相的職責。」

此言一出，丙吉聲望大漲。

晚年時，丙吉病重，劉詢親自前往問候：「先生百年之後，誰可以代替您執政呢？」

丙吉推辭說：「群臣的德行才能，明主盡知，愚臣不能辨別。」

劉詢見他不答，反覆追問，丙吉無奈，只得推薦了三個人：

「西河郡太守杜延年精通法度，了解國家舊日的典章制度，以前做九卿十餘年，現在郡裡治理得很好。

廷尉於定國執行法令嚴謹公正，有他在，天下人認為自己不會受到冤屈。

太僕陳萬年對後母很孝順，敦厚純樸。

這三個人的才能都在我之上，陛下可以考察。」

事後證明，丙吉確有識人之能，他推薦的三個人，除了杜延年因年老多病，辭謝了御史大夫外，於定國和陳萬年都得到了重用。

丙吉一死，丞相之位再次空了出來，御史大夫黃霸順利接班，成了百官之首。

黃霸這個人在前面露過面，他在獄中跟夏侯勝學過《尚書》，出獄後得到重用。為了講清楚他的故事，我們還得從頭說起。

黃霸是河南太康人，學的是法律，最初在老家縣城裡當個治安巡防員。這天午後，他和一位相士出門逛街，看到路邊站著個女子。相士神經兮兮地對他說：「這女子日後必定大富大貴，否則，我把家裡那些相書全扔茅廁去！」

黃霸將信將疑，上前與女子搭訕，一問才知道，她母親是這一帶裝神弄鬼「跳大神」的巫婆。一般人誰願和裝神弄鬼的人家結親？黃霸卻不嫌棄她的出身，當即向女子表白，不久娶之為妻，兩人相守終生。

武帝晚年，黃霸靠捐錢混了個侍郎謁者，相當於朝廷的接待人員。可惜沒過多久，因兄弟犯罪，黃霸被牽連免官。

黃霸不拋棄不放棄，沒過多久，他爸媽透過捐獻稻穀，又為他找了份工作，左馮翊屬下的小官，負責錢糧事宜。

這個工作油水多多，偌大的北長安市，一年有多少錢要從黃霸手裡過去，只要他伸伸手，隨便都能沾點油水。可是黃霸卻公正廉潔，從來不拿，全無一點為自己謀利的心思。

朝廷很快便留意到他，黃霸因清正廉潔，調任河南郡太守的副職——太守丞。

黃霸在河南一待就是二十年，見證了武帝駕崩、昭帝登基、霍光輔政、劉賀被廢、劉病已稱帝等一系列波折，直到劉詢坐穩了江山後，聽聞黃霸勤政愛民，將其調入京師，任命為廷尉正，後又轉任丞相長史，即丞相府祕書長。

就在黃霸以為自己已經踏上康莊大道時，一個偶然事件，將他從丞相長史變成了階下囚。

事情的起因還得從劉詢為武帝立廟樂說起。

想當初，劉詢為了替自己正名，減弱霍光對自己的掣肘，下詔讓大夥兒商議為武帝立廟樂一事。不料，大儒夏侯勝卻認為劉徹雖有開疆拓土之功，卻把民眾也折磨得半死，海內戶口減半，國庫虧空，百姓流離失所，堅決反對為武帝立廟樂。

黃霸力挺夏侯勝，所以當大夥兒彈劾夏侯勝時，黃霸拒絕在聯名的彈劾書上簽字。最終，他受到牽連，被皇帝丟進了監獄，成了階下囚。

好在劉詢也沒有追究夏侯勝和黃霸的意思。兩年後，二人出獄，黃霸被任命為揚州刺史，後又調任潁川太守。

潁川郡有一家富戶，兄弟倆在一起生活，老婆都懷孕了。兄長的老婆生了個死胎，但是一直瞞著，眼看弟妹生了男孩，兄長老婆心生惡念，將孩子奪過來說是自己生的。雙方各執一詞，一直爭論了三年都未能斷決。

黃霸聽聞此事後，派人把孩子抱到法庭上，讓二人去爭奪，誰能搶到孩子，孩子便歸誰。兄長媳婦搶孩子時使出了洪荒之力，反倒是弟媳婦兒怕傷著孩子，不敢使勁用力。

一看這情況，黃霸頓時明白了，斥責兄長媳婦說：「你只顧著搶孩子，根本不管用力爭奪是否會傷到孩子。孩子不是你生的，你不要再爭了！」

兄長媳婦羞愧不已，只得認罪。

黃霸喜歡深入基層調查。他督辦喪事時，囑咐下屬哪個鄉的大樹可以砍了作為棺木，哪個驛站養的豬可以用來祭祀。下屬依言前去，證實他所說絲毫不差。

除了自己下基層外，黃霸還常派官員深入民間。有一次，他安排一名屬吏出差，屬吏一路餐風露宿，不敢在驛亭進餐，餓了就在路邊吃自帶的食物。不巧一隻烏鴉飛來，叼走了他手裡的肉，這一幕恰好被人看到，告知黃霸。

屬吏回來後，黃霸慰問他：「你出差太辛苦了，在路上吃飯還被烏鴉搶了肉。」

屬吏大驚，以為黃霸對他的行蹤瞭如指掌，故而如實彙報情況，不敢有絲毫隱瞞。

黃霸不僅體恤民眾，而且還關愛老人。許縣縣丞年紀大了，聽力不好，督郵想辭退他。黃霸說：「這縣丞做事廉潔，雖然上了年紀，還能應付官場送迎之事，即使聾了，又有何妨？還是要給他一些關照，不要讓賢德之人失意。」

黃霸還有一條原則，就是幹部不能換得太勤。有人對此不解，他解釋說：「官員頻繁更換，送舊迎新又要多花錢，會助長投機鑽營之風。所有這些費用，最後都得老百姓買單，換上的新官未必是好官，或許還不如他的前任。所以，還不如不換人呢！」

在潁川郡，黃霸一待就是八年，他治理有方，政績突出，在年度績效考核中排名第一，天下知名。

因在地方上表現突出，此後黃霸被調回長安，任為太子太傅，時年七十四歲。幾個月後，因前任御史大夫蕭望之被貶為太子太傅，黃霸緊接著被提拔為御史大夫。

又過一年，丞相丙吉去世，黃霸順利接過了丞相的擔子。這一年，他七十五歲。

黃霸熬了這麼多年，終於登上了權力的巔峰。在新的工作職位上，黃霸還能繼續創造奇蹟嗎？

恐怕要讓大家失望了。自從當了丞相，黃霸整日悶悶不樂，陷入了深度的自我懷疑中。

這又是怎麼回事？我來舉兩個例子。

有一次，黃霸召集九卿、博士一起接見各郡來長安彙報政績的官吏，黃霸想按照治理情況，對各地官吏劃分等級。正當大夥兒聊得熱火朝天時，有幾隻樣貌稀奇的鳥飛到了庭院中。

黃霸沒見過這種鳥，以為是神雀，便商議著上書說「天降祥瑞」，不料後來才得知，這是隔壁的京兆尹張敞養的。這些鳥名叫鶡雀，出產於羌中，長安很少見。

得知黃霸想要藉此上書稱祥瑞，張敞立刻上書一封：

「臣家中養的鶡雀飛到了丞相府，丞相卻想將牠們當成祥瑞向皇上邀功，在場的人都認得這種鳥，丞相問及，卻都說不認識，可見眾人都懼怕丞相的權勢。如今朝廷制定的各項法令已經很完備了，沒必要再修改，應該讓大臣訓示各地官吏，回去稟告郡守，推舉人才一定要名副其實，郡中公務應依法而行，不可擅自制定法令。」

劉詢採納了張敞的建議，還將張敞的建議轉給所有來京彙報工作的官員，讓黃霸相當羞愧。

樂陵侯史高以外戚身分任侍中一職，名望很高。黃霸想為皇上的近侍貴戚再弄個有實權的位子，舉薦史高擔任太尉，不料卻被劉詢罵了個狗血淋頭：

「太尉一職廢除已久，其職責由丞相兼管，這是為了息武興文。如果國家動亂，邊境吃緊，左右大臣都可領兵打仗。丞相的任務是宣明教化，評判冤案，任命將相是朕的職責，用得著丞相您越職舉薦他嗎？況且史高是朕的近臣，朕深知他的才能底細，何需你來越職舉薦？」

黃霸臉都嚇白了，連忙摘下官帽，一個勁地向皇帝謝罪。

其實，黃霸的特長是管理地方，他當個太守是沒問題的，如果當丞相，就無法勝任了。

為何會這樣？

因為太守和丞相有天壤之別，兩者的層次和視野也完全不一樣。丞相是皇帝的副手，最考驗一個人的統籌協調能力。人各有所長，黃霸擅長治民，處理地方事務絕對相當厲害。然而一進京城，一入中樞就不行了，風采不如前任，口碑也大不如以前。

硬著頭皮艱難撐了三四年，黃霸在鬱悶中去世。

事實證明，大漢的政治舞臺上從來不缺主角，繼黃霸之後，又一個猛人冒了出來，逐漸贏得了劉詢的信賴。

畫眉深淺入時無

這個人是張敞。

張敞這個人，前面已經露過面，他從基層做起，由於為官清廉、能力突出，一步步升任太僕丞，也就是管理皇帝車馬的副手。當初劉賀上位後，仍舊放浪形骸，偏愛昌邑國的舊臣。張敞便建議劉賀，要適當任用霍光等朝中大臣，不能只親近昌邑舊臣。

劉賀沒聽進去，結果二十七天後就被廢了，張敞則因直言進諫被提拔為豫州刺史。不過很快，他因得罪了霍光，被發配到函谷關。

霍光去世後，劉詢重新掌權，又把張敞調回了中央。

張敞好不容易回到了長安，行李都還沒開啟呢，結果皇帝給了他一個特殊任務——監視劉賀。

接到任務，張敞二話不說，帶著自己的行李前往山陽郡，時時刻刻監督廢帝劉賀的一言一行，三不五時寫報告給皇帝。不止如此，他還時時關注朝中動態，霍光去世後不久，他上書皇帝，建議撤掉霍家三個子弟的侯爵之位，以免他們釀成大錯，也可保全功臣霍光的血脈。

奏疏最後，他還加了一句話：「對待霍家的一應事務，臣願盡心輔佐陛下，請將臣調回長安吧！」

劉詢看完，不置可否。

不久膠東、渤海一帶盜賊橫行，張敞上書說：「山陽有十幾萬人，現在只有七十七名盜賊沒被抓獲，我閒著也是閒著。聽說膠東、渤海那兒盜賊多，我想去那兒做點事業。」

劉詢准奏，賜了他三十斤黃金，任他為膠東相。

一到膠東，張敞立刻下發通知，盜賊只要捕殺到同夥，就可以免罪，同時他還重賞緝捕有功的官吏，為表現突出的下屬請功升官。在他的治理下，膠東地區的盜賊很快瓦解。

而此時，長安城卻是地痞流氓、混混土匪橫行，治安日漸混亂。朝廷換了好幾任京兆尹，可是依然不見起色，商賈不勝其苦。雖然是天子腳下，但是京兆尹是最難做的，公卿多如狗，權貴遍地走。這些人已形成了盤根錯節的利益網路，而長安城則是各個網路盤根錯節的中心所在。

劉詢左思右想，決定把遠在膠東的張敞調回來任京兆尹。

不過，長安城可不是偏遠的膠東，這裡的關係錯綜複雜，那些地痞流氓多多少少都有些背景，劉詢對他也沒有十足的把握，就問他：「你可有什麼良策？」

張敞說：「陛下不用擔心，臣一定能辦好！」

那麼張敞在京兆尹的位置上做得如何呢？

明代戲曲家湯顯祖在讀到張敞的故事後，提筆寫下了一首詩，而這首詩寫的正是張敞的治京奇招：

長安多偷兒，數輩老為酋。

居家皆溫厚，出從僮僕遊。

遂有長者名，閭里咸見優。

小偷時轉輪，酋長日優遊。

安知畫眉人，一朝來見收。

張敞到任後，第一件事就是祕密查訪。經過一番查訪，他了解到這些盜竊團夥的上線都是京城裡頗有身分的大哥，這些人家境富足，居有高宅，出有乘騎、有僕童牽引，對外則是一副溫厚長者模樣。

在掌握確鑿證據後，張敞找了個理由，擺了一桌「鴻門宴」，請他們赴宴。人到齊後，張敞當面直斥他們的罪行，要他們立功贖罪。

大家紛紛表示願意配合，說：「配合沒問題，只是今天我們被叫到官府，同夥竊賊必然都有所懷疑，如果能給我們一官半職，他們就不會懷疑了。」

果然是老江湖！

張敞也是豪爽之人，一口應承下來，為每人封了官，並且予以獎賞。

大家回家後，向小弟們宣布自己做了官，要擺一桌，小弟們自是一個不差前來道賀。這場酒一直喝到半夜，小弟們喝得酩酊大醉，一個個互相攙扶著出了門。結果一出門，大夥兒傻眼了——

一隊官兵手持刀槍，高舉火把，正在門外等著他們。

「全帶走吧！」

有人要問了：這麼多人，怎麼才能分辨哪些是盜賊，哪些是好人呢？

大哥們早有準備，早在喝酒時，就讓手下偷偷在盜賊的背上做了記號，守在門外的官兵一天就抓到好幾百號人。被抓的盜賊又繼續揭發，拔出蘿蔔帶出泥，沒過多久，長安城的盜賊很快就被肅清了。

除了打黑，張敞還有一項絕活：畫眉。

他在處理公務之餘，練就了一手畫眉神技。每天早上都為太太點妝繡眉，而且是時尚圈中最流行的畫風。張敞出門在外是一堂堂的官員，回到家裡就是一平凡好丈夫。從他畫眉的舉動中可見，此人絕非大男子主義者，還是個會心疼老婆的好男人。

張敞的太太眉梢有點疤痕，他自學成才練就了畫眉神技，只是為了替太太掩蓋疤痕。哪知道張敞這點小嗜好，卻被朝中那些「假道學」們視為異端，讓同僚八卦到了最高統治者那裡。

劉詢覺得張敞作為首都的行政長官，畫眉秀恩愛不妥，於是親自過問。不料張敞撇了撇嘴，不屑地說：「閨房之中，還有比畫眉更親暱的玩樂事，陛下不關心我治理社會的進度，卻關心這個，有意思嗎？」

劉詢有點尷尬，笑了笑，不再追問此事。

事情雖然過去了，但是劉詢總覺得張敞此舉有失官員的威儀，故而張敞在京兆尹上混了九年，此後再也沒有升職。

張敞有個好朋友叫楊惲，是司馬遷的外孫，擔任皇宮總管的職務，與皇帝關係不錯。他一生最大的功勞，就是將司馬遷的《史記》呈遞給皇帝，讓其代代流傳下去。

楊惲生性爽直仗義，在朝廷中交結了許多朋友。大司馬霍禹密謀謀反時，楊惲事先得了消息，他找到侍中報告了這個緊急情況，侍中馬上密報給劉詢。劉詢立即動手，將這場叛亂消滅於萌芽中。事後，楊惲等五個人都被封侯，楊惲被封為平通侯，升為中郎將。

中郎將是個極為重要、極有實權的官職，手下管著許多郎官，這些郎官都是朝廷的人才儲備庫。為了往上爬，不少人賄賂上司，貪汙賄賂橫行。

楊惲當了中郎將後，對這種風氣十分反感，從根本做起，杜絕了賄賂弊端。郎官們也收了手，不再靠錢打通關節，官場的作風也比以前好了很多。由於官聲好，楊惲再一次得到了提拔，一步步成為劉詢的親信。

楊惲為人爽直，輕財好義，父親楊敞去世後，留給他五百萬錢的遺產，待他自己封了侯後，便把這些錢都分給宗族中人；楊惲繼母去世後，又留給他大筆遺產，但是楊惲不僅一分錢沒拿，還將所有的錢都讓給了楊惲後母的兄弟。

然而，雖然楊惲廉潔無私，為人仗義，但是他性格中的弱點相當明顯。他剛愎自用，而又好發人陰私，在朝中樹敵無數。

而他後來倒楣，也是因為與戴長樂的矛盾擴大。

戴長樂本是劉詢在民間時的好友，劉詢當皇帝後將其提拔為太僕。不料，這戴長樂受到劉詢恩寵後有些得意忘形，口無遮攔，到處炫耀自己與皇帝的關係。有一次，他到皇家宗廟參加祭典，回來對別人吹噓：「那天我跟皇上坐一輛車，秺侯親自駕車，那感覺真好！」

結果就被楊惲舉報了。

戴長樂也不是好惹的，他立即收集了楊惲平素的一些不當言論，反將了楊惲一軍，具體事實如下。

高昌侯的車馬驚了，奔入北掖門，楊惲對富平侯張延壽說：「聽說以前也有驚車奔抵殿門，門關折，車壞馬死，而昭帝崩。今天又發生這種事，此乃天意也。」

韓延壽下獄，楊惲上書相救。郎中丘常對楊惲說：「聽說君侯上書想救韓延壽，能救得了嗎？」楊惲嘆道：「此事談何容易！我尚且難以自保，救別人就更難說了。」

楊惲觀西閣上的畫像，畫像中有堯、舜、桀、紂等人。楊惲指著桀、紂的畫像對樂昌侯王武說：「皇帝經過此地時，如果能把他們的過錯一一指明，就知道該怎樣做一名合格的皇帝了。」

楊惲聽匈奴降者說他們的單于被殺，私底下議論說：「君主不肖，大臣為之參讚好計而不用，自己死無葬身之地。像秦朝時那樣，任用小人，誅殺忠良，竟至滅亡；如能任用賢能大臣，秦朝國祚延續至今是不成問題的。古今之事如一丘之貉啊！」

戴長樂揪住楊惲的這些言論，告他妄議朝政，誹謗當世，無人臣之禮，悖逆絕倫！

廷尉於定國受理此案，查明事實後上報皇帝，申請對楊惲嚴加懲處。

劉詢對大臣互相檢舉的行為很是反感，但是又不忍心嚴懲，只是免去了戴長樂和楊惲的官職爵位，把兩人貶為平民。

楊惲家有錢，被免職後他廣造宅第，過起了富家翁的生活。沒有了朝廷規章的約束，楊惲愈發放浪形骸，他廣交賓客，經常大擺宴席，款待朋友。醉酒之後，又常常當著友人的面大發牢騷，對朝廷多有不滿之辭。

楊惲有個朋友叫孫會宗，時任安定郡太守。聽說楊惲如此肆無忌憚，孫會宗不禁大為擔憂，寫信勸他：

「身為一名臣子，若是被罷黜貶謫，應當惶恐不安，閉門思過。你卻相反，大肆購置產業，結交狐朋狗友，行沽名釣譽之事。若是傳到皇上耳朵裡，你覺得自己還能被起用嗎？不但沒戲，反而還會獲罪，請三思！」

楊惲看完信很不高興，回了一封信孫會宗：

「我自從被貶謫之後，便常常思考自己的未來。想來想去，我覺得自己的過錯實在是太大了，恐怕就算誠心思過，也無法重回朝廷，只能當一個普通人度過餘生。可我又不能讓妻子兒女跟我受苦，所以才致力於農桑之事，賺點錢，好讓家人過上好日子，這是人之常情啊！你怎麼能因此對我妄加譏評？

人情所不能克制的事，就連聖人都不加禁止，即使是至尊無上的君王和至親無比的父親，他們若是哪天去世了，我為他們送終還有一定的時限呢！

仔細算算，我得罪皇上已有三年了，何必還要為了他勞心費力、閉門思過？你難道不知勞作的辛苦？我每年到了伏日和臘月，都要煮羊燉羔、暢飲美酒一斗以犒勞自己。喝得暢快了，我便仰面朝天，敲缶吟唱。詩中寫道：田彼南山，蕪穢不治；種一頃豆，落而為萁。人生行樂耳，須富貴何時！

就算這樣做是荒淫無度，我難道不可以如此嗎？孔聖人說，道不同，不相為謀！我已經不是原來的楊惲了，你是卿大夫，我是低百姓，你就別管我啦，好好為朝廷做事吧！」

這封回信，便是有名的〈報孫會宗書〉，文中盡是對朝廷的怨恨和對孫會宗的挖苦。如果是現在，一條簡訊足以概括：「孫會宗，你了解事情前後的真相嗎？我算是把你看透了，不跟你廢話！」

楊惲還在其他場合發洩怨憤之意。一次，姪兒楊譚來看望他，安慰說：「西河太守建平侯杜延年，先前因罪被貶，現在又徵為御史大夫，先貶後升。叔父您罪過不大，又有功於朝廷，早晚會被朝廷起用的。」

楊惲憤憤然地說：「有功又有什麼用？這種朝廷不值得為它賣力！」

結果，楊惲又被人告發，逮捕入獄，最後以譏諷朝政、妄議中央的罪名被腰斬。

張敞是楊惲的好友，眼看著楊惲倒楣，大臣們紛紛上書給皇帝，說張敞是楊惲的同黨，應該趕他下臺。

張敞很清楚，這些人是眼紅自己的位子，此次不過是個理由而已。好在劉詢知道張敞是不可多得的人才，無論是在中央還是在地方，打擊犯罪很有一套，把事情壓下來了。

張敞有一個叫絮舜的手下，他不知道上面的意思，只知道跟楊惲關係不錯的官員全都被免了，張敞被拉下來是遲早的事情，所以對這位上司就不那麼恭敬了。

一次，京城出了個案子，驚動了京兆尹張敞，張敞派絮舜查辦，不料絮舜壓根兒就沒理張敞，扭頭回家睡覺去了。

有人問絮舜：「上司交代的事，你怎麼不聽呢？」

絮舜說：「我替他盡力很多年了，現在他也只能再做五天的京兆尹了，哪裡還能再辦案？」

張敞得知後，火冒三丈，立即派人逮捕絮舜，並判處其死罪。臨刑前，張敞特意讓人遞了一句話給絮舜：「我這五天的京兆尹怎麼樣？還不是照樣搞死你？」

絮舜死後，劉詢按例派了官員到民間巡視，絮舜的家人拉著他的屍首，寫了一個大大的「冤」字。

負責巡視的官員不敢怠慢，立即上報。劉詢在查明原委後，覺得這算不了什麼大事，只是將他削職為民。張敞是個機靈人，他知道皇帝這樣處置自己已是法外開恩，於是交還了京兆尹的印綬，然後帶著妻兒老小匆匆逃離京師。

見此情形，絮舜的家人也只能徒呼奈何。

事實證明，長安城沒有張敞鎮著，還真不行。沒過幾個月，長安城的治安又開始惡化，地痞流氓橫行，民怨沸騰。冀州也出現了大盜，無數奏章雪片一般飛往長安，讓劉詢頭痛不已。

沒辦法，劉詢只好派人去找張敞。

張敞的家人見使者來了，還以為是來抓他的，頓時就嚇哭了。張敞卻鎮靜自若，笑著對家人說：「我現在只是個逃亡的平民，如果皇帝真要殺我，本地的官府就能逮捕我了。可如今是朝廷使臣到來，所以只有一個可能，皇帝要重新起用我啦！」

隨後，張敞整理行裝，跟使者去了長安，路上還寫了一封奏書給皇帝：

「我先前擔任京兆尹，被指控殺死絮舜。絮舜本是我的下屬，平時我對他不薄，有好幾次都寬恕了他的過失。這傢伙認為我受人彈劾定會免官，所以我派他去辦事，他竟然回家睡覺去了，說我只能再當五天京兆尹，實在是忘恩負義的敗俗小人。我因此借法令以洩私憤，將他誅殺。這件事，我是故意判案不公，濫用法律，即使因此而伏法，我死而無恨！」

劉詢說：「我懂，我懂，我都懂。」

隨後，張敞被任命為冀州刺史。

很多人說，宣帝時期是一個群星璀璨的時代，湧現出了眾多名噪一時的名臣循吏。是他們，在漢武盛世的萬丈光芒消散後，用自己的光芒點亮了漢朝的星空。如果沒有他們，大漢的天空會黯淡無光。

第六章

遙望西域

烏孫風雲

一般來講，治國無非兩點：對內和對外。漢朝內部，在劉詢和一眾臣子的不懈努力下，國民經濟開始逐漸恢復，幾乎可以與文景之治相比肩。而漢朝之外，眼看漢帝國換了主人，匈奴人磨刀霍霍，又開始了新一輪的挑釁。

不敢惹漢帝國，但是欺負一下西域的那些國家，對餘威尚在的匈奴來說綽綽有餘。

匈奴人觀察了半天，決定挑烏孫下手。

烏孫是西域大國，戶數十二萬，人口六十三萬，部隊十八萬，國王被稱為昆彌。但是匈奴畢竟控弦三十餘萬，強於烏孫，右賢王的王庭離烏孫也不算遠。如果能降服烏孫，那西域其他小國也必定會臣服於匈奴。

劉詢繼位不久，就收到了烏孫發來的求救信：「匈奴派出騎兵部隊到車師國駐紮屯田，兩國勾結在一起，合兵侵犯烏孫，形勢危急，盼皇帝派兵援助！」

敵軍壓境，烏孫告急！

早在昭帝末年時，匈奴人就聯合車師，狂虐烏孫，接連攻占了烏孫東部的一些領地，直逼伊犁河谷。匈奴還三番五次勒令烏孫王交出漢朝的解憂公主，與漢朝劃清界限。

烏孫王和解憂公主幾次上書漢廷求救，只因當時昭帝病危，漢朝無暇顧及，出兵之事一拖再拖。剛繼位的劉詢不想貿然出兵，他決定先派使者了解西域的軍情再定奪，於是這趟出使的任務就落在了常惠身上。

常惠是太原人，家境貧寒。蘇武出使匈奴時，常惠志願應徵，跟隨蘇武一起出使。後來發生副團長張勝密謀暴亂案，代表團中有人被殺、有人投降，常惠立場堅定地與蘇武站在一起，拒絕投降，被流放北海。漢朝使節出使匈奴時，他還曾協助解救蘇武回國。

回到漢朝後，敵營十九年堅貞不屈的表現表現出了常惠對國家的忠貞不貳，並且熟知匈奴及西域事務。

這樣的人才，當然是出使烏孫的最佳人選。

常惠手持大漢節杖，踏上了前往烏孫的路程，一路上餐風露宿，晝馳夜行。之後，他與烏孫使者一起返回漢朝，帶來了烏孫王昆彌和解憂公主的求救信：「匈奴大軍即將抵達戰場，懇請漢朝皇帝火速派兵以救公主與國王。烏孫國已經動員了五萬騎兵，準備竭盡全力，抗擊匈奴。」

年輕的劉詢當機立斷，迅速動員部隊，他要完成當年武帝未完成的「斷匈奴右臂」計畫，打到匈奴人服輸為止！

為了這次出征，漢朝動員了十六萬人，分五路大軍，分別為：

祁連將軍田廣明，率四萬騎兵，由西河出兵。

度遼將軍范明友，率三萬騎兵，由張掖出兵。

前將軍韓增，率三萬騎兵，由雲中出兵。

蒲類將軍趙充國，率三萬騎兵，由酒泉出兵。

虎牙將軍田順，率三萬騎兵，由五原出兵。

除此之外，常惠以漢朝校尉兼監軍的身分先期到達烏孫，協助烏孫軍隊迎戰匈奴。

這一次出征，漢朝可謂是下了血本，劉詢也對漢軍期望很高。十六萬人，這是兩漢四百年最大規模的一次對外騎兵出征，由此也可以看出當時漢朝的動員能力。

五萬烏孫騎兵與十六萬漢軍東西並進，形成一個巨大的鉗形攻勢，夾擊匈奴，不過這場歷時近五個月的戰爭，結果卻大失所望。得知漢軍全面出擊，匈奴立刻害怕了，以最快的速度腳底抹油，往西邊跑了！

十六萬的漢軍幾乎是空手而歸。

漢軍無功而返，烏孫那邊卻恰好遇上了西逃的匈奴人，一路勢如破竹，五萬大軍直撲向右谷蠡王的王庭，一場激戰，斬殺與俘獲的匈奴人近四萬人，其中包括匈奴單于長輩及中高層官員。除此之外，還俘獲了牛、羊、馬、驢、駱駝共計七十萬頭。

常惠在這次戰役中協調指揮有功，表現優異，回國後被封為長羅侯。他和蘇武在匈奴過了十九年的囚徒生涯，如今終於以一場極輝煌的勝利徹底碾壓對手，將心中的怨氣一清而空！

吃了敗仗的匈奴不甘心失敗，第二年又去找烏孫國報仇。烏孫國打不過，主動後撤，只留了一批老弱傷殘給匈奴人。

沒占到便宜的匈奴人此後接連運氣很差，寒冷與飢餓吞噬了不少人的生命，周邊的三個小國也站出來挑戰大哥的權威，匈奴人疲於應戰，連戰連敗，損失了數萬名騎兵，牛羊牲畜也被洗劫一空。緊接著，一場饑荒席捲了整個北方大地，十分之三的人口餓死，牲畜數量銳減一半。

另一邊，戰爭結束後，常惠受命第二次出使西域，代表天子犒賞烏孫。臨行前，常惠向劉詢請示，準備賞賜烏孫之後順便去趟龜茲，為無辜被殺的屯田校尉賴丹復仇。

這又是怎麼回事？

故事還要從李廣利伐大宛說起。當初李廣利率大軍返回時，路過龜茲國，得知龜茲將鄰近小國扜彌的太子賴丹留作人質，一股正義感油然而生，責問龜茲王：「現在西域諸國都臣服於漢朝，你們有什麼資格將扜彌太子留在這裡做人質？」

罵完後，李廣利將賴丹帶回了長安。

昭帝即位後，重新啟用桑弘羊的屯田之策，派賴丹為校尉，帶領軍士到龜茲控制的輪臺屯田。

昔日龜茲的屬國人質賴丹，如今成了大漢的使者，再一次蒞臨龜茲，頗有種地主家的長工多年後上門打臉的感覺。

賴丹居高臨下的姿態讓龜茲人很不高興，龜茲貴族姑翼趁機對國王煽風點火：「這個賴丹本來是我們的一個人質，現在領漢朝印綬，侵占土地屯田，長此以往，我們肯定會被他蠶食掉，不如趁機殺了他！」

龜茲王有些猶豫：「萬一漢朝發兵來攻怎麼辦？」

姑翼拍著胸脯道：「漢朝離我們有數千里之遙，還要跨越三壟沙和白龍堆天險，就算玉門關的漢軍打過來，也是兩個月以後的事了。而且匈奴人離我們更近，不如投靠匈奴！」

龜茲王覺得有道理，於是派人殺了漢朝使者賴丹。事後，龜茲王又裝模作樣地上書漢朝認罪，漢朝一直沒顧上算帳。

這一次，常惠主動提出要為賴丹報仇，劉詢覺得有些倉促，不想節外生枝，沒有准許。

不過，大將軍霍光卻暗示常惠可以相機行事。

有了霍光的撐腰，常惠心裡有了主意。

這年秋天，常惠手持大漢節杖，帶領五百人馬，第二次出使西域。

常惠到達烏孫完成任務後，專門去找解憂公主，尋求她的幫助。解憂公主堅決支持他的主張，聯合周邊西域國家給予增援，召集了幾萬人的軍隊，兵臨龜茲城下。

龜茲王見勢不妙，當場認錯，懲處了殺害賴丹的凶手姑翼。

元康二年（西元前 64 年），常惠第三次前往西域，負責解救被匈奴圍困在車師的漢朝屯田士兵。大軍從張掖、酒泉出發，來到車師以北一千餘里的地方，亮出了自己的肌肉，截斷了匈奴軍隊的退路。匈奴人一看，自知不是對手，最終從車師撤兵。

此次常惠回國時，還帶回來一封翁歸靡寫給劉詢的書信。信中說，他準備立解憂公主的兒子元貴靡為王儲，想為其再迎娶一位漢家公主，以求漢烏兩家親上加親。

接到烏孫求婚信後，劉詢組織公卿大臣討論。大鴻臚蕭望之持反對意見，他認為烏孫路途遙遠，不可控因素太多，很難保證其承諾。

劉詢卻對烏孫頗有好感，答應了求親，隨即封解憂公主的姪女劉相夫為公主，準備和親事宜。

神爵二年（西元前 60 年），常惠第四次出使西域，護送相夫公主出嫁烏孫，不料送親的隊伍走到半路，就傳來了烏孫王翁歸靡病逝的消息。

烏孫貴族擁立昆彌與匈奴夫人所生之子泥靡為新主，號稱狂王。為了遵從烏孫習俗，更為了維護大漢在烏孫的勢力，解憂公主毅然作出決定，嫁給了泥靡。

形勢變得有點快，常惠立刻上書朝廷，建議讓相夫公主暫留敦煌，自己先去烏孫交涉，待局面穩定後，再接公主前往烏孫。

泥靡雖然娶了解憂公主為妻，還生了個兒子叫鴟靡，但是他與解憂公主的關係特別差。即便是用倍數最高的放大鏡，也無法在這樁婚姻中發現一絲絲愛的痕跡。而泥靡脾氣暴躁、性格殘忍，他上位後烏孫國民不聊生，怨聲載道，與漢朝的關係也大不如前。

解憂公主自然不會坐以待斃，她胸中奔湧的已經不是漢族女子的閨中愁緒，而是草原勇士的高亢情懷。她決定反擊，除掉泥靡！

她利用另一位王子烏就屠對泥靡的不滿，聯合出使烏孫的漢朝使者，為泥靡擺了一桌「鴻門宴」，可惜席間刺殺未成。

至此，雙方終於兵戎相見。

惱羞成怒的泥靡將解憂公主和漢朝使臣包圍在赤谷城，幸虧鄭吉得知消息後，帶著西域各國聯軍前來，解了赤谷城之圍。

泥靡驚魂初定，他剛想喘口氣，就得知了另一個重磅消息：翁歸靡與其匈奴夫人生的兒子烏就屠，帶著一幫烏孫貴族突然殺到。一番衝殺，泥靡死於亂軍之中。

隨後，烏就屠自立為新一任烏孫王。

這件事讓漢朝很不高興，因為烏就屠母親是匈奴人，他必然會向著匈奴。於是，漢朝派人通知烏就屠，要他將王位讓給解憂公主的兒子元貴靡。

烏就屠自然不肯答應：「我辛辛苦苦打下來的王座，憑什麼要讓出來？就因為他媽媽是你們大漢的公主？做夢！」

烏就屠不同意讓位，劉詢生氣了，立刻派大將率領一萬五千精兵進入敦煌，陳兵邊境，向烏就屠施壓：「不讓位就洗乾淨脖子等死吧！」

戰爭一觸即發！

鄭吉考慮到漢軍長途奔波，還是希望能透過外交解決問題，他知道馮嫽很出色，推薦她擔當重任。

馮嫽是解憂公主的侍女，當初跟著一起去了烏孫國。她生性聰慧，知書達理，善寫隸書，到了西域後經常深入民間，很快就通曉了西域的語言文字及風俗習慣。

朝廷知道馮嫽的所作所為以後，任命她為大使，遊歷西域各國，宣揚漢朝文化。西域各國看到漢朝的女大使，落落大方，和人交流時連翻譯都不用，說著一口道地的本地方言，大家都對她非常尊敬，尊稱她為馮夫人。

烏孫國右大將看到馮嫽如此聰慧漂亮，求娶為妻。馮嫽從大局考慮，欣然答應，自此，漢朝與烏孫友情日增。

這一次，馮嫽欣然受任，面見烏就屠，開門見山地說：「將軍奪了王位，似是可喜，然喜中不可無憂。如今漢朝大軍已至敦煌，將軍區區兵力，豈不是以羊群搏猛虎？」

烏就屠沉默不語。

馮嫽繼續曉之以理：「漢與烏孫親如一家，若兩國開戰，百姓遭殃，將軍也必身敗名裂，望三思而行。」

烏就屠自知遠不是漢軍對手，最終作出了讓步：「願聽夫人勸告，讓位於元貴靡，但求漢朝給個封號就行。」

馮嫽爽快答應，又勸慰一番。

遠在長安的劉詢得悉馮嫽出色完成了任務，十分高興，他對馮嫽也只聞其名未見其人，詔令回國。

朝堂之上，馮嫽侃侃而談，思路清晰，語語中的。劉詢大為讚賞，破天荒地委任馮嫽為漢朝使節，持漢朝節杖，竺次、甘延壽為副使，再次出使烏孫。以女子持節杖出訪，不僅在當時是絕無僅有的，在數千年重男輕女的古代社會中也難得一見。

馮嫽駟馬錦車，手持大漢節杖，召烏就屠至赤谷城中，宣讀詔書，封解憂公主長子元貴靡為烏孫大昆彌，統六萬戶；烏就屠為小昆彌，統四萬戶。

至此，這場風波終於平息，烏孫國相安無事，漢與烏孫的邊境再次迎來了平靜安寧。

時光如逝水，不捨晝夜，轉眼間，解憂公主的如瀑長髮已變成了滿頭白髮，她已經七十歲了。

為了大漢的江山、民族的友好，她奉獻了自己的全部人生，先後嫁給烏孫父子兩代三位國王，身歷四朝變遷，經過了無數驚濤駭浪，血雨腥風。

每當午夜夢迴時，枕畔的思鄉淚，只有自己才知道。

離家千萬里，和親五十年，縱然曾經風光無限，縱然曾經柔情似水，也從來沒有一日不思念故土。

「該回家了。」

解憂公主上書劉詢，懇請回到故土，葉落歸根。

劉詢答應了。

甘露三年（西元前51年），年逾七十的解憂公主帶著三個孫子，終於回到了闊別半個世紀的長安城。

紅顏離家，皓首歸來，長安繁華依舊，卻已物是人非。不獨公主自己，連劉詢都感慨萬千，以極高的規格接待和安置了大漢的這位功臣。

兩年後，解憂公主的傳奇人生落幕，而漢朝與西域的故事還在繼續。元貴靡病故後，其子星靡繼位，哪知這小子生性懦弱，治國無方，局勢又起動盪。

已經回歸長安養老的馮嫽心掛烏孫，為了鞏固兩國關係，她不顧年逾古稀的高齡，毅然上書皇帝，再次持節，不遠萬里第三次出使烏孫，堪為千古楷模。當然，這是後話了。

尖峰時刻

暫別烏孫，再來看下一個小國：車師。

車師位於今天的庫木塔格沙漠，南通樓蘭，西通焉耆、龜茲，西北通烏孫，東北通匈奴，地處絲綢之路南北道和匈奴之間的緩衝地帶。匈奴人征服西域諸國後，車師和其他城邦一樣接受匈奴的僮僕都尉管理。由於這個位置相當重要，漢朝與匈奴常常在這裡硬碰硬。

漢匈對於車師之爭奪，始於武帝時期。西元前 99 年，武帝派兵攻打車師，匈奴以數萬大軍來救，最終漢軍因寡不敵眾，被迫撤離，第一次爭車師以漢朝的失敗告終。

西元前 89 年和西元前 72 年，漢朝發起了兩次爭奪車師的戰爭，車師臣服於漢朝。然而漢朝退兵之後，車師又重新被匈奴控制。

西元前 68 年，昭帝派鄭吉帶著一千五百名戍卒和減刑犯人前往渠犁，大致位置就在今天新疆的庫爾勒，主要任務是屯田。

在西域漫長而險惡的絲路沿線，與其一次次耗費巨資勞師遠征，還不如長期駐守，就地取糧。漢軍將士們亦兵亦農，他們一手緊握劍戟，一手栽培稼穡，不但減輕了中央政府和西域邦國的轉運負擔，而且有效解決了駐紮部隊的後勤補給問題。

在解決糧食補給問題後，鄭吉帶著一千五百名漢軍和一萬名西域聯軍，一舉奪下了車師王城交河城。

車師王烏貴出逃，率領殘部逃到了交河城北的石城。為了討好漢朝，他率兵擊破了歸屬匈奴的小蒲類國，殺死其國王，作為給漢朝的見面禮。

小弟被人劫了，匈奴人自然不答應，派了援軍殺向車師。

為了防止烏貴倒向匈奴，鄭吉領兵北上，匈奴人一看不是對手，轉身就跑路了。鄭吉在交河城留下一支二十人的衛隊，專門負責保護烏貴，然後帶著大部隊撤了。

烏貴很鬱悶：「這點人有什麼用啊？」只要匈奴人一個反擊，自己就完了。他索性丟下王位，帶了幾名親信，逃到烏孫國尋求政治庇護去了。

鄭吉一走，匈奴軍隊又來了，將烏貴的弟弟兜莫立為國王。

新國王如坐針氈，夾在兩個大國之間，不用提有多委屈了，索性舉國遷移，搬到了東邊，空出了原來的地盤。

鄭吉隨後派了士兵入駐交河城屯田。至此，隔著天山山脈，車師分裂成了兩塊：車師前國與車師後國，成了漢匈角力下的犧牲品。

一開始，鄭吉派了三百名士卒到車師屯田，被強行割肉的匈奴自然心有不甘，沒事就過來騷擾一下，而漢軍的屯田主力部隊在渠犁，從車師到渠犁，就是今天吐魯番到庫爾勒，在地圖上大致量一下，直線距離二百八十公里，中間關山阻礙，路途遙遠。碰到戰事，遠在渠犁的漢軍鞭長莫及。

經過幾輪試探性進攻後，匈奴人改變了圍城攻堅的戰法，以襲擾交河城外屯田、劫掠漢軍補給運輸為主。就在漢軍苦苦堅持的當下，莎車國傳來反叛的消息，再一次讓漢軍陷入了孤立無援的境地。

這又是怎麼回事？

莎車處於西域最大的綠洲——葉爾羌綠洲上，是西域地區成立最早的國家之一。劉解憂嫁到烏孫後，和烏孫王生了三個兒子，老二叫萬年。莎車王沒有兒子，有一次看上了來出差的萬年，把他當作自己的親兒子來看待。

幾年後，莎車王去世，莎車國向漢朝申請，讓萬年來繼承莎車王位。

接到報告後，劉詢一看：「這是送上門來的好事呀！」正好當時萬年就在長安，於是派奚充國護送萬年回了莎車。

誰知，萬年是個扶不上牆的富二代，並不適合當國王，他的表現很糟糕，殘忍好殺，莎車國臣民大失所望。

來了這麼一個瘟神，莎車人後悔不迭，可是請神容易送神難，這可怎麼辦？

見此情景，原莎車國王的弟弟呼屠徵覺得機會來了，他與鄰國達成祕密協議，發動政變，殺了萬年和漢使奚充國，自立為王。由於擔心遭到漢帝國的報復，他勾結了匈奴人，準備一起對抗漢軍。

而此時，漢朝的屯田部隊正在車師國跟匈奴人硬碰硬。漢軍人少，只能在城內固守，又是遠在萬里之外，呼屠徵覺得漢軍遲早要完蛋，乾脆一反到底。他召集其他國家一起背叛漢朝，投降匈奴。

局勢急轉直下，就在鄭吉快要頂不住的時候，又一位帝國英雄挺身而出。

這個人是馮奉世。

馮奉世是文景時名臣馮唐的玄孫，漢武末年，他以良家子身分被選為郎官，劉弗陵繼位後補任武安縣長。後來失業在家，直到三十歲時，馮奉世忽然醒悟了。

他開始沉下心來讀書，一門心思鑽研兵法和《春秋》。

眼看著快要四十歲的人了，要是再這樣下去，這輩子怕是沒有出頭之日了。當時傅介子以斬樓蘭王之功封義陽侯，激勵了不少漢家兒郎踴躍入伍。馮奉世一咬牙，找到了老上司韓增，想去西域闖蕩一番。

韓增向皇帝劉詢推薦了馮奉世，作為漢朝使節出使西域，任務是護送大宛使者回國。

馮奉世攜帶皇帝符節，率領使團踏上了西行之路。誰都沒有預料到，原本很平常的一次出差，卻成了馮奉世揚名立萬的征途。

一行人風塵僕僕，餐風露宿。途經伊循城時，馮奉世聽說莎車國發生了軍事政變，莎車王弟弟勾結匈奴反叛漢朝，殺了國王和大漢使節奚充國。

當時，主管西域事務的西域都護鄭吉和校尉司馬熹都在北疆，和匈奴爭奪車師，對南疆事變鞭長莫及。如果派人回長安稟報，以當時的交通條件，一來二去，大半年就過去了。屆時，漢軍將士在西域拋頭顱灑熱血、犧牲性命換來的一座座關城早已落入匈奴人之手，後果不堪設想。

怎麼辦？

馮奉世對副使嚴昌說：「如果不立即制止莎車反叛之風，這股風潮將迅速蔓延整個南疆，進而危及西域。自己身為漢朝使者，遇上這樣的事，哪能袖手旁觀？必須給莎車一點顏色瞧瞧。」

嚴昌苦笑：「我們區區一個外交使團，全部人馬也就幾十人，拿什麼跟匈奴人硬碰硬？」

馮奉世說：「我有辦法。」

接下來，馮奉世高舉大漢節杖，一一走訪西域各國，告訴他們，漢朝大軍即將收拾莎車國，要求各國出兵一同平叛。

鼓動西域各國出兵，這顯然不是馮奉世此行的任務，換句話說，這是矯制行為，後果很嚴重，最重的會判棄市。

可是馮奉世不怕。

規矩是死的，人是活的，按照漢朝的規矩，如果你能為國家帶來巨大利益，那麼你的矯制行為不僅不會被追究，反而會成為帝國的功臣。

馮奉世也有一顆躁動的心，他也想在異域立功，成為帝國臣民們的偶像。而如今，機會終於降臨，他豈能錯過？

可問題在於，僅憑著一張嘴，再加上一桿大漢節杖，西域能借兵嗎？

答案是：能！

馮奉世在西域各國轉了一圈，一共借到了一萬五千人。

僅憑一張嘴，到西域小國糊弄一通，就能拉起一支隊伍，是不是覺得不可思議？

這也可以從側面反映出漢朝在西域各國的影響力。大漢的英雄們到了某個國家，就是一句話「我是漢朝人，把你們的兵給我，我要收拾某某國」，於是西域諸國便忙不迭地把自己的軍隊交給對方。靠著「漢朝」這個國號，最鐵骨的漢家男兒闖蕩西域，漢軍鐵騎無往不勝，建功立業，彪炳史冊。

大漢在西域的威望，可見一斑。

馮奉世帶著這一萬五千人的混編隊伍浩浩蕩蕩殺向莎車國，一戰擊敗莎車國主力，攻占了王城。呼屠徵見大勢已去，自殺身亡。馮奉世斬下呼屠徵的人頭送回長安，向皇帝報捷，而他自己輕裝上陣，繼續踏上了去大宛的路。

大宛王聽說馮奉世平定了莎車之亂，佩服得不得了，將他奉為上賓，還送他大宛名馬象龍，表示願與漢朝交好。

遠在長安的劉詢得到捷報，大喜，不費國內一兵一卒，便解決了莎車叛亂，在西域大揚國威，準備世授予侯爵給馮奉。不料，蕭望之站出來阻攔：

「馮奉世矯詔徵發西域諸國軍隊，雖然功勞顯赫，但是不能成為後人效法的對象。如果此例一開，便是鼓勵後世的使節，爭先恐後以馮奉世為榜樣，邀功於萬里之外，將會在夷狄之地無事生非，所以不可助長這種風氣！」

迂腐的蕭望之認為，戰爭是導致天下亂象的罪魁禍首。

在他的堅持下，劉詢最後沒有封侯給馮奉世，只提拔他為光祿大夫。

莎車國的叛變被平定後，鄭吉沒了後顧之憂，但是他的屯田部隊在交河城被匈奴人圍困，形勢十分不利。不得已，他只得上書皇帝，請求增派援軍，以加強車師的守備力量。

劉詢看完後，緊急召見後將軍趙充國，想要乘著匈奴國力衰弱，出兵襲擊其西部地區，讓其以後再不敢騷擾西域。

但是，這個想法很快被魏相否決了，他遞了一道摺子，說：

「我聽聞，救亂誅暴的叫義兵，把仁義當作使命的軍隊是王者之師；敵人侵犯我，不得已抵抗的叫應兵，應兵當勝；為了一口氣嚥不下去就對陣疆場的，叫忿兵，忿兵容易受到挫敗；以奪取別人土地財物為目的叫貪兵，貪兵必敗；倚仗國家強大、人口眾多，想向敵人顯威風的，叫驕兵，兵驕必然滅亡。這五種兵，不僅僅是人事，更反映了天道。

近來，匈奴曾向我朝表露善意，被擄走的百姓也被他們陸續送回，未曾侵襲我朝邊境。雖然眼下匈奴人和我們在車師陷入膠著，但是我認為還沒到需要出兵討伐的地步。

現在聽說各位將軍打算動員大軍，深入匈奴腹地，恕我愚昧，不知此兵名義何在？如今漢朝邊境各郡仍舊貧困，缺吃少穿，父子共穿一件羊皮或狗皮，靠吞食草根、草籽活命，又怎麼忍心徵調他們去打仗？

《老子》中說，戰事之後，必有災年。一旦興兵，容易引起人心惶惶，後患無窮。現在的太守和封國宰相，很多人無法勝任工作，水旱災害，時有發生。就在今年，子殺父、弟殺兄、妻殺夫的就有二百二十二人，不要以為這是家長裡短的小事，民風惡化，絕對不可忽視！陛下身邊的人不擔心這些，竟要發兵到遙遠的匈奴以洩小忿，恐怕會應了孔子說的

『吾恐季孫之憂，不在顓臾，而在蕭牆之內也』！」

劉詢被說服了，最後決定只派騎兵前往車師國，將漢朝屯田部隊以及車師國百姓全部遷徙到渠犁。交河城空了出來，很快又被匈奴人所占領。

「五爭車師」的結局是，大漢放棄了車師之地，而民眾皆附漢遷烏孫。

雖然匈奴人奪回了車師，但是其在西域勢力的衰微已成定局，至於原因，是他們內部鬧分裂了。

與此同時，已被晉升為衛司馬的鄭吉接到了一封書信，日逐王由於失掉車師，在匈奴內部的地位有所動搖，在匈奴內亂中落了下風。為了避免日後被清算，毅然決定歸順漢朝。

掩卷閉目，鄭吉心潮澎湃。如果日逐王真心歸降，則意味著匈奴勢力徹底退出了西域，天山南北再無強敵，這片廣袤的土地將極大地擴展大漢西方策略縱深，大漢威德當震撼天下！

但是如果這是詐降，趁漢軍懈怠奪了屯田，漢朝將遭受重大損失，乃至丟掉西域。到時候，再想重返西域，不知要到何年何月了。

畢竟，當初慘烈的戰鬥景象還歷歷在目，匈奴人的狡詐凶殘也令人心悸，不得不防。鄭吉一邊立發千里加急特使，向長安稟報，同時為防不測，多路信使疾馳而出，向西域各國徵集兵馬，組成了一支五萬人的聯軍，迎接日逐王。

當日逐王帶著自己的上萬部眾，拜倒在鄭吉跟前時，鄭吉終於放下心來。由武帝和張騫開創的西域攻略，終於在自己手中達成了。

安頓完匈奴部族，鄭吉陪日逐王前往長安，拜謁漢朝天子。劉詢大悅，盛隆待遇，敕封日逐王為大漢歸德侯，一行小王亦受封賞。

日逐王歸降漢朝，是漢朝歷史上的一件大事，此後，匈奴勢力淡出西域，大漢威震天山南北，在西域已無對手。劉詢下詔，封鄭吉為安遠侯，在今天的新疆輪臺縣設定了西域都護府，將西域首次納入了中華版圖。

鄭吉為第一任西域都護使，成為漢朝派駐西域的最高軍政長官，統轄域內漢屯田與列國全部軍隊，鎮撫邊境安寧，護佑絲路商貿。

這一年為神爵二年，西元前 60 年。

班固在寫《漢書》時發了一句感慨：漢之號令班西域矣，始自張騫而成於鄭吉。張騫開通西域，建立起了中原王朝與西域的連繫，可是直到西域都護府設立，中原王朝才正式統治西域。

自西元前 138 年張騫出使西域，到西元前 60 年成立西域都護府，時間已過去了七十八年。今天，當我們路過新疆輪臺縣西域都護飯店，還能看到大門處有一座鄭吉的雕像。

對日薄西山的匈奴來說，日逐王歸降漢朝，無異於釜底抽薪。很快，一場「五單于爭位」之亂席捲了整個草原，死者數以萬計，畜產損耗十之八九，匈奴的勢力大大削減。

緊接著，又演變為郅支單于與呼韓邪單于的對立。實力較強的郅支單于擊敗了呼韓邪單于，呼韓邪單于率部投奔了漢朝。郅支單于自知實力不敵漢朝，掉頭開始向西方擴張。

這是匈奴人第一次大分裂。

呼韓邪單于歸漢，是繼日逐王歸漢後的又一件大事。要知道，呼韓邪是第一個到長安來朝見漢朝天子的單于。劉詢大為振奮，開始與朝臣商量接待事宜。

有人說，依古代聖王的制度，先京師而後諸侯，先諸侯而後夷狄。匈奴單于前來朝賀，其禮儀應與諸侯王相同，但是位次應排在諸侯王之後。

蕭望之站出來反對，他說：「匈奴本不是漢族臣屬，不應用臣屬之禮對待，其位次應在諸侯王之上。外夷向漢族低頭，自願居於藩屬地位，漢族謙讓，不以臣屬之禮對待他，為的是籠絡於他，顯示大漢的謙虛大度。外夷歸附反覆無常，如果將來匈奴的後代子孫突然像飛鳥遠竄、老鼠潛伏一般，不再前來朝見進貢，也不算背叛之臣，這才是長遠策略。」

劉詢採納了蕭望之的意見，正式下詔，匈奴單于自稱中華北方藩屬，將於明年正月前來朝見。「朕的恩德不夠，不能受此隆重大禮，應以國賓之禮相待，使單于的位次在諸侯王之上，拜謁時只稱臣，不稱名字。」

皇帝要求以最高規格接待，下面的人自然照章執行。為了顯示出漢朝的胸襟和氣度，朝廷派專使至五原郡迎接，並在長安經河套的朔方、西河、上郡等地沿途陳兵，以示寵衛。

甘露三年（西元前 51 年），長安城內盛極一時，呼韓邪單于正式朝見宣帝劉詢，劉詢給予呼韓邪單于最高等級的待遇，賞賜給他的可謂豐厚：漢朝的冠帶、官服、黃金印璽、綠色綬帶、玉石裝飾的寶劍、佩刀、一張弓、四十八支箭、十支配有套子的長戟、一輛安車、一套馬鞍馬轡、十五匹馬、二十斤黃金、二十萬錢、七十七套漢服、錦繡、綢緞、各種細絹八千匹、六千斤絲綿。

朝會典禮結束後，劉詢在長平阪與呼韓邪單于正式會面，左右大臣列隊觀瞻，各國使節夾道迎接。當劉詢與匈奴呼韓邪單于一起走到渭河大橋時，早已等候多時的圍觀百姓齊呼萬歲！

這是劉詢的風光時刻！

這是漢民族的風光時刻！

隨後，劉詢在建章宮為呼韓邪單于舉行了盛大的宴會。

一個月後，呼韓邪單于提出要求，希望將自己安置在光祿塞，遇有緊急情況，可退入漢受降城自保。

劉詢同意，派高昌侯董忠和車騎都尉韓昌，率領騎兵一萬六千人，徵發邊疆各郡數千士兵、馬匹，送單于出朔方郡，又讓高昌侯董忠進駐匈奴王庭協防，專治各種不服。匈奴人缺少糧食，漢朝還送去三萬四千斛糧食，以解燃眉之急。

平西羌

漢朝收服匈奴、威震西域之際，遙遠的西羌也傳來了好消息，老將趙充國平定了西羌的反叛，取得了一次偉大的勝利。

羌族位於漢帝國的西部，相當於今天的青藏高原一帶，又稱為「西羌」。這是一個鬆散的部落，其中最強大的是先零羌。早在漢匈戰爭前期，羌人就認匈奴做了大哥，跟漢朝不對付。武帝時，羌人發動十萬軍隊，向漢朝駐地發起了攻擊。劉徹派將軍李息與郎中令徐自為率十萬大軍迎戰，將其逼退，逐出了湟水流域，並遷移了一部分百姓，到此地開墾種田。

元康四年（西元前 62 年），劉詢派光祿大夫義渠安國出使西羌。先零羌首領對義渠安國說：「自從我們被你們逐出河湟谷地後，日子過得苦哈哈的。你看這樣行不行，你們在湟水的耕地只是一小部分，能不能讓我們到你們耕地外的區域放牧？」

義渠安國沒有拒絕，只是把這個要求轉奏皇帝。劉詢也沒有正面答覆，把義渠安國召回朝廷。

不拒絕就是默認了。隨後，先零羌與各羌人部落達成了和解約定，渡過了湟水。

消息傳回長安，趙充國坐不住了，憑藉數十年邊疆工作經驗，他敏銳察覺出羌人的目的絕不是回到故地這麼簡單！

想到這裡，趙充國立即找到劉詢，說出了自己的擔憂：「羌人之所以容易被控制，就是因為他們各部落都有自己的首領，他們經常互相攻擊，猶如一盤散沙，勢力不能統一。」

然而就在三十多年前，羌人曾發動過一次叛亂，侵襲漢境，漢朝花了五六年的時間才平定。在此之前，羌人部落事先解開了各部落的仇怨，團結起來，齊心對抗漢朝！

劉詢聽完，感覺事態有點嚴重。就在這時，邊境傳來消息，羌人派人到匈奴求援，準備攻打鄯善和敦煌，斷絕漢朝與西域各國來往的通道。

狼子野心，昭然若揭！

面對這種境況，趙充國認為，羌人最大的弱點仍舊是他們各部落之間的關係，只要瓦解他們的聯盟，便不足為患。

劉詢安排義渠安國率兩千騎兵出發，巡視邊防。結果他脾氣比較火爆，到達羌人地區後，召集羌人三十多個部落的首領，把這些人全都殺了，還縱容部下襲擊羌人各個部落，共殺戮一千多人。

這個舉動激起了羌人的反抗，先零羌首領楊玉聯合各部，襲擊漢朝邊塞，殺傷漢人無數，大敗義渠安國，逼得他只能撤退到金城令居，向劉詢告急。

劉詢也很為難，這次平叛與以往不同，不僅要打敗羌人，還要防止其與匈奴聯合，所以必須要選一個不能像義渠安國那樣亂砍亂殺，又要了解羌人的情況和特點的人。可問題是，誰能當統帥，被委以重任呢？

劉詢連忙派丙吉去徵求老將軍趙充國的意見，結果他一拍胸脯：「平定羌人叛亂，沒有人比老臣更合適了。」

這就讓劉詢很為難了。

趙充國確實長期在邊疆工作，熟悉當地情形。可問題是，趙充國今年已經是七十多歲的高齡了啊！

早在武帝的時候，趙充國就跟著李廣利打匈奴。有一次，李廣利被匈奴大軍圍困，眼看著出不去了，趙充國組織一支敢死隊，為大軍殺出了一條血路，渾身上下受了二十多處傷，血流不止。

趙充國的英勇表現獲得了武帝的親自嘉獎接見，授官為中郎，後又升為車騎將軍長史。昭帝時，趙充國出擊匈奴，擒獲西祁王，升為後將軍，兼任水衡都尉。

後來，他與霍光一同迎立了漢宣帝，被封為營平侯。

匈奴發兵十餘萬，欲南下入侵，漢朝得到消息後，派趙充國率四萬大軍駐守在邊境九郡。匈奴單于得知此事後，帶兵離開，可見趙充國在匈奴的影響力。

而如今，四十年過去，當年馳騁沙場的猛將早已滿頭華髮，如今的趙充國還能打嗎？

劉詢又派人去問：「將軍對敵情怎麼看？需要多少兵力？」

趙充國微微一笑：「百聞不如一見，軍事瞬息萬變，不好預測，臣願立刻去金城檢視地形，呈奏作戰計畫給陛下，陛下把此事交給我辦好了。」

劉詢只得同意讓趙充國出征。

這一年，七十多歲的老將趙充國再一次披掛上陣，馬不停蹄趕赴金城。在那裡，一萬名騎兵已集結完畢，等著他來指揮。

先零羌的勢力已達黃河西岸，趙充國趁夜渡河，等羌人的騎兵發現時，漢軍已經在黃河西岸站穩了腳跟。

漢軍人數眾多，羌人騎兵不敢上前。部將請求出擊，趙充國說：「我們遠道而來，兵疲馬困，不宜出擊。這些人騎的是好馬，都是好騎手，恐怕是他們的誘敵之兵。行軍作戰，務必全殲敵軍，不能貪圖小利。」

大軍穿越四望峽谷，挺進到落都，也就是今天的西寧。穿越峽谷後，趙充國對大夥兒說：「四望峽谷是通往落都的咽喉之地，而羌人居然無人防守，由是可知羌人不懂兵略。倘若羌人會用兵，在峽谷駐守數千人，我們怎麼可能這麼順利穿過？」

眾人聽完，一個個心悅誠服。

大軍一路西進，抵達了西部都尉府，也就是今天的湟源縣。羌人發動試探性進攻，趙充國下令堅壁清野，就是不出兵。時間一長，羌人內部各個部落開始相互責怪對方了：「早就告訴你們不要造反嘛，現在好了，漢朝派了趙充國將軍來，趙將軍都八九十歲了（其實只有七十多歲），用兵如神，現在就是想決一死戰，也沒機會了！」

由此不難看出，羌人對趙充國是何等畏懼。

堅守不出只是趙充國的一時之計，他真正的策略是分化瓦解，收服羌人。羌族中分先零、罕開等部，他們之間也有矛盾和鬥爭，趙充國認為，對他們不應該一味打壓，要團結一切可以團結的力量，先禮後兵，分別對待。

當初先零羌準備反叛時，罕開羌的首領派弟弟雕庫向漢都尉報告情況，結果反而被扣起來了。趙充國到都尉府後，馬上放了雕庫，要他回去轉告各部落首領，這次漢軍只殺叛逆者，希望他們與先零羌劃清界限，不要自取滅亡。

趙充國不急於用兵，等著羌人內部分化瓦解，這個策略卻引發了很多人的不滿。

酒泉太守辛武賢上書皇帝，漢軍在邊界集結了六萬大軍，基本上在祁連山以南，而祁連山以北兵力空虛，這對邊防很不利。高原地帶嚴寒來得早，如果拖到秋冬再發動進攻，天寒地凍，帝國的馬匹無法忍受如此嚴寒。因此，他建議兵分兩路，從張掖、酒泉同時出兵，合擊羌人部落，即使不能全殲，也可以奪取對方的牲畜，俘虜他們的妻兒。

劉詢看了辛武賢的奏章後，轉給了趙充國。

趙充國上書朝廷，指出辛武賢之計不切實際。他想從張掖、酒泉出發，讓騎兵帶著糧草千里迂迴跟羌人作戰，這樣不但行軍速度跟不上，還容易在深山密林被敵人牽著鼻子走。如果我軍深入，容易被切斷運糧通道，使部隊陷入危險境地。

最好的方法是分化瓦解羌各部落，特別是罕開部落，讓他們脫離先零羌的脅迫，朝廷再派出使者恩威並施。這樣一來，先零羌內部必定會大為震動。

這個建議堪稱完美，可當劉詢把這封信給大臣們看時，卻是反對聲一片。他們認為，先零部落之所以敢造反，就是因為有其他部落的支持，不解決其他部落，就無法解決先零羌。

劉詢也覺得大夥兒說得有理，於是任命許延壽為強弩將軍、辛武賢為破羌將軍，各率一支軍隊，迎戰罕開部落的騎兵。

此外，劉詢還寫信指責趙充國，說：「你這樣在前線堅守不出，不僅讓將士們在外受苦，還讓朝廷開支大大增加。我已經任命了一些將軍，他們準備分路向羌人開戰，你也配合一下他們。」

一般來說，皇帝都發話了，底下的人就算再沒眼色，也該知道自己該閉嘴了，可趙充國不是。

因為他知道，這樣做只會適得其反，他雖然受到了皇帝的指責，但是並不放棄己見，堅持不肯發兵。將在外，君命有所不受，他再一次上書，向劉詢陳述發兵攻打羌族的利害關係。

這一次，劉詢被說服了，停止了這次軍事行動，集中力量收拾先零部落。

趙充國不打無準備之仗，他先堅守不出，等先零羌鬥志鬆懈，然後乘其不備突然掩殺過去。先零羌被打了個措手不及，倉皇逃竄，慌忙向湟水對岸撤退。這時，趙充國反而讓士兵不要著急，要慢慢地追。

果然，不出趙充國所料，那些先零羌逃兵爭先恐後地逃跑，結果在渡河時亂成一團，數百人被擠下水淹死。

這一戰，漢軍俘獲馬、牛、羊等牲畜十萬多頭，車子四千多輛；先零兵投降和被斬殺五百多人。

緊接著，大軍渡河西進，進入罕開羌部落的地盤，命令將士不准搶劫，更不准在田裡放牧。罕開羌人看到漢軍軍紀嚴明，非常高興，他們奔走相告，齊聲讚道：「漢軍果然不打我們了！」首領靡忘更是親自到軍營見趙充國，得到了熱情接待。

許多漢軍官兵不理解，認為應該把靡忘抓起來殺掉，以絕後患。趙充國耐心向他們解釋，說：「對靡忘的處理，關係到漢朝對歸降羌人的招撫政策，不抓不殺，正是按立功受獎的政策來處理的。」

大軍繼續進逼，先零羌被迫退到貧瘠的山區，缺衣少食，非常窘迫，不少人開始投降。

局勢已經很明朗了，為了替朝廷減輕負擔，七十五歲的趙充國強忍著病痛，寫了一封奏章給皇帝，請朝廷把騎兵撤走，只留下一萬士兵留在當地屯田，坐等先零羌崩潰。

劉詢卻等不了那麼久，他告訴趙充國，許延壽和辛武賢的兩個兵團已經在路上了，即將與他會合，共同對先零羌發起總攻。

接到詔書，所有人都勸他不要和朝廷的精神背道而馳，反正剿滅先零羌的叛亂也是早晚的事。

老將軍卻輕輕嘆了一口氣：「你們說的這些，都不是為國家利益著想啊！要是當時聽我的，與羌人談判，早就和平解決了，可惜那個機會已經沒了。後來我提議儲備三百萬斛糧食，這樣羌人絕不敢發動叛亂，也沒落實，第二次機會錯過了。邊疆問題很複雜，也很微妙，失之毫釐，謬以千里。先零羌固然不足為慮，但是如果不妥善處理，反叛的火苗蔓延到其他地方，到時候就無能為力了。」

他第三次上書皇帝，冷靜地分析了羌人的情況，認為如果用武力全殲先零，要消耗大量人力物力；如果班師，先零仍會捲土重來，邊境又不得安寧。唯一的辦法就是在邊境實行屯田制，撤走騎兵，留一萬軍隊在邊境屯田，把生產與軍事結合起來，平時生產，戰時打仗，且耕且守，一舉兩得。

這一次，劉詢沒有輕易否決，而是繼續問他：「依照將軍之計，什麼時候才能平西羌，什麼時候才能得勝班師回朝？」

趙充國回答：「羌人雖然在風俗習慣上與漢人不同，但是趨吉避凶是人的本能。現在羌人已經丟了地盤，逃遁到貧瘠荒寒之地，人心渙散。截至目前，前來投降的羌人已有一萬零七百人，羌人內部崩潰指日可待，戰事將在幾個月內結束。」

與此同時，趙充國還詳細解釋了屯田的十二條好處，希望朝廷能夠採納其策。他深知，戰爭是政治的延續，外交是戰爭的延續，一味以武力逞強，絕非智者所為。

劉詢說：「屯田不一定能解決羌患，其他部落還可能與先零聯合，希望趙老將軍認真考慮，然後再作決定。」

趙充國說：「先零經過之前的打擊，現在就剩七八千人了，還要防備其他部落偷襲，處境極其悲慘。我們這裡有屯田士兵一萬人，可以透過烽火傳遞訊號，就算有情況也不會吃虧。」

劉詢覺得趙充國說的有道理，然而辛武賢等主戰派卻力主出擊。

為了保險起見，劉詢決定做兩手準備，趙充國的部隊留守河湟谷地屯墾，強弩將軍許延壽、破羌將軍辛武賢、中郎將趙卬兵分三路，對先零羌發起進攻。

結果，辛武賢斬首二千人，趙卬斬首及招降二千餘人，許延壽招降四千餘人。

趙充國呢？

戰報上說，趙充國的屯田部隊總共招降了五千餘人。

結果報上去，大夥兒都震驚了。

「一兵未出，光種田沒打仗的趙充國，竟然戰功最高，這怎麼可能？」

事實上，這正是趙充國的高明之處。做點基礎建設，做做教育，種點糧食，不費一刀一槍，談笑間，羌人望風歸附。

沒辦法，誰叫趙充國軍紀好、講信用、愛百姓，這叫人心所向。

趙充國的報告每次送到長安，劉詢都交給大臣們議論。一開始，趙充國的支持率很低，只有三成左右，隨著趙充國的策略構想越來越明晰，他的支持率也不斷上漲，最後占到了八成左右。丞相魏相也從一開始的反對轉為支持：「臣愚鈍，不懂兵事，趙老將軍每一次報上來的策略構想堪稱完美，他的計畫必定可行。」

事實證明，趙充國以守代攻的策略很有效，比單純的軍事打擊效果更好。劉詢於是下詔，召回了許延壽、辛武賢和趙卬，只留下趙充國的屯墾兵團駐守。

第二年，趙充國猜想羌眾傷亡及投降者甚多，力量已被嚴重削弱，請罷屯田部隊，班師回金城。

在得到劉詢的同意後，趙充國振旅還朝。至此，西羌叛亂終於平息。

同樣是名將，趙充國和衛青、霍去病截然相反。他深知，戰爭是政治的延續，不戰而屈人之兵才是最高級的打法。西羌遠在千里之外，漢軍長途奔襲，必然師老兵疲，因此能避免的戰爭盡量不打，沒有必勝把握的戰爭，堅決不打。他善於分化瓦解對手，利用屯田作長期準備，用最小的損失獲取最大的利益，於國於民也更有利。

曹操評注《孫子兵法》時說：「善戰者無赫赫之功！」這應該就是對這個天水老漢一生最好的注腳。

回程的路上，趙充國的老友浩星賜前來相迎，善意提醒他：

「現在朝廷裡大多數人都認為，破羌、強弩兩位將軍主動率兵出擊，多有斬獲招降，才使羌人最終敗亡，只有將軍心中明白，先零羌早已是窮途末路。強弩將軍許延壽乃許皇后叔父，深受皇上信任；破羌將軍辛武賢亦是驍勇宿將，父兄子姪皆為軍中將校。將軍面見皇上時，不如把功勞推給辛武賢和許延壽，這樣一來，對將軍的聲譽也沒有多少損失。二人也必將感激將軍，朝堂皆大歡喜，豈不更好？」

不料，趙充國聽後很不高興。

他說：「我已垂垂老矣，爵位也到頭了，爭不爭這個功對我都無所謂。但是，如果我不實事求是進言，雖然顯得自己很謙虛，卻是在欺騙皇上。兵者，國之大事，應當讓後人可以效法。我如果不向皇上說清楚這些兵略機謀，等我死了，還有誰能對皇上說這些？我不是要貪功，只是不能欺瞞皇上！」

趙充國終究按自己的想法奏明劉詢，劉詢虛心接受了他的意見，遂罷去許、辛二人將軍之位，不給官爵封賞。

第七章

帝國偉業

王道還是霸道

時光如箭，日月如梭，轉眼間，劉詢四十歲了。

這一年，呼韓邪單于來朝，將漢朝的威望推向了頂點。劉詢看天下大定，海內富庶，邊境無憂，回憶起自己的一生，心生感慨，命人畫了十一名於漢朝社稷有功的功臣畫像，懸掛於麒麟閣以示紀念和表揚。麒麟閣位於未央宮中，因武帝打獵獲得麒麟而命名。

這十一位功臣，名單如下，排名分先後：

大司馬、大將軍、博陸侯——霍光。

大司馬——張安世。

大司馬、車騎將軍、領尚書事——韓增。

後將軍——趙充國。

大司農、御史大夫、丞相——魏相。

太子太傅、御史大夫、丞相——丙吉。

太僕、右曹、給事中、御史大夫——杜延年。

陽城侯——劉德。

太中大夫、給事中、少府——梁丘賀。

大鴻臚、太子太傅、前將軍、光祿勳——蕭望之。

中郎將——蘇武。

後世往往將他們和雲臺二十八將、凌煙閣二十四功臣並提，有「功成畫麟閣」、「誰家麟閣上」等詩句流傳，以為人臣榮耀之最。

十一人中，霍光排第一。可奇怪的是，所有功臣的畫像下面都寫了官職、爵位和姓名，唯獨霍光的畫像下只寫了官職、爵位和姓氏，沒有名字。

這又是為何？

歷史沒有給出答案，我們也只能猜測。毫無疑問，霍光對劉詢是有恩的，如果沒有他，劉詢或許一輩子都是一介平民；但也正是因為他權勢太盛，讓劉詢很是忌憚，不得不避其鋒芒，很多事情都受到箝制。

想來，劉詢對霍光的感情也是很複雜的吧！

劉奭在做太子的時候，曾與父親圍繞治國方針發生過一場爭論。他長於深宮，熟讀經籍，老師都是一些飽學儒生。受其影響，劉奭柔仁好儒，而當時劉詢任用的官員大多精通法令，用刑過重，因此劉奭心中有些不滿。

一次，劉奭在侍奉劉詢用膳時，抱怨道：「父皇刑罰太過於深重，應該多用儒生治國。」

不料，劉詢勃然變色：「我漢家自有制度，本就是王道與霸道並用，怎能像周朝那樣純用所謂的禮義教化呢？況且俗儒不識時務，喜歡厚古薄今，使人分不清何為名，何為實，不知所守，怎能委以重任？」

在這裡，劉詢說出了一句大實話。帝王治理天下，既要用儒家，也要用法家，儒家是面子，法家是裡子，從來沒有只靠道德說教就能治理好天下的。

事後，劉詢嘆息道：「亂我家者，太子也！」

政治經驗豐富的劉詢已經意識到，如果讓偏好儒家的太子即位，必將導致漢王朝的衰敗。武帝以後，帝國雖然表面上獨尊儒術，但其實是外儒內法，霸王道雜之。真正信奉儒學者並未掌握權力居於朝堂之上，只有那些緣飾儒術、內行法術者才真正得勢。

那麼王道與霸道到底有什麼區別呢？

王道是儒家的主張，強調仁和禮。

在治理國家時，講究以德服人、以禮讓人，大家都守規矩了，社會當然安定有序，皇權自然可保千秋萬代。

霸道是法家的主張，強調法和刑。

在治理國家時，講究依法辦事，對於守法之人不吝重賞，對於反抗之人不惜重罰。它推崇強權、謀略、功利，為達目的不擇手段，久而久之，國家自然強大無敵。

《淮南子》中記載了一段周公和姜太公的對話，可以很好地詮釋王道和霸道。

周武王滅商後大賞功臣，周公被封在魯國，姜太公被封在齊國，二人曾在一起探討如何治國。

姜子牙問周公：「何以治魯？」

周公道：「尊尊而親親。」意思是尊重地位高的人，親近關係近的人，重視社會等級和宗族血緣。

姜子牙道：「魯國從此弱矣。」

教條、刻板、盲從權威，死水一潭的社會關係，整體缺乏靈活性，制度缺乏創新，怎麼能不弱？

周公沉默，而後問姜子牙：「何以治齊？」

姜子牙答：「舉賢而尚功。」意思是任用有才能的人，獎勵有功勞的人。

周公道：「後世必有劫殺之君。」

採用這樣功利的辦法，一代代傳下去，總會出現大權獨攬的臣子，到那時候君主就離下臺不遠了。

智者都是見微知著，知其大意即可看到後續的事情發展。果不其然，齊國傳到三十二代，國主昏庸，被田氏大臣篡取；魯國傳到三十四代，國家弱小，被強敵楚國滅亡。

魯國和齊國，一個是純粹的王道，一個是極端的霸道，兩個國家最後都走向衰亡，說明單一的治國理念是絕對行不通的。後來秦國走的法家路線，結果失控覆亡。

有了齊國、魯國、秦國這些小白鼠，漢朝皇帝學聰明了，他們總結出了一個道理：

王道是用來御民的，用王道洗腦臣民，臣民既愚且痴，內部的穩定性強。

霸道是用來強國的，用霸道來統御國家，民窮而國富，國家外部的威脅小。

劉詢雖然不像他的曾祖父武帝那般暴虐，卻也不是溫良恭儉讓的謙謙君子。雖然他一貫以愛民如子的形象示人，但是他的骨子裡有一種猜忌和陰狠，這從他對海昏侯劉賀的防範可見一斑。

一開始，劉詢表現出了一個明君應有的素養：善納諫言、擇善而從。步入執政晚期，他的態度開始發生變化，他開始信方術、講奢華，越來越像他的曾祖父漢武帝。他對臣下也是越來越苛察，蓋寬饒與楊惲只是在言語上冒犯了他，當即被誅。

在政治實踐中，劉詢「霸王道雜之」路線的載體是「循吏政治」。在他與魏相、黃霸、張敞等循吏的共同努力下，酷吏逐漸被清退，政府與民間的關係恢復正常，政治秩序正常化，武帝以來崩潰、瓦解的頹勢得到扭轉，西漢中興。所以宣帝時代政治清明，吏治循良，史稱「漢世良吏，於是為盛」。

太子劉奭自幼受儒生的影響，他的「儒」，明擺著是一種書呆子的「儒」。

提倡仁德，與王霸之道的實用主義相差甚遠，不僅劉詢不喜歡，放在任何一個朝代都不可能成功。劉詢看到兒子如此迂腐，心中的鬱悶可想而知。

劉詢有六個兒子，他最喜歡次子淮陽王劉欽。一方面是因為劉欽的母親張婕妤深受劉詢的寵愛，另一方面是淮陽王劉欽本人確實很優秀，政治主張與自己相近。他常對人說：「淮陽王明於察斷，又肯鑽研法律，應該繼承我的事業！」

此時的劉詢已經有了易儲的想法，但是每當他看到太子時，腦海中總會浮現出一個女人 —— 自己的髮妻、太子的母親許平君。

作為患難夫妻，劉詢與許平君的感情很深。劉詢雖然出身皇室，但是幼年時因「巫蠱之亂」被拘禁在牢獄裡，五歲才放出來，入宗室籍，和僕役宦者一起住在掖庭。許廣漢還將自己的寶貝女兒嫁給他，給了他一個完整的家。這份恩情比天高，比海深，他無以為報。

此後，許平君雖然成了皇后，卻被霍氏毒死，太子小小年紀就沒了母親，他實在不忍心廢掉太子。

數十年後，他的預言變成了現實。

知子莫若父！

甘露三年（西元前 51 年），劉詢組織了一次關於儒學的學術會議，史稱「石渠閣五經大會」。

石渠閣位於未央宮北，由蕭何建造，用於存放入關所得秦之圖書典籍，因閣下鑿石為渠以導水，故名石渠閣。

這次大會由蕭望之擔任裁判，公羊派和穀梁派的掌門人及弟子同臺競技，爭奪對《春秋》的最終解釋權。

《公羊》和《穀梁》是解釋《春秋》的兩大主流學派。《春秋》自帶「聖人」光環，這本書在漢朝有著舉足輕重的地位，我們今天把《春秋》當作史書來看待，但是它在漢朝的地位其實是「經」，是最重要的法律指導書，幾乎等同於後世的憲法。

一部史書，怎麼能成為治國理政的依據？

可別以為這是後人信口胡謅的，當初孔老夫子編《春秋》就是這麼想的，「孔子作春秋，亂臣賊子懼」。董仲舒這麼評價《春秋》：《春秋》貶抑無道天子，斥責為非諸侯，聲討作亂大夫，使國家政事通達。

一開始，《春秋》的研究者分為五大派，這五家當中，實力最強的是公羊派和穀梁派。當初漢武帝實施「罷黜百家，獨尊儒術」時，邀請了公羊派第一高手董仲舒和穀梁派第一高手瑕丘江公對決，結果瑕丘江公吃了嘴笨的虧，董仲舒勝出。自此，公羊學派壟斷了《春秋》解釋權。

既然如此，那麼劉詢為何要發起這樣一場會議？

很簡單，因為時代變了。

公羊派著重闡釋《春秋》的微言大義，強調尊王攘夷、大一統的思想，風格偏狠辣，正好對武帝的胃口；相比之下，穀梁派就沒那麼狠厲了，這一派強調禮樂教化，尊王而不限王，力主仁德之治，可以說是部分回歸了儒家傳統，將官方政治思想從「更重法家」轉變為「更重儒家」，更符合劉詢的性格。

更何況，劉詢繼位時，帝國江山早已穩固，隨著儒學成為主流思想，已經沒有人質疑王朝的正統性。而此時，公羊派的一些主張開始變得不合時宜。它雖然強調大一統，但是加入了董仲舒的天人合一，還強調讖緯，容易被人當槍使。而穀梁派就平實多了，它強調仁義和禮儀，更有利於皇帝對社會的控制。

這次大會上，劉詢和蕭望之等人一起出面，聯手抬高穀梁的地位，並正式設立穀梁春秋的博士，將其納入正統。

只有政治學說的權威確立後，皇帝才可以根據自己的需要，對權威經典進行解讀，建立起明確的政治指向。換句話說，這實際上是一種非常高效的執政手段。

與曾祖父漢武帝的手段不同，宣帝春風化雨，潤物無聲，再一次將西漢推向了巔峰。

可是為什麼，宣帝在歷史上的名氣遠不如曾祖父武帝呢？

史書記載的豐功偉業總是激動人心，每一個人在讀到衛青大破龍城、霍去病封狼居胥的時候，都會熱血上湧。毫無疑問，他們是歷史舞臺上耀眼的明星，是千萬人景仰的英雄。

可是，還有一種英雄，他們也有萬丈雄心，想要恢復大漢的榮耀，可他們絕不會好大喜功、消耗民力。他們腳踏實地、心懷萬民，不追求勒石頌功德，對內不折磨，對外有謀略，依然帶給漢朝強盛和富庶。

比如，文帝、景帝、宣帝。

在史書中，我們往往對金戈鐵馬、豐功偉業豎大拇指，卻對埋頭做事、默默耕耘的人不屑一顧，甚至連他們的身影都會被掩蓋。看他們的故事，我們會覺得枯燥乏味，昏昏欲睡。

這是不對的。

金戈鐵馬、豐功偉業的背後，是白骨露於野、千里無雞鳴，是海內虛耗、戶口減半，又有幾個家庭能夠倖免於難？父戰死在前，子戰死於後，老母寡妻，晝思夜哭，戰場千里外，不得收骨肉。

相比之下，後一種人才是帝國偉業的幕後英雄。

劉詢，他本是長在民間的沒落皇族子弟，當命運的輪盤終於為他轉動時，他勇敢地抓住這改變命運的唯一機會，隱忍含垢，韜光養晦。他一直關注民生問題，一次次免稅，只為讓民眾的日子可以寬鬆一點，讓百姓的日子好過一點。

不負高祖，不輸漢武，這就是我對漢宣帝劉詢的評價。

黃龍元年（西元前 49 年）冬，劉詢走完了自己四十三歲的人生，崩於未央宮。

威權旁落

西漢王朝迎來第八位皇帝，太子劉奭登基，史稱漢元帝。

如果把大漢王朝的國運反映在座標軸上，那麼漢宣帝就是拋物線的頂點，自劉奭接班後，王朝的氣數開始走下坡路，帝國命運也由盛轉衰。

劉詢臨終前，為兒子安排了「三駕馬車」輔政，以樂陵侯史高領銜，太子太傅蕭望之、少傅周堪為副。

蕭望之和周堪都是劉奭的老師，一代大儒；史高是宣帝祖母史良娣的姪孫，宣帝是在史家長大的，二人關係密切。

仔細分析一下這個團隊成員，不難發現，這三個人中兩個是儒臣，一個是外戚。可見，劉詢立遺囑的時候，宦官是靠邊站的，沒有進入權力的核心層。

這一年，劉奭二十六歲。

早在做太子時，劉奭便傾心於儒教，如今終於有機會實踐自己的政治理想。他相信，漢帝國將在自己的手上開啟一個嶄新的時代。然而後來的事實證明，隨著漢宣帝一同遠去的，竟然是屬於整個西漢王朝的黃金時代。

劉奭躊躇滿志，立志要有一番作為。他剛即位，便禮賢下士，下令徵召兩個人——王吉和貢禹進京。

貢禹是琅琊人，是董仲舒的再傳弟子，精通《春秋》、《論語》等儒家經典，是西漢的著名經學家；王吉這個人，前面已經出場過，他和貢禹是老鄉，當初在長安城當京漂時，還流傳著一個故事。

當年，王吉攜妻子來長安，就像今天很多年輕人在大學旁邊租房讀書一樣，王吉在長安也是租房學習，他租的院子與鄰居隔著一道牆。

鄰居家有一棵棗樹，枝繁葉茂，有些枝椏伸到了隔壁院子。正是收穫的時節，枝椏上面掛滿了紅棗，看著很是誘人。王吉的妻子摘了幾顆棗，拿給王吉嘗。王吉吃完才知道這棗是妻子偷偷摘的，當場就發飆了：「不告而取就是賊啊！」他決定，休妻！

「這樣的老婆，不要也罷！」

休妻的事傳到鄰居耳朵裡，鄰居都不好意思了：「不就幾個棗嘛！」但是王吉非要休妻不可。

鄰居覺得是自己家的棗樹惹了禍，提了一把斧頭準備砍了棗樹。附近的人圍了過來，他們一邊勸鄰居不要砍樹，一邊勸王吉不要休妻。好在王吉聽人勸，最後和妻子重歸於好。

此後，流傳開來一句順口溜：「東家有樹，王陽婦去；東家棗完，去婦復還。」

這之後，王吉因品行賢良被推舉做了昌邑中尉。

昌邑王劉賀貪酒好色，喜歡遊獵，王吉上疏力諫，可劉賀根本不理他。劉賀當了皇帝後，王吉再次上疏規勸他要重用朝中大臣，仍被拒絕。二十七天後，劉賀被廢，大多數昌邑舊臣都受到了株連，唯有王吉與郎中令龔遂因屢次進諫，幸得免死，被罰去服兵役。

劉賀走後，又來了個劉詢，王吉被重新起用，先任益州刺史，後來又升為博士諫大夫。他幾次提建議給劉詢，結果都被否決了，懷才不遇的他只能告老還鄉。此後十餘年間，王吉一直在家鄉教學，求學者絡繹不絕。

劉奭剛上位，這位推崇儒學的新皇帝立刻派人去請王吉。

當王吉接到朝廷的聘書時，一個叫貢禹的人也拿出塵封已久的官帽，撣掉了上面的灰塵。家人問他要做什麼，貢禹答：「王陽（王吉）要去做官了，我也準備一下，跟他一起去。」

這就是「王陽在位，貢公彈冠」的來歷。可惜的是，上了年紀的王吉經不起折磨，因病死在了上任的路上。

貢禹曾在河南任過職，有一次被上司責備，貢禹脫帽謝罪，回家就寫了一封辭職報告。家人問他緣由，他說：「官帽一旦脫下來，怎能再戴上呢？」

顯然，這只是他的一時氣話。劉奭登基後，一招手，他就立刻趕到長安，混了個諫大夫，專門負責提意見給皇帝。

劉奭向貢禹請教如何治理國家。貢禹說：「古時君王都很節約，用度也有限，除了徵收十分之一的賦稅外，沒有其他賦稅徭役，所以老百姓家家戶戶都可以過自給自足的生活。高祖、孝文、孝景皇帝在位時，宮女不過十多人，御馬不過百餘匹；但是到孝武、孝宣皇帝在位時，卻迫不及待地追求奢靡享樂。正所謂上行下效，皇帝奢侈，臣子們也跟著奢侈，必然會對百姓的生活造成惡劣影響。」

劉奭又問：「怎麼改？」

貢禹說：「臣以為，如果完全效仿古制很困難，但是效仿其中一部分則不難。如今宮室已經修繕完畢，無可奈何了，其餘的開支都可以削減。過去為天子做衣服的不過十人，如今卻達數千人，一年花費數萬錢。馬廄裡的馬上萬匹，吃掉糧草無數。武帝時，又海選美女數千人，以充實後宮；到其逝世，隨葬的金錢、財物、鳥獸、魚鱉多達一百九十種，後宮女子多守陵園，與禮不合。先皇駕崩，陛下沒有留意此事，群臣也無人提及，真是太令人痛心了！

希望陛下深察古聖人之道，弘揚節儉之風，車輦服飾減掉三分之二；後宮女子擇選有賢德的，留下二十人，其餘全部遣散回家；陪陵的女子中沒有生育過的，全部遣返；馬廄中飼養的御馬不超過數十匹，只留出長安城南一片園區作為田園狩獵場。

如今正處饑荒之年，若不大力削減開支用度，怎能迎合天意？天降聖人，是為了讓他照顧黎民百姓，並非為了自己享樂，願陛下深察！」

劉奭剛上位，對於貢禹的意見自然是照單全收。

史高、蕭望之、周堪組成了輔政三人組，既然是一個團隊，那就是有事好商量。問題是，商量後誰來拍板呢？從理論上講，當然是大司馬史高了。以前，霍光不也這麼做嗎？

然而，史高不是霍光，如果說霍光是王者，那史高連個青銅都算不上，他的學識及政治能力的確值得商榷。在宣帝駕崩前，誰都沒有聽說過史高這號人物。就衝這個，蕭望之不服，他決定聯合周堪架空史高。

為了壯大實力，蕭望之決定為自己找個幫手，他想到了一個人。

這個人，就是西漢歷史上著名的學術兼文藝大家劉向。

劉向原名劉更生，世居長安，祖籍沛郡，成帝初年改名為劉向。他是劉邦之弟楚元王劉交的四世孫，繼承了愛好文藝的優秀傳統，寫得一手好文章。他和兒子劉歆的學術成就後面再講，此處先按下不表。

蕭望之選中劉向，那叫學術相投。在蕭望之的推薦下，劉向被拜為散騎宗正給事中，又把金日磾的姪孫金敞拉進了圈子，輔助劉奭處理政務。就這樣，蕭望之、周堪、劉向和金敞四人在劉奭周圍形成了一個政治小團體，左右著朝中的一應大小事務。

四人聯手，問題就來了，史高也是顧命大臣，蕭望之這麼搞，豈不是把他擠出權力中心？

史高很不高興，跟中書令弘恭、僕射石顯、外戚許家組成了另一個政治小團體，在朝政議論時，經常與蕭望之等人唱反調。

於是，在劉奭身邊形成了兩個政治集團，一個是以蕭望之為首的儒家集團，一個是以石顯、史高為首的宦官外戚集團。這兩個集團彼此看不順眼，水火不容，一場你死我活的政治鬥爭在所難免。

剛直的文人遇到巧佞的混蛋，注定要倒楣。

這是宿命。

蕭望之首先發難：「中書是皇帝發號施令的地方，是國家樞紐機關，應該由光明正大的人來擔當。武帝時遊賞設宴於後宮，故而任用宦官，這並非古制，陛下應罷免中書部門的宦官，以順應古人不親近閹人的做法。」

不料，劉奭久議不決，反而免了劉向的給事中，讓他做了宗正。

人一居高位，掌握了權力，各色各樣的人都會圍過來，希望能沾點光。蕭望之和周堪推薦了許多儒士入朝為官，聲名在外。有一個叫鄭朋的，也想攀附蕭望之，於是寫了一封舉報信，揭發了許史兩家外戚的種種罪過。

鄭朋，一個道地道地的政治投機客，他眼裡沒有國家社稷，沒有道義理想，有的只是自己的前途。

眼下，儒家集團和宦官外戚集團已成水火之勢，不久的將來，雙方不可避免要爆發一場決戰。在經過一番評估後，鄭朋決定把賭注壓在蕭望之身上。

很快，他寫了一封揭發檢舉信，爆料史家和許家的醜聞，說這兩大外戚家族罪惡累累，數不勝數。

周堪看完那封爆料信，覺得此人可用，讓他到金馬門報到，等待召見。

蕭望之接見了這個人，鄭朋趁機猛拍蕭望之的馬屁：

「將軍如今身居高位，是讀書人的最高成就了。現在，將軍您是想做管仲、晏子呢，還是想做周公、召公？如果只是想做管仲和晏子，那我對將軍就沒有什麼用場，回家種田算了。如果將軍是想追求周公、召公一樣的豐功偉業，我願竭盡全力效犬馬之勞。」

蕭望之很激動，與鄭朋聊得很投機。但是漸漸地，他發現鄭朋只是為了撈取官位，並無正義感和是非之心，且心術不正、為人奸詐，便斷絕了與鄭朋的來往。

鄭朋原想透過蕭望之青雲直上，不料好夢剛開頭，中途就醒了。他憋了一肚子怨氣，改投宦官外戚集團。

為了證明自己的清白，鄭朋說當初揭發史高的黑材料都是蕭望之、周堪等人提供的，是他們唆使自己做的。

「怎麼證明？」

鄭朋說：「我是關東人，處江湖之遠，如何知道朝廷祕事？我跟你們也沒打過交道，哪能知道你們那麼多黑材料？」

許、史二人其實也很鄙視這傢伙，但是想到這是條惡狗，倒可以用來咬蕭望之、周堪等人，所以便養起來了。侍中許章接見了鄭朋，接著又安排他拜見劉奭。出來後，鄭朋洋洋得意，揚言說：「剛才皇上接見我，我向皇上檢舉了蕭望之過失五條、大罪一樁，中書令弘恭就在旁邊，聽得一清二楚！」

與此同時，有個叫華龍的待詔也投到了皇親門下。華龍本來想投靠周堪，但是因為行為不端，周堪沒搭理他，於是他和鄭朋一拍即合。弘恭、石顯指示二人控告蕭望之等人圖謀罷黜史高，挑撥皇帝與許、史兩家的感情。

趁蕭望之休假的空當，石顯把奏章直接呈給劉奭。劉奭的政治頭腦遠不如他父親，看完後，居然將此案交給弘恭處理。

弘恭當日便把蕭望之召來審問。蕭望之說：「許、史兩姓憑藉外戚的地位，多為不法，我整治他們是為了國家，並非為洩個人私憤，更非倒行逆施。」

「好嘛，這麼說來，你是承認自己確實挑撥了皇上和外戚之間的關係了。」

弘恭、石顯立即向劉奭稟告：「蕭望之、周堪結為死黨，互相吹捧，屢次誣陷控告大臣，誹謗離間內外親屬，妄想擅權，為臣不忠，欺騙皇上，請謁者召致廷尉！」

當時劉奭即位不久，還不知道「謁者召致廷尉」的意思便是關進監牢，所以批了同意兩個字。過了幾日，劉奭有事找蕭望之、周堪二人，身邊的人回答說：「兩人已經被關到獄中了。」

劉奭大驚，問：「不是說只讓廷尉問個話嗎，怎麼就進了監獄？」

得知皇帝發火了，弘恭、石顯立即跑來叩頭謝罪，說自己誤解了陛下的意思。劉奭說：「趕緊放他們出來上朝議事！」

兩人原以為劉奭責備他們一通也就完了，不料竟要重新起用這二人，一時慌了手腳。一旁的史高會意，站出來道：「陛下金口玉言，豈能失信於天下？既然已將他們下獄，又重新啟用，豈不是向天下表明陛下犯了錯？」

劉奭問史高：「該怎麼做？」

史高說：「為今之計，不如索性將他們罷免，這樣陛下的威望既不受損，又不替他們治罪，豈非兩全其美？」

劉奭是個沒主見的人，一聽關係到自己的聲譽，只得同意。就這樣，蕭望之、周堪、劉向三人被免職了。

數月之後，劉奭後悔了，下詔給蕭望之賜爵關內侯，想讓他回朝做丞相，主持政務。

好不容易等來了出頭之日，不料蕭望之的兒子蕭伋和他爸一樣耿直，上書重提舊案，要求為父親恢復名譽。

接到蕭伋的申訴書後，劉奭按照程序將申訴書下發有關部門審議。有關部門回覆道：「蕭望之當初的罪責清晰明瞭，並無誣陷控告之事。皇上加恩特赦，又賜爵復位，可是他心懷怨恨，教唆兒子上書，欲歸罪於皇上。不給他一點顏色看看，以後還怎麼彰顯朝廷恩典？」

弘恭、石顯等人也在旁邊添油加醋：「蕭望之身為輔政大臣，不思報國，反而成天到晚想著排斥異己，專攬朝政，如今還不悔過服罪，反而心懷不滿，教唆兒子上書，真是倚老賣老，可惡至極！」

關鍵時刻，劉奭居然真的下詔逮捕自己的老師蕭望之。

石顯拿到逮捕令後，急命執金吾發兵圍住蕭府。望著府邸外團團包圍的官兵，蕭望之不禁仰天長嘆：「我曾忝為大漢丞相，如今已然六十有餘，再下獄受辱，為求活苟生，有何顏面？」

隨後，蕭望之飲下毒酒，從容自盡。

聽聞蕭望之自殺，正要吃飯的劉奭悲痛欲絕，嚎啕大哭：「我早就懷疑他不肯入獄受辱，現在果然害死了我的恩師！」

他憤恨自己拿不定主意，斷送了恩師性命。可讓人無語的是，劉奭哭過之後，對弘恭、石顯只是口頭上譴責了一番，兩人佯作驚慌，免冠叩頭，然後就什麼事也沒有了。

恩師含冤身亡，讓劉奭終生難以釋懷，此後每年忌日，他都會派人去祭奠蕭望之。

在這件事上，劉奭的性格缺點暴露無遺。他耳根子軟，缺乏主見，容易被身邊人左右，兩次讓蕭望之下獄，都是聽信小人讒言而草率下詔。第一次是他輕易被宦官糊弄，第二次是他明知道老師性情剛烈，仍被宦官牽著鼻子走，讓老師再次下獄受辱。

再者，他明明知道蕭望之是清白的，卻對幕後推手弘恭和石顯沒有任何懲罰措施，只是口頭責問二人，事後對他們寵信如故。如此寬仁，實是非不分、賞罰不明，只會讓宦官有恃無恐，日後更為放縱。

蕭望之死後不久，中書令弘恭病死，石顯繼任中書令。此後，中樞權力急遽失衡，向石顯一方傾斜。在這場外戚、儒臣、宦官三種勢力角逐中，儒臣一敗塗地，外戚束手靠邊站，宦官成了最後的大贏家。

自此，帝國進入了宦官當權的時代。

珠崖罷郡

石顯能得到劉奭的完全信賴，自然有一套本事。他從宣帝時就長期執掌中樞機要，熟悉事務，精通法典，最能領會帝王心思。劉奭即位時身體不好，他天真地認為太監沒有外黨，只能依附於皇帝，可以放心讓他們參與政治，於是給予了石顯百分之百的信任。

然而，石顯表面的乖巧聰慧之下卻是一顆陰暗的心，他狡詐毒辣，報復性極強。掌權之後，他把精力都用於鞏固權勢，結黨營私，排斥異己，其顯貴寵幸程度為朝廷之最，朝廷百官都得讓他三分。

石顯威權日盛，他和見風使舵的匡衡、貢禹、五鹿充宗等儒臣結為死黨，一時間炙手可熱，權勢熏天，眾人紛紛依附。民間有歌謠稱：「牢邪！石邪！五鹿客邪！印何纍纍，綬若若邪！」

意思是說：「你是姓牢的人，還是姓石的人？是五鹿家的門客嗎？官印何其多，綬帶何其長！」

有個成語「印纍綬若」便出於此，用來形容官吏身兼數職，聲勢顯赫。

蕭望之死後，宦官當道，朝堂上下一片烏煙瘴氣。廟堂之上，朽木為官，殿陛之間，禽獸食祿！

易學大師京房舉孝廉入仕，仗著自己能掐會算，在劉奭身邊很吃香。他看不慣石顯等人的作風，有一次趁著劉奭身邊無人時說：「現在朝廷內有奸臣為非作亂，只是陛下沒有察覺，將來必定後悔。」

劉奭雖然沒主意，但是不笨，他問京房：「你說的作亂者是指誰？」

京房很謹慎：「明主心裡最清楚了。」

劉奭裝糊塗：「朕哪知道？如果早知道了，朕還會重用他嗎？」

京房沒辦法再繞圈子了，只得說：「這個人就是您現在最信任的宮內輔政、朝外弄權的人！」

京房說的這個人是誰，劉奭其實心裡跟明鏡似的，可他這時已經離不開石顯了，京房反而被外放魏郡。

消息靈通的石顯很快就得知了這事：「你敢背著我向皇帝告狀，這回讓你看看我的厲害！」

京房很清楚，一旦自己遠離朝堂，猜想就要被石顯玩死了，所以在接到外放的任命後，他寫了兩封密奏給劉奭，懇請皇帝務必要提防佞臣亂政，允許自己年底時到長安彙報工作。

劉奭大筆一揮：可。

就在京房收拾包袱的當下，石顯等人又去糊弄劉奭。結果劉奭改了主意，派人告知京房，到任後專心治理魏郡，不必回朝奏事。

京房心中惶恐不安，一路上連發了兩封奏疏，卻是石沉大海。一個月之後，京房終於等來了皇帝的詔書，不是他心心念念的調令，而是一張逮捕令。

不久，京房被斬首示眾。

御史中丞陳咸也多次背後彈劾石顯，石顯知道後，打發他去做苦工。

石顯很清楚，自己的權勢與地位已經引發了很多人的嫉恨，他對所有人都不放心。為了建立自己絕對穩固的地位，他決定玩個把戲，讓那些反對自己的人主動站出來，然後一網打盡。

有一次，石顯提前向劉奭說明自己要出宮一趟，可能很晚回來，到那時宮門關閉，請皇帝下一道旨意，允許他私自開宮門回來。

劉奭認為這不算什麼事，點頭同意。

石顯放心出了宮門，故意拖到深夜才回來。到城門口時，他說自己有皇帝的許可，開了城門。

清官直臣們果然很盡職，第二天，雪花般的彈劾奏書飛到了劉奭的桌案前，一個個義憤填膺，指責石顯獨斷專行。

劉奭看完之後，笑著將奏書交給石顯。石顯撲通一聲跪倒在地，擺出一副受害者的表情，兩行委屈的淚水適時流下，訴苦道：

「我受陛下信任，辦了一些事，下面的人就開始嫉妒我，多次想設計害我，這種奏書已經不是一次兩次了。如果不是陛下聖明，我早就被他們罵死了。」

劉奭告訴他：「不要聽信外面那些謠言，朕還是很信任你的。」

石顯一看皇帝這態度，繼續說：「我出身低微，能力有限，這樣下去實在不能讓所有官員滿意。為了活命，我想去當個打掃宮廷的清潔工，這樣不僅能繼續為陛下盡忠，還能保全一條性命。」

劉奭被徹底感動了。「忠臣啊，這麼忠心的下屬，打著燈籠都難找，可不能讓他受了委屈！」

於是乎，劉奭重賞了石顯，承諾以後所有對他的流言蜚語均無效。

石顯略施小技，就搞定了顢頇的皇帝。

當時，左將軍馮奉世父子身為公卿，在朝中很有聲望，馮奉世的女兒又是後宮的昭儀，頗受皇帝的寵愛。為了鞏固自己的地位，石顯打算投靠馮氏。

問題是，此時馮奉世已去世多年，怎麼才能抱上馮家的大腿呢？

沒關係，馮奉世死了，他兒子還在啊！

馮奉世的二兒子馮逡，時任謁者。石顯想為馮家送個人情，於是向劉奭上奏，說馮逡人品不錯，應當重用。

劉奭召見馮逡，準備考察一番後提拔他做侍中。結果，馮逡一見到劉奭，不管三七二十一，先狠狠貶低了石顯。

劉奭很不高興：「石顯所做的一切都是為了朕，你憑什麼汙衊他？」

升官的事就這麼沒了。

後來御史大夫一職空缺，大夥兒都推薦馮奉世的大兒子，時任大鴻臚的馮野王接任御史大夫一職。劉奭問石顯的意見，石顯對馮逡的不識趣萬分惱火，說：「九卿之中沒有誰能比馮野王更勝任此職了。不過，馮野王是馮昭儀的親兄，若是提拔他做三公，豈不是讓後人嘲諷陛下任人唯親嗎？」

馮野王升官的事自然又沒了。

與父親相比，劉奭的運氣實在是差到了極點，且不說他上任後各地連年遭災，就連邊疆也不安穩，遠在海南島的珠崖郡也反了。

想當初，漢武帝滅了南越後，捎帶著拿下了海南島，在海南島上設定了珠崖、儋耳兩郡，兩郡治下共計十六個縣。伴隨著郡縣的設定，大批漢人開始登陸海南島，在此定居。可惜，海南這個地方天高皇帝遠，地方官員腐敗，壓榨當地百姓，島上的百姓三天兩頭造反。朝廷多次發兵鎮壓，二十多年間，有記載的反叛就有六次。

劉奭即位沒多久，珠崖郡山南縣又反了。

劉奭憂心忡忡，他也拿不定主意，於是召集群臣商議。圍繞珠崖郡的存廢問題，朝臣們爆發了一場激烈的爭辯。

西漢著名政論家賈誼的曾孫、時任金馬門待詔的賈捐之力主停止出兵征伐，放棄珠崖之地。

皇帝讓王商問賈捐之：「珠崖內屬為郡已經很久了，現在背叛違抗朝廷命令，你卻說不應該收拾。助長蠻夷的叛亂，有虧先帝的功德，在《六經》之內，應屬哪一條？」

賈捐之不愧是賈誼的後代，面對王商以儒家經典為據的詰問，賈捐之引經據典，洋洋灑灑寫了一篇奏議，題目為〈棄珠崖議〉：

「臣聽聞堯、舜、禹時，以三主之盛德，國土不過幾千里，西臨沙漠，東至大海，聲威教化廣播於四海，服從教化的就納入統治，不服從的也不強迫，人民歌功頌德，各得其所。

到武丁、成王時，以殷周的大仁，國土東不過長江黃河，西不過氐、羌，南不過蠻荊，北不過朔方、草原，頌歌響遍大地，人們幸福生活，越裳氏（住在越南、寮國一帶的部族）獻上白雉，這不是用軍隊征伐就能做到的。

到了秦朝，朝廷興兵遠攻，貪圖外面的土地而使國內虛弱，導致天下大亂。孝文皇帝偃武修文，當時斷獄數百，賦簡役輕。孝武皇帝厲兵馬攘夷，天下斷獄數萬，賦繁役重；軍旅數發，父戰死於前，子鬥傷於後，女子守衛邊塞堡壘，孤兒在道旁號哭，老母、寡婦在巷中流淚。這都是因為開疆拓土、征伐不休的緣故。

如今，函谷關以東民眾長期遭受水災，流離失所，人情沒有比父母更親的，沒有比夫妻更愛的。百姓已經到了嫁妻賣子的地步，法不能禁，義不能止，國家堪憂啊！如今陛下還放不下舊怨，要驅趕士卒到大海之中，到幽冥之地，逞一時之快，這不是救助饑饉、保全眾生的辦法。

《詩經》裡說，蠢爾蠻荊，大邦為仇，愚蠢無知的荊蠻，敢把周朝當作仇敵。意思是說：聖人出現，各族自然歸服，中原衰落，各族首先背叛，自古以來就是禍患，何況是南方萬里以外的蠻夷呢！珠崖人父子在一條河裡洗澡，習慣用鼻飲，與禽獸無異，本不足以設定郡縣。珠崖郡孤懸海外，那裡霧露溼重，多毒草、蟲蛇，士兵們還沒見到敵人就已經病死了。珠崖雖有珠犀玳瑁之產，卻並非是這裡的獨有特產，棄之不足惜，不擊不損威。其人猶如魚鱉，何必強求？

臣私下聽攻打過羌人的士兵說，軍隊在外不滿一年，行進不超過一千里，耗費的錢就有四十多億；大司農的國庫累積用光了，就用少府徵收的山海池澤之稅補充。一個小地方出事，就要耗費這麼多錢糧，何況出師遠征？古往今來沒有這麼做的。綜上，臣認為，那些不懂禮義教化的地方索性不去管它，不如放棄珠崖，專心撫卹關東受災饑民！」

這個提議很是大膽，劉奭看後仍拿不定主意，又去問丞相和御史。

御史大夫陳萬年是主戰派，他認為朝廷不能放棄珠崖郡，應當派兵鎮壓；丞相於定國則不這麼看，他說：「先前朝廷派兵鎮壓，領兵的護軍都尉、校尉及丞共十一人，只回來了兩個人，士兵及轉運糧草的民眾死了一萬多人，軍事耗費三億多錢，還沒全部搞定。而今函谷關以東又遭災荒，嚴重缺糧，民心動搖，我認為賈捐之說得對。」

經過一番評估，朝廷最終決定放棄海南島。

初元三年（西元前46年）春，朝廷正式下發詔書：

「珠崖人殺害官吏和百姓，背叛朝廷，廷議時有人說打，有人說守，也有人提議放棄，朕日思夜想，如果為了維護朝廷的威嚴，只有誅殺；如果是為了長期相持，只有實行屯田。

現在的問題是，百姓饑饉，與討伐遠方蠻族的叛亂，哪一個危害更大？連朕祭祀祖先的祭品都因荒年不能齊備，何況邊境上小小的挫敗？現在函谷關以東的百姓正逢饑荒，倉庫空虛，無法維持生計。如果再徵集丁壯作戰，不僅疲敝百姓，而且還會引發一系列嚴重後果。

朕左思右想，決定撤銷珠崖郡。百姓有嚮往仁義，願意遷到內地的，可以隨處定居；不願意遷移的，不必勉強。」

該怎麼評價這事呢？

漢元帝建昭三年（西元前36年），匡衡在〈上元帝疏〉中這樣說：「眾人看見了罷珠崖郡的詔書，莫不歡欣鼓舞，都覺得要見到天下太平了。」

西漢文學家揚雄也認為賈捐之做得對。他說：「幸好當時放棄了珠崖，否則少數民族的習俗就侵染我漢民族的傳統了。」蘇東坡也曾引用揚雄的話，對當時棄珠崖表示理解，但是他主張以後不能再放棄海南島。

不過，大夥兒也不用擔心，六百年後，到南北朝梁武帝時，海南島又回歸中原。

擊羌之戰

劉奭即位，封王政君為皇后。

別看劉奭當了皇帝，但是他本人並沒有出色的能力，在舞臺上的戲份遠沒有皇后王政君多。

王政君是中華歷史上長壽的皇后之一，活了八十四歲。不僅如此，她還歷任皇后、皇太后、太皇太后，在後宮超長待機長達六十一年，苦苦支撐著漢室江山。

只是沒想到，她的努力反而葬送了西漢王朝。

王政君是魏郡元城人，她的祖上是春秋時齊國的田氏貴族，曾被項羽封為濟北王。漢朝建立後，封國沒有了，但是大家仍然稱他們為王家，於是他們索性真的姓了王。

王政君的母親李氏是世家大族，當年生她時，李氏夢見一輪月亮撲入懷中，隨後便生下一女兒，此女就是王政君。

王政君的父親叫王禁，做過廷尉史，也就是法庭書記。這人嗜酒好色，娶了好幾個小老婆，生有四女八子，母親李氏實在受不了丈夫，選擇了離婚，年幼的王政君自此失去了母愛。

長大後的政君婉順賢惠，父親幫她許配了一戶人家，結果人還沒嫁過去，男方就死了。後來東平王看上了王政君，想把她納回家當妾，結果也死了。

連續兩次都沒有嫁出去，這就是剋夫的命啊！父親感覺不對勁了，找人為自己的女兒看相。算命先生說：「你的女兒有富貴命，將來所嫁之人必定是顯貴之人。」

聽了這話，王禁特別開心，找人教王政君讀書寫字，弄琴鼓瑟，學習各種才藝技能。

十八歲那年，王政君被送入皇宮，成了太子妃的候選人。然而，後宮中有那麼多美豔的女子，王政君怎樣才能贏得皇太子的注意呢？

皇太子劉奭當時最寵愛的一個姬妾叫司馬良娣，兩人如膠似漆，正處在熱戀之中。可惜的是，司馬良娣沒有當皇后的命，不久之後病重。臨終前，她哭哭啼啼地告訴劉奭，自己不是病死的，而是因為其他姬妾嫉妒自己，自己是被她們活活咒死的。

劉奭傷心欲絕，此後對其他姑娘都沒了興趣，看誰都是大白菜。

這下，父親劉詢著急了，劉奭到現在還沒生兒子呢，身為皇位繼承人，沒有兒子，這大好的江山將來還如何傳承？

劉詢於是讓皇后出面，選了五名宮女，供劉奭挑選，這其中就有王政君。

看著面前的這五個女人，劉奭心裡其實是拒絕的，但是他又不敢違逆皇帝和皇后的好意，只得用手隨意一指：「這個就行。」

此時，幸運女神關照了王政君。

王政君離劉奭最近，其他幾個宮女都打扮得花枝招展，唯獨王政君比較素雅，在人群中最突出。大家都以為劉奭選的是王政君，於是忙命人將她送到東宮。

一夜過後，王政君懷孕了，十個月後，她為劉奭生下了一個小胖子。劉詢特別喜歡這個孫子，為他取名劉驁，即駿馬的意思。此外，劉詢還為他取了字叫太孫，經常帶劉驁在身邊，對他的期望很高。

王政君也母憑子貴，後來順利當了皇后。

可惜的是，劉奭對王政君並沒有什麼感情，那一夜後，劉奭再也沒有臨幸過她。當年之所以選中王政君，也只是因為自己胡亂一指，連眼緣都談不上，其他的也就更不值一提了。

王政君不甘心！

她是那麼年輕，面貌也頗為秀麗。然而，後宮中美麗的女子何其多，她就像森林中的一片樹葉，根本得不到劉奭的注意。當她在燈下獨自神傷，為自己的命運垂淚時，可曾有人給這個可憐的女人輕微一瞥？

在她最美麗的年齡，她卻從沒有被愛過，在她最值得被愛的時候，她只能孤燈相伴，夜夜空眠。

不過，王政君也不用垂影自憐，她雖然沒有得到愛情，但是命運早已為她準備好了另外一份餽贈。

說回劉奭。

劉奭雖然對司馬良娣念念不忘，但是斯人已逝，何況他是皇帝，身邊不可能只有一個女人。史書上留名的除了王政君，還有一個妃子叫馮媛，她父親就是當時的名將馮奉世。

一次，劉奭帶著自己的大小老婆到動物園觀賞，突然一隻大黑熊攀上圍欄爬了出來，侍從、太監、嬪妃嚇得屁滾尿流，四處逃命，只有馮媛勇敢地站出來，擋在劉奭前面。

待到侍衛趕來殺死黑熊，驚魂未定的劉奭緩過神來問馮媛：「情況危急，大家都驚慌逃命，你為什麼擋在我的前面？」

馮媛答：「我聽說猛獸凶性發作，只要抓著一個人，就不會再去攻擊別人。如果那熊衝過來，抓住了我，就不會傷害陛下了，所以我想以身攔熊。」

劉奭一聽，大為感動，從此對她倍加敬重。

劉奭雖然在內政上搞得一團亂麻，但是好在漢朝家大業大，又有宣帝時的數十年累積，在對外戰爭中依然可以碾壓一切對手。這裡我們重點說兩場對外戰爭，其一是馮奉世平定西部羌亂，另一件便是陳湯萬里遠征，誅殺郅支單于。

永光二年（西元前 42 年），隴西郡彡姐羌發動叛亂。

消息傳來，朝廷震動，劉奭急召丞相韋玄成、御史大夫鄭弘、大司馬車騎將軍王接、左將軍許嘉、右將軍馮奉世等人開會。

這一年，漢帝國也不好過，國內糧食收成不好，糧價飆升，長安城每石穀物賣到了二百多錢，而關東地區每石穀物竟然賣到了五百多錢，邊郡地區的糧價可想而知。

這麼說大家心裡大概都沒有概念，我來作個比較。宣帝時，西部的羌人也發生過叛亂，當時糧食年年豐收，穀物每石售價只有五錢，邊郡地區每石穀物也不過才八錢。而如今，光是長安城的糧價較以往就漲了四十倍。

內憂外患一起出現，大夥討論了半天，也沒討論出個結果來。

到最後，大夥兒都把目光投向了馮奉世，這裡只有他熟悉西域事務，有帶兵打仗的經歷。

面對眾人熱切的目光，馮奉世知道自己該表態了。他站起來說：「這次彡姐羌的叛亂是在漢朝境內，如不及時平叛，恐怕無法威懾那些更遠的蠻夷，我願意帶兵出征。」

劉奭問：「大概要用多少人馬？」

馮奉世答：「根據情報，此次彡姐羌叛軍共有三萬多人。我聽聞善於用兵的將領，不做第二次戰爭動員，糧食運輸不超過三次，軍隊不宜長期在外，必須要速戰速決。此次叛軍有三萬人，從兵法上講，我方必須要有敵軍的兩倍即六萬人，勝算才大。不過叛軍武器粗劣，只有長矛與弓箭，所以我方的人數可以適當減少一些，但是最少也得要有四萬人，這樣我可以在一個月內結束戰事。」

馮奉世胸有成竹，韋玄成、鄭弘等人聽了卻不以為然。「上次羌亂時，趙充國以一萬軍隊收服了五萬先零羌，你一開口居然就要四萬人，到底行不行？」

韋玄成對馮奉世說：「眼下正是農忙季節，你也知道國家糧食緊缺，不宜在此時多發兵。這樣吧，先調集一萬人馬替將軍駐防。」

馮奉世一聽就急了，大聲說：「不可！你們就讓我帶一萬人，這一萬人分散駐紮，就如撒胡椒麵一般，每處的兵力都不多。羌人見漢軍少就不會畏懼，我們迎戰就會遭挫敗，防守則百姓不救援。一旦戰事陷入膠著，漢軍會被認為是膿包部隊，羌人就會互相煽動，反叛之勢愈演愈烈。恐怕到那時，朝廷動員四萬人都不夠，花費再多也是白搭。所以，少發軍隊就會拖延時日，多派部隊就可快速平定，兩者的利害關係可是相差萬里。」

這時，劉奭開口說話了：「這樣吧，一萬人的基礎上再加兩千人，這樣總夠了吧？」

馮奉世很無奈，這可是關係到國家命運前途的一場戰爭，一萬兩千人根本不夠。可他也深知，眼下糧食緊張，朝廷也有自己的難處，只能這樣了。

經過一系列準備，馮奉世率領一萬兩千人，打著「屯田部隊」的名號出發了。

漢軍兵分三路，右軍由典屬國任立率領，屯兵於白石；前軍由護軍都尉韓昌指揮，駐紮在臨洮；馮奉世親率中軍，駐守首陽。

韓昌接到情報，羌軍正在廣陽穀大肆屠殺百姓。他派出兩名校尉，一人去廣陽穀搭救被掠民眾，一人與羌人爭取有利地形。

經過一番血戰，羌人憑藉著壓倒性的人數優勢擊敗了漢軍，前往廣陽穀解救百姓的漢軍也遭到羌人圍攻，校尉戰敗被殺。

首戰不利，馮奉世不敢再輕易出動，他趕忙繪製了地圖，寫出作戰方案，立即向長安彙報前線戰況：「羌人背靠深山老林，熟悉地形，易守難攻。漢軍要分兵把守，兵力嚴重不足，懇請朝廷增兵三萬六千人！」

劉奭看完，心中倍感焦慮，還是自己想得太簡單了啊。索性大筆一揮，將援軍的人數加到六萬人，這個數字遠遠超了馮奉世申請的三萬六千人。同時，他還為馮奉世配備了一名裨將：奮武將軍任千秋。

當年十月，六萬援軍到達隴西，此時馮奉世手上有七萬人，掌握著戰爭的主動權。他不慌不忙，在軍事要衝處派重兵駐守，擠壓羌人的勢力範圍。十一月，馮奉世發動總攻，七萬將士分進合擊，可羌軍憑藉山林地勢以寡抗眾，漢軍的進攻一度受挫，戰事陷入了膠著狀態。

劉奭很焦慮，他下詔再徵一萬人，以韓安國為建威將軍，準備開赴前線。與此同時，前線大軍終於開啟局面，突破了羌軍的防線，大破羌人。

這一戰，漢軍斬殺捕獲叛軍八千多人，繳獲馬牛羊數萬頭，其餘羌人都逃到塞外，隴西叛亂得到平息。

次年二月，馮奉世班師回朝。劉奭重點表揚了馮奉世，改任其為左將軍，封關內侯，食邑五百戶。

至此，馮奉世終於完成了封侯的夢想。《漢書》對其評價很高：馮奉世是為國殺敵的老將，功勳卓著，僅次於趙充國。

宋朝黃庭堅為馮奉世寫過一首詩，概括了馮奉世的壯舉：

前世秦將相，先祖漢馮唐。

春秋涉大義，兵法參精詳。

恭送大宛使，擊斃莎車王。

不畏風寒苦，聲威震西疆。

漢朝的侯爵分為列侯和關內侯，列侯的等級相當於後來的萬戶侯，高於關內侯。關內侯一般會有九十五公頃封地，霍去病被封的冠軍侯就是列侯，而漢朝的關內侯卻是一抓一大把，根本不值錢。在其他朝代，還有百戶侯、千戶侯、萬戶侯、十萬戶侯等級別。

馮奉世立了這麼大的功勞，最後卻只混了個普通的關內侯，有人看不下去了。

馮奉世死後兩年，西域都護甘延壽與陳湯因誅滅匈奴郅支單于名震西域。在討論封賞時，丞相匡衡認為甘延壽、陳湯的行為屬於矯詔，假傳聖旨，不能給予封賞。但是其他人堅持要獎勵甘延壽，劉奭於是封他為義成侯。

這可是列侯，比關內侯要高一級。

杜欽上書為馮奉世鳴不平：「甘延壽只是陳湯的副手，他都能混個列侯，憑什麼馮奉世只能是關內侯？」

在給皇帝的奏疏中，杜欽說了這樣一段話：「馮奉世解除危難，忘死征戰，功績顯著，是世代出使者的表率。陛下唯獨壓抑而不表揚他，這不是聖明君主的作為。」

話說得有點狠，劉奭卻只是打哈哈搪塞：「都過去了的事了，就不要再提了。」

犯強漢者，雖遠必誅

說完了西羌，再來看匈奴那邊的動靜。

前面說過，漢宣帝時匈奴內部矛盾激化，五個單于爭奪王位，後來分裂為南匈奴和北匈奴，南匈奴呼韓邪單于臣服於中華。北匈奴郅支單于一看情況不對，馬上派兒子出使長安，向漢朝稱臣。

面對這種示好，漢朝對呼韓邪單于的使節非常熱情，卻對郅支單于的使節很冷淡。很顯然，朝廷決定支持親漢的呼韓邪單于。

呼韓邪單于抱了漢朝的大腿，郅支單于只能乾瞪眼了。他知道呼韓邪單于一定不會放過自己，既然自己跟漢朝無法搞好關係，那就只能躲得遠遠的。於是，郅支單于毅然做出一個決定：西征！

郅支單于揮師西進，大破烏孫軍隊，接連擊滅烏揭、堅昆、丁零諸國，並將王庭遷到了堅昆國。而此時，郅支單于的兒子還在長安當人質，必須想辦法把兒子接回來。

這一年，郅支單于派使者去長安進貢，順便要回做人質的兒子。劉奭這個人向來好說話，二話不說，批了同意二字，還專門安排了衛司馬谷吉作為漢使節，護送匈奴太子回國。

御史大夫貢禹對北匈奴不太放心，他提醒皇帝：「郅支單于這人狼子野心，並不誠心歸附，而且其王庭搬遷到堅昆國的故地，距離漢朝遙遠。為安全起見，還是只送到塞外好。」

谷吉當然不願意錯過這個建功立業的機會，他上書說道：「漢朝應該羈縻夷狄之邦，現在已經養育郅支單于的兒子十年之久，恩澤深厚，如今他要到空曠絕遠之地，如果只護送到邊塞就返回，大大不妥。臣有幸得持大漢符節，向郅支單于宣揚大漢的恩德，如果郅支單于殺了我，他們只會逃得更遠，我們的邊境更會沒事。以我一人之命換得邊疆安寧，這是國家之幸，也是臣的願望。」

劉奭最後拍板，讓谷吉護送匈奴太子到郅支單于的王庭。

當谷吉跨越萬里之遙，送太子到郅支單于面前時，郅支單于沒有半點感激之心，連喝茶寒暄都免了，直接砍了谷吉。

匈奴在最厲害的時候，也不敢擅殺漢朝使節，如果真的殺了，漢朝馬上就會把部隊拉到家門前。所以，當年蘇武靠著一根節杖，曾對衛律說道：「你敢殺我嗎？那你就試試看！」

衛律還真不敢下手。

可是這一次，郅支單于昏了頭，鑄成了大錯，算是上了漢朝的黑名單。

他也知道自己徹底得罪漢朝了，老對手呼韓邪單于在漢朝的扶植下實力日漸增強。如果繼續待下去，遲早會遭到報復，於是他決定再次向西遷移。

遷到哪兒去呢？康居國！

此時的康居人與烏孫人之間爆發了戰爭，雙方相持不下，康居人也急於希望找到一個盟友，他們把目光鎖定在匈奴人身上。作為歐亞草原上最強大的民族，匈奴人已經和烏孫翻臉，按照「敵人的敵人就是朋友」的原則，雙方是很有機會南北夾擊烏孫的。

為了說服郅支單于，康居王開出了條件：匈奴與康居聯手滅了烏孫，讓匈奴移居烏孫，自己依靠郅支單于的威望來脅迫中亞諸國，圖謀霸業。

雙方一拍即合，郅支單于率領人馬，立即向康居國出發。不料天公不作美，行軍途中，部隊遭遇了暴風雪，傷亡慘重，抵達康居國時，僅剩下三千多人。

當初郅支單于西征時總計有五萬人，後來戰烏孫、滅堅昆、烏揭、丁零，人員損耗過大，一直沒有得到補充，就剩這麼一些人。即便如此，康居王還是熱情接待了他，雙方互嫁女兒，結為姻親。

在匈奴人的幫助下，康居人一路吊打烏孫，一直打到了烏孫的都城赤谷城。

很快，康居王就要嚥下自己引狼入室的苦果。

在搞定烏孫後，郅支單于耍起了威風，跟康居王爆發了衝突，郅支單于肆意屠殺康居國的貴族與百姓數百人，手段極其殘忍，將其肢解後丟進河裡。

白吃白喝、白殺白住，這就是郅支單于的真面目。

不僅如此，他還每日徵發五百名康居百姓，強迫他們修築單于城，耗時兩年才完工，迫使闔蘇、大宛等國進貢，認自己當大哥。

漢帝國前後派出了許多使節，到郅支單于那裡追問谷吉的下落。郅支單于覺得自己山高皇帝遠，而且白龍堆之險不亞於大漠戈壁，對皇帝的詔書嗤之以鼻，還出言挑釁說：「要不然我再把兒子送給你們當人質？」

擺明了一副無賴嘴臉。

郅支單于一度掌控了西域局勢，在當地作威作福，實力漸強，是漢朝在西北邊疆上的一顆定時炸彈。

誰能拆除這顆炸彈？

時間一晃就到了建昭三年（西元前 36 年），一個普通青年站了出來，毅然扛起了這份重任。

一代名將陳湯正式登場！

陳湯是山陽郡瑕丘縣人，年輕時博覽群書，很有學識，寫得一手好文章。可惜他家境不好，生活來源全靠借，借了也從來不還，惹得左鄰右舍見到他都避而遠之。

此處不留爺，自有留爺處。陳湯知道自己在老家混不下去了，收拾包袱，踏上了京漂之路。

長安城裡最不缺的就是草根族，但是陳湯有三大優點：頭腦活、口才好、膽子大。他運氣不錯，混了個小官，負責皇帝的膳食。在此期間，他認識了富平侯張勃，張勃你可能不熟，但是提起他的祖父你一定知道，武帝朝大名鼎鼎的酷吏張湯。

數年後，劉奭讓大臣為朝廷舉薦人才，張勃第一個推薦了陳湯。陳湯很激動，他馬上就要成為有身分的人了，可就在這關鍵時刻，他爸死了。

陳湯沒有回家守孝，這在當時可是大不孝。朝廷知道後翻了臉：「就這素養怎麼配當官？」

於是，陳湯的工作泡湯了，張勃也被罰，沒過多久委屈死了。

陳湯出獄後，匈奴啪啪地打漢朝臉面，朝廷卻找不到人接這差事，有人再一次推薦了陳湯。朝廷也顧不上當年那「不道德」的事了，給了他一個郎官頭銜，出使西域。

陳湯在外交方面表現不錯，幾年後被升為西域都護府副校尉，與西域都護甘延壽一起，駐守西域。

甘延壽是一位武林高手，因善騎射，被選入羽林軍，成為青年軍官團的一員。此外，他的輕功也非常厲害，曾經一躍跳上羽林軍營裡的亭樓。有一次，部隊舉行比武大賽，甘延壽一舉拿下了投石與手搏兩項冠軍，憑著這身功夫，甘延壽成了羽林軍第一高手。

劉奭看中了他非凡的技藝，任命甘延壽為遼東太守，在職期間數平烏桓之亂，頗有戰功。

建昭三年（西元前 36 年），甘延壽與陳湯踏上了西行之路。

一個落魄文人，一個羽林軍第一高手，兩人在西域是否會創造奇蹟呢？

我們拭目以待。

陳湯這個人還是很想有一番作為的。西行的路上，每到一地，他都會爬上高處遠眺，甘延壽以為他裝文藝要吟詩，還勸他沒事莫裝，小心被匈奴人的冷箭射死了。陳湯卻笑著說，自己只是想將山川地形牢記在心，將來必定會用到。

經過無數次分析與推演，陳湯認為與其被動防禦匈奴，不如主動出擊。他對甘延壽說：「你看，這些夷狄之人不管表現得怎麼凶悍，但是在內心總是畏懼臣服強大者，這是他們的本性。」

甘延壽點點頭，表示認可。

陳湯接著說：「現如今郅支單于威震西域，侵凌烏孫、大宛國，替康居出謀劃策，想降服他們。如果他成功了，到時候北擊伊列，西取安息，南排月氏，西域可就危險了。郅支單于雖然遠在鳥不拉屎的地方，但是蠻夷畢竟造不出堅城，又沒有良弓勁弩來防守。如果我們徵調西域屯田的軍隊，再召集烏孫等國的士兵，兵鋒直指單于城，那麼郅支單于跑又沒地方跑，守又守不住，我們就可以立下不世之功！」

這是一個非常冒險的方案，也是一個足以讓他們流芳百世的策略構想，陳湯說得慷慨激昂，甘延壽也聽得胸中熱血激盪。

甘延壽點頭同意，準備寫封信請示皇帝。

陳湯說：「你發了信以後，皇帝肯定會找朝中大臣討論，這幫傢伙都是庸官，對郅支單于的危害性認識不夠，多一事不如少一事，他們肯定不同意的，我們直接做好了。」

甘延壽不同意：「矯詔發兵，這可是大罪，何況萬一失敗了呢？」

陳湯信心十足：「人生能有幾回搏，此時不搏何時搏？」

對陳湯而言，人過留名，雁過留聲，他所恐懼的，便是活在一個注定平庸而無名的時代。感謝上天，讓他生得不算太早，也不算太晚，剛剛好趕上了這個千載難逢的歷史機遇。

正當躊躇時，上天又一次眷顧了陳湯。

甘延壽病了，而且病得不輕，陳湯全權代理西域都護職務。他用漢朝天子符節假傳朝廷命令，調集了漢朝在西域的屯田士兵和西域諸國軍隊共計四萬多人，準備發兵攻打郅支單于。

甘延壽聽到消息後大驚失色，爬起來想阻止陳湯：「矯詔可是要殺頭的，你擔得起嗎？」

陳湯按住劍怒斥道：「部隊已經集合，你想讓大家洩氣嗎？」

甘延壽一咬牙：「那就做吧！」

漢軍分成兩路，一路從南道翻越帕米爾高原，取道大宛；另一路由陳湯和甘延壽親自統帥，從北邊橫穿烏孫王國，沿康居國邊界到達闐池以西。

出發時，陳湯才和甘延壽一起上奏朝廷，自劾矯詔之罪，並說明了出兵的理由。然後，也不等朝廷的回覆，大軍即日啟程。

大軍出動，風雲變色。

康居的一個副王抱闐正好率軍進攻烏孫國，殺掠一千多人，搶奪了大批畜產，回來的路上不巧和漢軍相遇，康居副王腦子一熱，準備搶漢軍的輜重。陳湯大怒，迎戰康居部隊，斬殺四百六十人，俘虜康居貴族伊奴毒，解救了被康居軍隊掠奪的烏孫國百姓四百七十人。陳湯下令讓百姓返回烏孫國，但是把馬、牛、羊等牲畜留了下來，作為軍隊的補給。

緊接著，漢軍從東面進入了康居國，嚴令軍士不得搶掠，同時採用離間計，分化拉攏康居各處勢力。

陳湯沒有急著直奔單于城，而是叫來了康居的貴族屠墨，邊嚇唬邊講道理，說漢軍是仁義之師，此行只誅郅支單于。只要康居國不與漢軍為難，漢軍也不會欺負康居國，然後和屠墨飲酒結盟。

陳湯很清楚，自己的目標只有郅支單于，而建立統一戰線，孤立郅支就是最好的戰前準備。

大軍繼續開拔。

到距離單于城六十里處，部隊停下來安營紮寨，抓到了另一位貴族開牟。巧的是，開牟正是康居貴族屠墨的舅舅。

開牟表示願意做大軍的嚮導，把他所知道的一切都告訴了陳湯，陳湯由此對單于城的布防瞭然於胸。

次日，漢軍向單于城挺進三十里，然後安營紮寨。

郅支單于終於坐不住了，派使者來詢問漢軍此行的目的。

陳湯告訴匈奴使者：「不是你們單于自己說處境困苦，想歸附漢朝，親自入長安朝見嗎？我們來接單于了啊！漢朝天子哀憐單于離開了匈奴的故土，在康居受了委屈，所以派都護將軍來迎接單于的妻子和兒女，怕驚嚇了其他人，所以軍隊不敢到城下。」

使者來回幾次，玩外交辭令，甘延壽和陳湯等得不耐煩了，直接下了最後通牒：

「我等為單于遠道而來，到現在還沒有一個匈奴的王侯大臣前來拜會，接受皇帝的旨意。單于作為東道主，沒有體現待客之道，不把我等放在眼裡，這是何道理？你回去告訴單于，我大軍遠道而來，人困馬乏，糧草不濟，再拖下去，恐怕我們交不了差，希望單于同大臣審慎考慮一下。」

行了，火藥味已經足夠了，準備開打吧！

隨後，大軍抵達郅支城的都賴水上游，離城三里安營布陣。此時，單于城上已經是旌旗招展，刀槍林立，數百名身披重甲的士兵守衛於上，一百多騎兵來回奔馳，一百多步兵在城門兩邊擺成魚鱗陣。所謂魚鱗陣，就是步兵向前，將盾牌豎起、頂起，相互疊壓，如同魚鱗或者龜甲一樣，減少傷亡。

城樓上的匈奴人高聲吆喝著：「有種的過來較量較量！」漢軍也不答話，直接回之以弩箭。一時間箭如雨下，匈奴人只得退入城中。

城內，郅支單于如坐針氈。當初聽到漢軍來攻的消息，他就想跑路了，可是前路茫茫，他又能逃到哪裡去呢？康居國肯定是回不去了，他殺了康居王的女兒，去了就是送死。到其他國家？西域十五國都加入漢朝的遠征軍行列，根本不會接納自己。回到東邊的匈奴故地？呼韓邪單于磨刀霍霍，正愁找不到自己呢！

郅支單于在城外兜了一圈，發現無路可去，只得又回到城內。他還抱著僥倖心理：「漢軍長途跋涉而來，不可能長久圍攻，與其跑路被對方追上，倒不如堅守，等遠征軍糧食耗盡，自然也就退兵了。」

和往常一樣，陳湯登上了一處高地，觀察單于城。這座城由三道城牆構成，最裡面是土牆，外圍是兩道木牆。

陳湯知道，這一戰，他贏定了。

回到部隊後，他命令士兵縱火燒城，大火沿著木牆蔓延開，火光熊熊，匈奴人只得退回到土城防守。深夜有幾百個匈奴騎兵企圖突圍，被遠征軍悉數射殺，無一漏網。

郅支單于披掛上陣，在城樓親自指揮作戰，自己的閼氏、夫人和幾十個美女也持弓反擊遠征軍。可惜，匈奴的弓跟漢朝相比，完全不在一個等級上。

當匈奴人還在用弓時，漢軍已經全面配備了弩，而且比秦弩進步了很多。漢弩的強度從一石、三石、四石到十二石不等，弩機利用機括的精巧，比弓的彈射力更大，射程更遠，殺傷力更強，加上有望山（瞄準器）幫忙，命中率也更高。

匈奴人射的箭，一支都沒飛到漢軍跟前，漢軍則是千弩盡發，單于的幾位夫人死傷大半，連他鼻子也中了一箭，血流如注。

就在雙方相持之際，一萬多名康居騎兵突然出現在戰場上，他們分成十餘隊，每隊千餘人，奔馳號叫，和城上的匈奴守軍遙相呼應，對漢軍形成反包圍態勢。陷入兩面作戰的漢軍並不慌亂，士卒們相互靠攏，肩並肩，結成圓陣，長兵在外，短兵在後，攻防有序，康居騎兵幾次衝擊都沒能得手，自己反而損失了不少人。

都說一漢敵五胡，這可不是吹噓，而是漢軍真實的戰鬥力。

康居騎兵一看這架勢，反正也占不到便宜：「算了，還是撤吧。」

黎明時分，甘延壽下達了總攻令。單于城四面火起，漢軍士氣大振，喊殺聲驚天動地。漢軍舉著盾牌攻入土城，匈奴人抵擋不住，紛紛敗退。郅支單于率男女百餘人躲入內城，漢兵縱火，單于在混亂中戰死，被身邊人收了人頭。

這一戰，遠征軍斬殺匈奴貴族一千五百一十八人，俘虜一百四十五人，收降一千多人。之後，陳湯把所有的俘虜都交給了參加戰爭的西域諸國，這些人將會淪為他們的奴隸，下場可想而知。

當曙光再一次照臨大地時，這場萬里之外的征戰已經塵埃落定。

陳湯賭贏了，他終於實現了自己的抱負，揚名西域，青史留名！

捷報傳回長安，劉奭震驚了！這絕對是大功一件啊，本來大夥還因為郅支單于的事一籌莫展，現在卻突然被告知：郅支單于死了！關鍵是，陳湯等人沒從國內調一兵一卒，就解決了這個心頭大患。從此以後，西域總算安定，他也可以睡個安穩覺了！

和捷報一起傳回京城的，還有郅支單于的首級，以及甘延壽和陳湯發給朝廷的請罪書。與其說這是請罪書，倒不如說是戰役總結報告：

「臣聽說天下大義，莫過於一統。昔有堯舜，今有強漢，匈奴呼韓邪單于已經北面稱臣，只有郅支單于反叛對抗，沒有受到嚴懲，躲在偏遠的西部，以為大漢無法使其臣服。郅支單于殘酷禍害百姓，罪行滔天，臣甘延壽、陳湯率義兵替天行道，誅殺此賊，有賴皇上神靈庇佑，仰仗天時地利，衝鋒陷陣，擊敗匈奴，斬下了郅支單于的首級。」

也就是在這封奏疏中，陳湯喊出了那句兩漢最強音：「明犯強漢者，雖遠必誅！」

這是漢朝歷史上最慷慨、最豪邁、最振奮人心的一句話。這句話，穿透了兩千年的時光，直到今天讀來，依然讓人熱血澎湃！

然而，迎接陳湯和甘延壽的，不是鮮花和掌聲，而是眾人的指責。

中書令石顯想將女兒嫁給甘延壽，畢竟大家都在官場，可以彼此有個照應，可惜甘延壽對這樁婚事並不感興趣。

這就讓石顯很難堪了。

丞相匡衡和御史大夫李延壽對陳湯矯詔一事很不爽，再加上陳湯有些貪財，私吞了一部分戰利品，所以遭到朝廷的審查。

陳湯非常生氣，身處異域，出生入死，到頭來還不受自己人信任，這口氣如何嚥得下去？他趕緊上書給劉奭，說：「我們從萬里之外班師凱旋，還以為會派慰問團來迎接我們呢，怎麼反而把我們的勇士抓了起來？這不是親者痛仇者快嗎？」

好在劉奭總算沒有昏過頭，趕緊撤銷逮捕令，命令沿途各地盛大勞軍。

到了長安後，劉奭讓眾人討論如何封賞，石顯和匡衡又跳出來：「甘延壽、陳湯二人假託皇命調動軍隊，沒有處死就是格外開恩了。如果再加功晉爵，以西域之事而位列尊貴，定會像孝武之世一樣，爭相往赴西域，言外國利害，為了封侯而妄開邊釁。

更何況，郅支單于本已逃亡，丟了國土，在那麼遠的地方盜用單于名號，並非真單于，不算大功，甘延壽和陳湯做的這事根本不值得到處宣揚。」

劉奭其實是很欣賞甘延壽和陳湯的，但是他覺得匡衡說得好像也有點道理，到底該如何裁決，他又沒主意了。

就在這時，劉向出場了，他洋洋灑灑寫了一篇奏摺，為陳湯鳴不平：

「郅支單于囚禁和殺害的漢朝使節及隨從官員數以百計，這事在西域廣為傳播，嚴重損害了漢朝的威望，陛下想要誅殺郅支單于的信念從來沒有變過。現如今，甘延壽、陳湯出生死、入絕域，斬郅支之首，懸旌萬里之外，揚漢家天威於崑崙之西，洗刷漢使谷吉被殺之恥，立昭明之功，萬夷懾伏，莫不懼震。對於這樣的功臣，不僅不能懲罰，反而要重賞，才能激勵後人建功絕域。」

劉向還說：「當初李廣利只是打一個大宛國，犧牲了五萬將士的性命，耗費了億萬費用，歷時四年之久，才獲得三十匹汗血馬。陳湯打的是匈奴，而且還沒用國家一毛錢和一個兵，比李廣利強一萬倍。眼下有大功而不表彰，老抓一些小辮子，這樣豈不讓人寒心？

陳湯二人縱然有矯詔的罪名，但是瑕不掩瑜，必須為予二人封賞！」

面對這場大爭論，劉奭最後力排眾議，採納了劉向的建言，封甘延壽為義成侯，賜陳湯爵關內侯，各賞食邑三百戶、黃金百斤，並拜陳湯為射聲校尉，甘延壽為長水校尉。

陳湯用自己的大膽和才能，像一個孤注一擲的賭徒，奏響了繼漢武帝遠征大宛之後，大漢在西域的又一次鐵血強音。

第八章

王朝暮歌

仁弱皇帝

陳湯擊殺郅支單于後，呼韓邪單于也受到了極大的觸動，心情頗為複雜。一方面，他的對手郅支單于被陳湯所誅，可另一方面，漢帝國依然強大，自己更不能得罪了。

這一年，呼韓邪單于匆忙南下入朝臣服，並且主動求親，要做漢朝皇帝的女婿。

在這之前，由於漢弱匈強，每一次和親，皇帝都要選取宗室女子，收為天子義女，遠嫁塞外。但是這一次，劉奭沒有再依循先例，而是挑了個宮女。

由此，一位美麗的女子登上了歷史舞臺，她就是王昭君。

王昭君出生的時候，正值昭宣盛世。可惜，盛世從來只是權門貴胄的秀場，平頭老百姓的日子只能說勉強過得下去。成年後，她以良家子的身分入選宮中。

後宮中的女子，個個如花似玉，爭強好勝，王昭君根本沒有機會見到皇帝。聽說皇帝選人先看畫，有不少人拿錢賄賂畫師，但是王昭君根本拿不出錢來。

毛延壽是宮中有名的畫師，非常貪財，宮女給的錢多了，他就畫得美一點；給的錢少了，他就畫得醜一點。王昭君沒有錢，毛延壽就在她的臉上點了一顆黑痣。

一晃數年過去了，一起來的宮女一個個都有了前途，只有她依然無人問津。

寥落古行宮，宮花寂寞紅。

呼韓邪單于來向皇帝求親時，昭君已經在寂寞的深宮中度過了五年。

聽說匈奴單于來求親，所有人都嚇得花容失色，在她們眼裡，匈奴人都是茹毛飲血的蠻夷，塞北是苦寒之地，打死都不願意去。

只有王昭君站了出來，說：「我願意。」

在一眾漢臣和匈奴使節的注視下，王昭君緩緩步入大殿，朝皇帝深深拜了一拜。她的身影，彷彿一束光照亮了整個宮廷，聚集了所有人的目光。王昭君到底有多美呢？史書中用了十六個字形容她：豐容靚飾，光明漢宮，顧影徘徊，竦動左右。

所有人都看傻眼了。

劉奭在內心驚呼：「宮中居然有這等絕色女子！」

呼韓邪單于喜形於色：「漢朝皇帝真是大方，將這樣一位絕色女子賜給我，賺到了啊！」他立即帶著匈奴使團向皇帝鞠躬：「謝陛下賜婚！」

劉奭很想將她留下，但是已經晚了。回宮後，他越想越懊惱，自己後宮有這樣的美女，之前怎麼沒發現？他讓人拿來王昭君的畫像，一看才知道，畫像上的王昭君和本人相差極大。

劉奭極為惱怒，轉身就殺了畫師毛延壽。

可惜，即便殺了畫師，王昭君也留不住了。

在漢朝官員的護送下，王昭君穿上狐裘紅披風，坐上了去往塞北的輜車。看著車外百草凋敝、雲雁南行的北國秋景，王昭君潸然淚下。她心中萬千思緒凝結，拿出心愛的琵琶，撥動琴弦，彈唱了一首歌：

秋木萋萋，其葉萎黃。

有鳥處山，集於苞桑。

養育羽毛，形容生光。

既得生雲，上游曲房。

離宮絕曠，身體摧藏。

志念抑沉，不得頡頏。

雖得委食，心有徬徨。

我獨伊何，來往變常。

翩翩之燕，遠集西羌。

高山峨峨，河水泱泱。

父兮母兮，道里悠長。

嗚呼哀哉，憂心惻傷。

一路上，風吹草低見牛羊。

一路上，無邊黃沙滾滾來。

痴情的劉奭望著車隊遠去的背影，依依不捨。元代戲曲家馬致遠寫過一篇〈漢宮秋〉，其中有一段劉奭在灞橋送別昭君時的內心獨白：

他、他、他，傷心辭漢主；

我、我、我，攜手上河梁。

他部從入窮荒，我鑾輿返咸陽。

返咸陽，過宮牆；過宮牆，繞迴廊；

繞迴廊，近椒房；近椒房，月昏黃；

月昏黃，夜生涼；夜生涼，泣寒螿；

泣寒螿，綠紗窗；綠紗窗，不思量！

王昭君走後四個月，劉奭病倒了。

劉奭二十六歲登基，雖身為天子，卻一生氣運不佳，似總有烏雲籠罩其上。他在位的十六年，天災人禍不斷，即位當年，關東十一郡國發大水，民飢，人相食。

第二年春，隴西地震，敗城郭，毀祖廟，壓殺民眾。同年秋，地震再起，山崩地裂，水泉湧出，北海氾濫，百姓困頓，四處流亡。

第三年，旱災，珠崖起事，諸縣反叛。

第五年，天有異星，莊稼歉收，寒霜普降。

第六年，天下饑荒。

第八年，地震。

第十年，黃河決口，滔滔河水奔流四野，民眾死傷無數。

第十三年，黃河再決口，淹沒四郡三十二縣，洪水吞沒十五萬頃土地，沖毀民房四萬多所。

……

翻翻史書，劉奭即位後，幾乎每一年都會有天災人禍。大自然無情地玩弄著劉奭，他執掌的江山多災多難，這讓他戰戰慄慄，夙夜思過。他減省膳食，撤減樂府，但是也不能挽救日益衰頹的大漢王朝。由於他的軟弱和猶豫，外戚勢力全面崛起，最終在四十多年後結出了惡果。

竟寧元年（西元前 33 年）五月，漢元帝劉奭在未央宮去世，終年四十二歲。

太子劉驁正式登基，是為漢成帝。

王朝有王朝的週期，歷史有歷史的規律。從漢元帝開始，帝國開始走上了下坡路。

劉驁繼位後，母親王政君順利成了皇太后，執掌最高權力，她的兄弟們相繼封侯，形成外戚專權的局面。從漢元帝開始，西漢的皇帝都算是在歷史中間跑了個龍套，因為主角光環已經漸漸飄去隔壁家了。

在西漢的歷史上，無法不提到王政君。

前面說過，劉驁能當上皇帝，跟他的爺爺漢宣帝劉詢有很大關係。劉驁四歲時被立為太子，從小品行端正、謙虛好學，頗受他父親的喜愛。

某年某月某日，元帝緊急召見兒子劉驁。劉驁從宮門出來，一看眼前是專供天子走的馳道，只得繞了一大圈，結果遲到了。

元帝很生氣，責問他：「朕讓你趕緊來，你為何現在才到？」

劉驁趕緊跪地解釋：「兒臣是因為不敢穿越天子馳道，繞了遠路，這才來遲。」

元帝一聽：「哎呀，兒子竟然這麼懂規矩。」心中很是欣慰，允許太子以後可以穿過馳道過來。

可惜，等劉驁長大一些後，卻漸漸沉溺於酒色之中，不思進取。換句話說，他墮落了。

劉奭的弟弟中山王劉竟去世，太子劉驁奉命前往弔唁。臨行前，劉奭一見劉驁，觸景生情，又忍不住悲傷起來。但是當他發現劉驁一臉平靜的樣子，非常生氣，憤憤地說：「難道你的心就不是肉長的嗎？連仁慈之心都沒有，怎麼做天下百姓之父？」

劉驁嚇得不敢答話，史丹趕緊把責任攬到自己身上，免冠謝罪：「這都是臣的主意。臣見陛下太過悲傷，就囑咐太子面見陛下時切勿流淚，以免影響陛下的情緒。」

劉奭這才漸漸平息了怒火。

劉奭一直對劉驁不太滿意，到後來，他寵愛的傅昭儀為他生下了兒子劉康。

劉康的藝術造詣很高，吹拉彈唱無不精通，父子二人經常開小型演唱會。元帝對劉康越看越滿意，於是有了更換太子的念頭。

有一次，元帝生病，想聽音樂散散心。他讓人在殿中放了一面鼓，自己坐在殿前的欄杆上，拿銅丸去擲。每次敲中，大鼓都發出咚咚的聲音，節奏莊嚴而富有韻律。

元帝一時興起，玩得不亦樂乎，讓身邊的其他人也試試。結果，身邊的人試了一圈，沒一個人能做到像元帝這麼有節奏。當然，多半是不敢。

見此情景，定陶王劉康站了出來，說：「我來試試！」

劉康在音樂方面是內行，對節奏韻律頗有研究。他拿著銅丸順手一丟，韻律節奏和元帝的一模一樣。

元帝笑了：「這才是我的好兒子啊！」

史丹一看情況不對，立刻站出來勸諫：「陛下，真正有才的，是孔子所說的敏而好學、溫故知新，比如太子這樣。如果擅長音律也算有才，那宮中的樂師都可以做丞相了。」

史丹一番話，讓元帝啞口無言，只好笑了笑，不再提了。

那一年，元帝病重，情況不太妙。傅昭儀和劉康的政治嗅覺很敏銳，母子二人日夜在皇帝跟前侍奉，並且祕密安排人手，將王政君和太子劉驁拒之門外。

很明顯，這是要搶班奪權的節奏。

元帝也知道自己剩下的日子不多了，眼看劉康在身邊伺候，衣不解帶，他向身邊人透露了想要更換太子的心願。

王政君和劉驁得知消息後慌了：「怎麼辦？怎麼辦？難道要眼睜睜看著劉康上位？」

關鍵時刻，幸運女神再一次垂青了王政君母子。

漢元帝最信任的大臣史丹得知消息後，第一時間闖進元帝寢宮，頓首涕泣而言：「皇太子名聞天下，臣民歸心，今臣聽聞陛下有廢立之意，可有此事？」

元帝看著他，不置可否：「你怎麼看？」

史丹痛哭流涕，一臉悲憤：「若是這樣，請陛下先賜死臣吧！」

元帝見狀，長嘆一聲，道：「這些都是外間的謠傳，沒有的事。王皇后做事謹慎，沒有過錯，先帝又疼愛太子，朕豈敢違背先帝之意？」

就這樣，在史丹的堅持下，劉驁保住了太子之位，王政君也保住了皇后的鳳冠。

劉驁剛上臺，匡衡又坐不住了，他翻出陳湯當年貪汙一事，繼續彈劾陳湯：

「射聲校尉陳湯，以兩千石官員的身分出使西域，專門負責西域蠻夷事務，他不能持身以正，做部下的表率，反而盜取沒收的康居王國財物，並對手下說，天高皇帝遠，萬里之外發生的事，不會核查追究。事情雖發生在大赦之前，但是他這種人還有什麼資格當官？」

於是，陳湯被削去校尉軍職，只保留了爵位。

困居府邸的陳湯不甘寂寞，有一天，他不知哪根筋不對了，上書皇帝聲稱康居送來的人質其實是個冒牌貨。

「有這種事？」皇帝很重視，派專人核查，結果證實人家送來的不是冒牌貨。

這下子，陳湯麻煩大了，胡說八道、挑撥離間、欺君之罪，三罪並罰，他被判了死罪，下了大獄。

這樣一個威震西域的大英雄，竟然被人誣告，要被砍頭？有人看不下去了，站出來為陳湯求情：

「當年，陳湯攻破三層城牆才斬殺了匈奴單于，洗刷大漢百年恥辱，回來後卻被關入大牢，後來匆匆封賞了事。現在又要殺他，不怕為國立功的人心涼嗎？」

這個人叫谷永，身分是太中大夫，谷吉的兒子，烈士的後代。

還記得谷吉這個人嗎？想當初，谷吉送郅支單于在長安做人質的兒子回國，結果一到地方就被郅支單于砍了。朝廷一直在打聽谷吉的下落，直到八年後，陳湯與甘延壽帶著西域各國聯軍興兵雪恥，把谷吉遺物送了回來。

換句話說，陳湯就是谷永的大恩人。

滴水之恩當湧泉相報，眼下恩人受難，谷永不能見死不救。

在谷永的堅持下，劉驁免去了陳湯死罪，但是爵位沒有了，又變成了一個普通大頭兵。

辛辛苦苦幾十年，陳湯心裡不用提有多鬱悶了。此時的他心灰意冷，意興闌珊，感覺人生也沒了希望。

就在陳湯鬱悶的當下，曾經不可一世的宦官石顯也遭到了報應。

石顯最大的靠山是漢元帝，而如今，劉驁當了皇帝，石顯失去了倚靠。

匡衡的悲劇

第一個站出來手撕石顯的，是他曾經的小弟，匡衡。作為「鑿壁偷光」的主角，我們有必要回顧一下匡衡的職業生涯。

匡衡是東海郡承縣人，沒有顯赫的家勢，祖輩以務農為生，都說「寒門出貴子」，小時候的匡衡承載著全家人的希望。漢代雖然沒有科舉制，但是自「罷黜百家，獨尊儒術」後，只要書讀得好，能夠通一經，就能做官。按照《漢書》的說法，讀書人如果能夠通曉經術，想要取得高官厚祿就像拾取地上的草芥一樣簡單。

匡衡要想改變自己的命運，只有讀書求學這一條路，由於他白天要做事，只有晚上才有時間讀書。然而，匡衡家貧如洗，買不起照明用的燈油。怎麼辦呢？

聰明的匡衡想了一個辦法，偷偷在鄰居家的牆壁上鑿了一個洞，借鄰居家的光看書，由此還誕生了一個成語：鑿壁偷光。

兩千多年來，這個故事激勵了一代又一代人，匡衡也由此成為勤奮好學的榜樣人物。

這個故事出自《西京雜記》，按照這本書的風格，「鑿壁偷光」虛構的可能性極大。不過，匡衡從小用功讀書卻是事實。

同鄉有個大戶人家不識字，家裡卻收藏了很多書，匡衡為了讀書，主動上門去做人家的傭工，不要一分錢薪資。戶主奇怪他為什麼這樣做，匡衡說：「我只想通讀你們家所有的書。」

戶主被他感動，借書給他，終於學有所成。

為了學習，匡衡遍訪名師，拜了當時的博士為師，專門學習《詩經》。由於他非常努力，又勤於思考，所以對《詩經》的理解十分獨特透澈。當時的文化圈中流傳著這樣一句話：「無說詩，匡鼎來；匡說詩，解人頤。」

什麼意思呢？沒人解說詩，那就請匡衡來；只要聽匡衡解說《詩經》，就能夠使人眉頭舒展，心情舒暢。由此不難看出，匡衡對於《詩經》的理解之深。

我們都知道，漢武帝時期設立了「五經博士」，規定了凡精通一門經學以上的，即可透過考試當官。如果考中甲科，可為郎中；考中乙科，可為太子舍人；考中丙科，則只能補文學掌故。

不得不說，有些人天生就不適合考試，比如匡衡。他雖然學問大，卻不是一個應試型選手，一連考了九次，最後才勉強中了丙科，混了個平原文學掌故的官。

由於匡衡的名聲實在太大了，許多人為他抱不平，紛紛上書朝廷：「匡衡是知名的學術大家，國內少有的《詩經》研究專家，讓他去地方任職，太屈才了。」

這一來，動靜就大了，朝廷讓太子太傅蕭望之去調查這個匡衡到底有何能耐，蕭望之決定親自面試匡衡。為了這次面試，匡衡作了充足的準備，他侃侃而談，引經據典，讓蕭望之大為驚嘆。

蕭望之趕緊上奏皇帝，說：「匡衡精通經學，絕對是不可多得的人才。」

蕭望之也是當時有名的大儒，能獲他如此好評，匡衡似乎看到了希望。可惜的是，當時的皇帝是漢宣帝，他不喜歡儒生，一紙調令下來，匡衡還是被打發去了地方任職。

不過，匡衡也不算吃虧，因為在這場面試中，他遇到了一生最重要的貴人 —— 太子劉奭。劉奭從小喜歡儒生，他旁聽了這次面試，這個侃侃而談的年輕人留給他深刻的印象。

不久，漢宣帝駕崩，太子劉奭繼位。

輔政大臣史高向劉奭推薦了匡衡，劉奭馬上想起了他，一紙調令將他調到中央，成了一名郎中。

到了長安，匡衡多年苦讀累積的學問一下子有了用武之地，他頻頻上書發表意見，還經常引用「六經」來論證自己的觀點。

每次開會的時候，匡衡總是引經為據，侃侃而談。他認為，「六經」是聖人用來統攬天地之心、分辨善惡的標準、明曉吉凶的區分、通向人道的正路，使人不違背自己本性的著作。如果能考察「六藝」的要旨，就會懂得人與天之間的關係和規律，並使之和諧，花草樹木昆蟲鳥獸就能夠得到繁殖，這是亙古不變的真理。

劉奭本來就好儒術文辭，很快就被匡衡征服了。在皇帝的提攜下，這個窮苦出身的讀書人以火箭般的速度被提拔，陸續升為博士、給事中。

剛到朝廷任職沒多久，長安城發生了日食和地震。匡衡趁機上書皇帝，陳述朝政得失，建議皇帝勤儉節約，親忠臣遠小人。這番言論很有利於明君形象的養成，劉奭看後龍顏大悅，隨後又把他提拔為光祿大夫、太子少傅。

接下來幾年裡，匡衡不斷上書，劉奭越來越喜歡，先後提拔他為光祿勳、御史大夫，最後終於達到了仕途的頂峰——丞相，並被封為樂安侯。

長安月下，醉臥在燈火輝煌的豪宅府邸中，春風得意的匡衡，不知可曾回憶起那漆黑的鄉下，少年借光苦讀的背影？

功成名就的匡衡，很快顯出了人性中陰暗的一面。

那時候，石顯靠著皇帝對他的無條件信任，權傾朝野，一手遮天。不少人為了保住自己的權勢和地位，選擇了跟石顯同流合汙，匡衡也不例外，他投靠了石顯。

都說一朝天子一朝臣，到了漢成帝時代，石顯失勢了。

這一天，劉驁召見石顯，開門見山地說：「長信宮缺個中太僕，你去做吧！」

石顯頓時心涼了半截：「跟中書令比起來，長信中太僕就是個養老的職位啊！」

沒辦法，皇帝的意志不可違抗，石顯只得乖乖赴任。

出來混，總是要還的。

然而，石顯最終還是沒能補上長信中太僕這個空缺。他剛一倒楣，丞相匡衡、御史大夫張譚便立刻行動起來，聯名上奏，逐條羅列石顯的罪狀，且告的不是一個，而是一窩，連石顯的朋黨牢梁、陳順、五鹿充宗、伊嘉等人也一起告了。

劉驁剛剛上任，工作積極性特別強，工作效率也高。很快，判決書下來了，牢梁、陳順免官，五鹿充宗貶為玄菟郡太守，伊嘉貶為雁門郡都尉，石顯的官職被撤了，帶著妻兒老小回了原籍。

長安又流傳開了一首新的歌謠：伊徙雁，鹿徙菟，去牢與陳實無賈。意思是這些人終於滾蛋了，可見百姓對石顯及其黨羽的痛恨。

石顯一路上越想越鬱悶，還沒到老家就活活氣死了。

扳倒了石顯，匡衡、張譚等人自以為得計，不禁洋洋自得。不料，有人對匡衡和張譚的政治投機行為很不爽，決定向二人開炮。

這個人叫王尊，堪稱漢朝第一直臣。

王尊的人生經歷跟匡衡有得一拼，他少年喪父，依靠叔伯為生，叔伯家的日子也過得艱難，他只能去放羊。為了改變自己放羊攢老婆、生孩子再放羊的命運，王尊忙裡偷閒，刻苦學習。

十三歲時，王尊出門打工，到地方監獄謀了個小吏的工作，後又做了太守府的小吏。工作期間，他有機會接觸到大量卷宗，王尊把這些別人眼中的破爛當成寶貝，手不釋卷，日夜攻讀。

有一次，郡守問他詔書相關事宜，王尊對答如流，得到郡守重視，轉職負責郡裡的監獄文書事宜。

就這樣，王尊一步一個腳印。

王尊在地方任職時，有一女子狀告養子長期強姦養母，還經常打她。王尊抓來養子審問，對方供認不諱。王尊鐵了心要嚴辦這個案子，可惜大漢律法對此沒有明確的懲罰條例。王尊研究了半天律法後，告訴大夥兒：「律法沒有規定，那是因為聖人不忍書寫。」

隨後，他讓人把養子綁到樹上，讓手下人放箭，活活把對方射成了刺蝟。

王尊當安定郡太守時，第一件事就是在轄區內張貼布告：「請轄區官員端正態度，用心待民，以前貪婪的，能改過就可以得到原諒，繼續犯法的必遭嚴懲。能力不足的官員，請自己主動讓賢，不要占著茅坑不拉屎，影響有能力的官員做事。」

一個月後，郡裡管理祭祀的官員因貪汙被捕，死於獄中，在其家中起獲贓款百萬。

這個霹靂手段威震郡中，官員們再不敢犯法，豪強盜賊紛紛搬到了相鄰的郡縣，一時間安定郡中夜不閉戶、路不拾遺。沒過多久，王尊就因執法太嚴被舉報後免官。

幾年後，邊境不穩，朝廷急需人才，於是重新啟用王尊，將他的文職變為武職，出任護羌將軍，轉任校尉。在一次護送軍糧途中，逢羌人叛亂，王尊被數萬羌兵包圍，他毫不畏懼，振臂一呼，率領數千人出擊，擊潰叛軍，卻被朝廷以擅離部屬治罪，適逢大赦，罷為民，回了老家。

涿郡太守徐明替王尊感到可惜，他上書皇帝，以王尊之才，朝廷不該棄用。在他的推薦下，王尊再次被朝廷徵召，出任地方官。

王尊有一次外出視察，經過一個叫九折坡的地方。這段路險峻無比，前任刺史王陽曾乘車經過這裡，感慨道：「身體髮膚受之於父母，怎麼能到這種地方冒險？」於是折返。

王尊問當地官員：「這就是連王陽都畏懼的九折坡嗎？」

官員點頭：「沒錯。」

王尊於是大聲命令車夫：「向前衝！王陽是孝子，我王尊可是忠臣，各行其是，誰都沒有錯！」

馬車從九折坡飛馳而過，幸而沒有出事。

幾年後，王尊被安排去當東平王的國相。這個東平王叫劉宇，是宣帝的第四子，元帝的親弟弟，從小就被封王。宣帝死後，劉宇去封地就國，但是他年輕氣盛，不遵禮法，經常惹禍。

東平王有多混帳呢？我們來看一個例子。

元帝死後，劉宇沒什麼悲傷的感覺，連裝樣子都懶得裝。治喪期間，劉宇喝酒、吃肉、近女色一樣都沒耽誤，還跟別人說：「新天子年少，不能治理天下，恐怕連守孝都做不到，還不如讓我來當這天子！」

劉宇的一位姬妾向朝廷告發，居然被他弄死了。有官員奏請逮捕劉宇，新即位的漢成帝卻對這個四叔從輕發落，只是下旨削了東平國下轄的兩個縣。過了幾年，成帝念舊情，又還了這兩個縣。

這樣一個找麻煩的人，王尊能降得住嗎？

王尊一到任，就拿著皇帝的詔書去東平王府宣詔，不料東平王卻故意晾著王尊，磨磨蹭蹭不出來接旨。

王尊也是個直脾氣，扭頭就走，在招待所吃過午飯，下午又來王府宣詔。宣完詔，王尊與東平王二人分別落座，東平王讓自己的老師唸了首詩給王尊——《詩經．國風．相鼠》：

相鼠有皮，人而無儀；人而無儀，不死何為？

相鼠有齒，人而無止；人而無止，不死何俟？

相鼠有體，人而無禮；人而無禮，胡不遄死？

這首詩大意是：老鼠都有臉有皮，人卻不知道禮儀，為什麼不趕緊去死？當然，從標題上來看，也有諷刺王尊這個「相」如老鼠之意。

東平王想給王尊來個下馬威，不料王尊卻只是淡淡說了句：「不要拿著布鼓過雷門！你這點把戲在我面前就是小兒科。」

東平王屢次違反規定私自出宮，無人敢制止。王尊警告王宮的馬隊負責人：「從今天起，東平王如果再私自出宮，你必須叩頭勸阻，否則我唯你是問！」

又一次，東平王想出宮逛逛，果然被馬隊的官員阻攔，並告知是王尊的意思。東平王很生氣，對王尊起了殺意。

沒過多久，東平王請王尊入宮，要在王宮裡找藉口收拾他。

王尊入宮，看東平王面色不善，傲然道：「我來擔任王相，親朋故舊都來安慰我，認為我不容於朝廷，所以才得了這個差事。別人都說您很勇敢，總做別人不敢做的事情，我卻覺得依仗顯貴的勇敢不是真勇敢，像我這樣為了國家不惜生命的人，才是真勇敢。」

東平王勃然變色，對王尊說：「聽說你的佩刀不錯，可否讓我一觀？」

王尊哈哈大笑，對東平王身邊隨從說道：「我如果持刀向前，必然會落個刺殺諸侯的罪名，也許會被當場格殺，這把刀還是你們替我呈給大王吧！」他雙手舉刀齊肩，交給了侍者。

東平王詭計被識破，一時也沒了轍，只好解釋：「我沒有那個意思，相君未免多疑了！」

東平王的母親公孫婕妤也不願看到兒子受制於王相，向皇帝打了個小報告：「王尊倨傲，東平王不能忍，早晚會除掉王尊，我不忍心看到東平王因殺人而受到懲罰，進而連累到我，所以請陛下先讓我死了算了。」

元帝為了給公孫婕妤一個交代，只好免了王尊的官，貶為庶民。後來在王鳳幫助下，王尊才回到中央做了司隸校尉。

而這一次，王尊一紙上書，告了政治投機客匡衡和張譚。

王尊在奏摺中說：「丞相匡衡、御史大夫張譚明明知道石顯專權，危害朝野，那時候不敢彈劾石顯，反而阿諛奉承，違背作為大臣應有的責任，這是大逆不道！

現在這兩人彈劾石顯，也不先反省自己的罪過，反而張揚先帝任用權臣的過失，甚至妄言什麼百官畏懼石顯甚至超過了皇帝，這種卑君尊臣的言論有失大臣體統！」

這封彈劾奏摺可謂一針見血、直擊要害。匡衡老臉一紅，無言以對，只能上疏謝罪，請求病退，還把丞相、樂安侯的印綬也交上去了。

劉驁剛剛繼位，不想這麼快就懲處先帝重用的大臣，於是下旨安慰匡衡，還特意賜給他上等的酒和牛肉。

風波過後，匡衡雖然繼續負責朝政事務，但是在同事中威信大失，大夥兒私下都認為王尊說得對。匡衡也聽到了這些議論，臉上感覺火辣辣的。

緊接著，匡衡的兒子出場了。

匡衡的兒子匡昌，有一次喝醉酒後殺了人，被逮捕入獄。匡昌的弟弟居然糾集了一幫小弟，準備劫獄，救出匡昌。這事被人告發後，匡衡嚇壞了，他趕緊摘了官帽，光著腳跑去向皇帝請罪。

看在匡衡這麼誠懇的分上，劉驁最終寬恕了他。

如果匡衡有足夠的政治敏銳性，這個時候就應該急流勇退，主動告老還鄉，可嘗到了權力滋味的他卻對官場戀戀不捨。緊接著發生的一件事，最終讓匡衡身敗名裂。

事情是這樣的，有人向劉驁爆料：「當初先帝賞賜匡衡安樂侯的爵位時，還給了他三千一百頃的封地。但是匡衡投機取巧，用一幅錯誤的地圖，偷偷另將四百頃土地也據為己有。」

「有這種事？」

劉驁命人調查，結果發現證據確鑿，不禁勃然大怒：「匡衡老匹夫，想不到你是這樣的人！」

隨後，匡衡被降為庶人，打發回了老家，最後鬱鬱而終。

《漢書》把匡衡和張禹、孔光等一併列傳，並在最後發了一通議論，說這些人都是憑儒學而位居丞相，他們平時穿儒生衣冠、傳授先王所語，博學寬容，品行厚重，然而實際上卻為保全自己俸祿官位，而蒙受阿諛奉承的譏諷。他們處處以古人的行為準則來要求別人，可他們自己做到過嗎？

匡衡的故事先翻頁，我們接著說王尊。

王尊彈劾匡衡和張譚二人，結果皇帝將這封舉報信擱置不理，反倒將王尊貶為高陵令。王尊氣不過，上任沒多久，就申請病退，再一次回了老家。

漢成帝建始三年（西元前 30 年），大盜傰宗糾集了數百人，在長安城附近嘯聚山林，誅殺官吏，斷絕交通，長安為之震動。

成帝令弘農太守傅剛為校尉，率一千弓箭手前往搜捕，歷時一年而無果，先後兩任京兆尹皆因鎮壓不力被免官。

第二年，眼看剿匪毫無進展，王鳳再次向朝廷舉薦了王尊，朝廷隨後徵召王尊為臨時京兆尹。王尊上任後，大開殺戒，僅用一個月時間就平定了這夥強盜，長安城的治安狀況也有了好轉的跡象。

王尊因為在剿匪中表現出色，順利轉正，成為京兆尹，任期三年。

一次，王尊外出巡視轄區，有一男子攔路喊冤，說豪強許仲帶著十幾個人殺害了自己的哥哥，然後大搖大擺回了許家，當地官員明知此事，卻不敢到許家抓人。

王尊回長安後，向皇帝報告了此案，他在奏疏中說：「豪強不欺凌弱小，寬大之政才可實施，和平之氣才可通行。」御史大夫張忠上書彈劾王尊，說他殘暴傲慢，王尊再一次被罷官。

湖縣三老看不下去了，他們聯名上奏，為王尊辯護：

「王尊為京兆尹，誅滅凶暴，制止邪惡，功績前所罕見，卻沒有受到特別的獎賞。如今御史大夫指控王尊傲慢欺天，究其來源，這些指控多是出自御史丞楊輔，而楊輔一向與王尊有私怨，他利用職權羅織罪名，誣陷王尊。然而我們所看到的王尊卻是廉潔自愛、一心為公，不畏將相、不避豪強，功勳卓著、忠於職守，實乃國家之棟梁。

當初王尊在京師秩序混亂、法令不行、盜匪蜂起之時，被推選為賢才，受到徵召挑起重任；現如今盜匪叛亂既已剷除，大奸巨猾也都服罪，他卻被指控奸佞狡猾而遭罷黜。同樣一個人，短短三年之內便風評大轉，豈不是太過分了！請陛下明察，切莫令忠臣蒙冤。」

接到三老的聯名上書，劉驁也有所觸動，提拔王尊為徐州刺史，不久遷東郡太守。

在東郡任職期間，由於連月降雨，黃河猛漲，快要沖破了瓠子金堤。民眾紛紛奔走躲避水災，王尊帶領官員民眾親自到前線抗洪，祭祀水神河伯，並請以身填金堤。

為了指導前線抗洪，王尊甚至睡在金堤上。奈何水勢凶猛，即將漫堤而出，官民四散而逃，王尊持玉圭立於堤上，向上天祈禱，願以身殉堤，換得黃河安寧。

也許是王尊的誠意感動了上天，水位隨後逐漸下降，災情消除，當地民眾聯合上書朝廷為他請功。經過一番考察認定，朝廷專門對他進行嘉獎：

「東郡河水氾濫，毀壞金堤，百姓惶恐奔走。太守王尊身當水衝，履咫尺之難，不避危殆，以安眾心，吏民復還就作，水不為災，朕甚嘉之。秩尊中二千石，加賜黃金二十斤。」

王尊的故事就此告一段落，我們再來看看鬱悶的陳湯。

雙面英雄陳湯

陳湯被貶為大頭兵沒多久，西域風雲又起，一向與漢帝國關係不錯的烏孫發兵，團團圍住西域都護府。都護段會宗緊急向中央請求徵發西域各國部隊與敦煌駐防部隊前往救援。

消息傳回長安，大司馬王鳳、丞相王商緊急召集百官開會研究了好幾天，沒人能拿出一個主意來。正當大夥兒手足無措時，王商想起了陳湯，告訴皇帝：「陳湯向來主意多，又熟悉西域事務，可以問問他。」

很快，陳湯就被傳到未央宮的宣室，等候皇帝召見。由於在西域征戰時受了風寒，陳湯的手臂落下了後遺症，不能屈伸，行動很不方便。見到陳湯時，劉驁不勝唏嘘，免去陳湯行大禮，把段會宗的急信交給陳湯過目，問他有何計策。

心裡憋了一肚子氣的陳湯，故意嘲諷道：「陛下跟前不是猛人就是高手，我現在就一殘廢，哪裡輪得到我來議論國家大事？」

劉驁呵呵一笑：「國家有急，別那麼多牢騷。」

陳湯只說了一句話：「陛下放心，出不了差錯。」

劉驁有點疑惑：「此話怎講？」

陳湯侃侃而談：「我在西域待了那麼多年，深知西域軍隊的底細。西域胡人裝備不行，刀鈍弩弛，一個漢兵可以頂五個西域兵。即便現在學了漢軍的技術，一個漢兵仍然可以頂三個西域兵。烏孫軍隊人數沒有超過漢軍的兩倍，肯定勝不了段將軍，陛下儘管放心。」

劉驁半信半疑：「這麼說，不必派援軍前往了？」

陳湯說：「部隊輕裝簡從，每天能走五十里；要是帶上輜重，每天最多走三十里。現在即便從敦煌發兵救援，也是遠水解不了近渴，去報仇還可以，如果是救急，那就沒有必要了。」

劉驁還是不敢確定：「那你覺得段會宗何時可以解圍？」

陳湯很清楚烏孫兵的戰鬥力，就是一群烏合之眾，不能久攻，過不了幾天就退了。他故意扳著手指頭算了一會兒說，西域都護之圍已解。不出五日，捷報就會傳來。

果然，到了第四天，前線的捷報就送來了，西域之圍已解。

陳湯的料事如神讓大夥兒再一次刷新了對他的認識，大司馬王鳳將陳湯提拔為從事中郎，成為大將軍幕府的首席軍事參謀。

陳湯精通法令，又善於因勢利導，他的建議常被皇帝採納，成了劉驁身邊的紅人。頭腦靈活的他開始經營副業，靠為別人寫奏章賺外快，不妨舉幾個例子。

皇太后王政君有個同母異父的弟弟叫苟參，任水衡都尉，苟參死後，兒子苟伋混了個侍中。苟參的老婆想替兒子求個封爵，找到陳湯，陳湯收了她五十斤黃金，答應幫忙。

弘農郡太守張匡被人舉報貪贓百萬以上，狡猾奸詐，劉驁派人找他談話。張匡怕被下大獄，就找陳湯幫忙，陳湯替張匡打官司，如果能拖過冬天，答應給陳湯二百萬錢作為酬謝。

為什麼要拖過冬天？很簡單，漢朝執行死刑一般在冬天，只要熬過冬天，就能多活一年，還有可能碰到大赦。

這樣的破事，陳湯做了不少。

陳湯交友廣泛，和工程總監解萬年很熟。劉驁一開始想在延陵建陵墓，後來又看中了霸陵曲亭，準備在那裡修昌陵。兩個人都想從中撈點好處，解萬年就和陳湯商議說，武帝時的工匠楊光，做了好幾個大工程，武帝一高興，升他為將作大匠；大司農中丞耿壽昌修建杜陵，宣帝賜他關內侯爵位；將作大匠乘馬延年（乘馬為複姓）因為勞苦，享受二千石待遇。

如果皇上在昌陵設立陵邑，我就可以立大功、受重賞。你的老婆孩子也都在長安，難道老了還要回關東嗎？不如上書請求遷往昌陵，還能賜田宅，何樂而不為？

想必大家還記得，為了壓制地方豪強，武帝要求將關東豪強遷徙到皇陵附近。到了漢元帝時，作為對豪強的妥協，朝廷停止了長期執行的遷徙政策。

陳湯於是向皇帝上奏：

「昌陵乃京師肥腴之地，可立一縣。朝廷已經有三十多年沒有在陵園修建縣邑了，如今關東富人日益增多，他們大肆圈占良田，讓窮人為他們打工，這樣富者愈富，窮者愈窮。不如把富人遷到昌陵，既加強了京師的力量，又削弱了諸侯，還能夠縮小貧富差距，有百利而無一害。我陳湯願以身作則，將家裡老小遷往昌陵。」

陳湯的奏章為我們揭示了當時一個很嚴重的社會問題，那就是地方豪族正在大規模興起，他們巧取豪奪、兼併土地，導致大批貧苦的自耕農失去田宅，破產流亡，淪為遊民、奴隸甚至盜賊，嚴重影響了社會安定和諧。當時的情勢是富者田連阡陌，貧者無立錐之地，貧富差距之大，令人咋舌。

事實上，整個四百年的漢王朝就是一部皇權與豪族的博弈史，西漢的覆亡，很大一部分原因就是地方豪強崛起，架空了皇權。

豪強是怎麼來的？它為什麼會在與皇權的博弈中占據上風？這是一個宏大而深刻的議題，我會在後面好好挖一挖，讓你看清西漢帝國的密碼。

陳湯此舉雖是為自己求利，卻也可在一定程度上遲緩西漢末年豪強兼併土地這個過程。

劉驁一聽，覺得陳湯說得有理，於是批准修建昌陵邑。這年夏天，劉驁下令各地家產五百萬以上的富豪，約五千戶，強制遷往昌陵。

這是一個大專案，解萬年信心十足，結果實地考察後發現，昌陵這個地方地勢低窪，需要先從別處挖山取土來加高。當初解萬年拍著胸脯說，三年之內保證完工，結果弄了五年還沒有建好，耗費錢糧，徵發徭役，惹得怨聲載道。

劉驁在各方壓力下，停止了昌陵工程，仍用延陵。大臣們又奏請一併廢除陵邑，劉驁說自己需要考慮考慮。

有人問陳湯：「昌陵還沒建成，皇上還會遷徙百姓嗎？」

陳湯隨口說：「皇上不過是暫時順著群臣而已，等風頭過了，遷徙的事肯定還會進行。」

成都侯王商一直看不慣陳湯的德性，聽到這話後，立即跑去向劉驁告狀，說：「陳湯妖言惑眾，應該抓起來嚴加審訊。」

看在陳湯當初斬殺郅支單于的分上，劉驁下詔，將陳湯貶為庶人，和解萬年一起發配敦煌。

不久之後，敦煌太守上奏為陳湯講情，說：「陳湯以前誅殺郅支單于，威震西域，不宜待在邊塞。」

沒辦法，陳湯名聲太大，把這樣一個曾經威震西域的高手發配邊境，會讓西域夷狄輕視漢朝，這無疑有損大漢的威嚴。

劉驁覺得有理，又把陳湯遷到安定。

陳湯雖然節行有虧，但畢竟是帝國功臣和民眾心目中的偶像，朝中議郎耿育也站出來力挺陳湯：

「如今西域通道暢行，將陳湯流放敦煌，難免會讓郅支單于的殘餘分子恥笑。漢朝出使外國的使者，無不以陳湯誅滅郅支單于的壯舉宣揚我大漢的國威。當今天下，論文治，沒有文帝時的富裕；論武功，沒有武帝時的赫赫名將，唯一拿得出手的只有一個陳湯。就這樣一個人，朝廷還不給點面子？」

耿育的話很有分量：「讓這樣一個功臣落得死無葬身之地，以後還指望誰來為朝廷賣命？」

劉驁最終同意將陳湯調回長安。

陳湯回了長安，此後再也沒有傳出他的新聞。多年後，他在孤寂中去世。

王莽篡位當上新朝皇帝後，對這位當年幫過自己的老朋友念念不忘，追封陳湯為「破胡壯侯」。這幾個字，恰如其分地概括了陳湯最為輝煌的人生傳奇。

千秋萬歲名，寂寞身後事。

陳湯的一生既有窮困潦倒，又有壯懷激烈；既有沙場輝煌，又有暮年悲涼；既有青史留名，又有毀譽參半。恢弘壯麗的傳奇與貪婪複雜的人性交織在一起，勾勒出了一個真實的陳湯。

王氏崛起

接下來，我們來說說漢朝頂級的外戚家族：王家。

前文講過，西元前 71 年，元城一個王姓人家生了一個女孩。她最終踏入漢宮，成了元帝的皇后。

她的名字叫王政君，西漢後期的一切興衰都與她密切相關。

西元前 48 年，宣帝去世，元帝劉奭即位，王政君任皇后，外戚王氏集團開始形成。成帝劉驁即位後，王家舅舅們開始在西漢政壇上全面崛起。

王家究竟有多猛呢？

王政君的父親王禁，在王政君封皇后的時候就被封了陽平侯。這個王禁沒什麼別的本領，只有一點，特別能生，有八個兒子、四個女兒，王政君是他的第二個女兒。

劉驁當皇帝後，拜王鳳為大司馬、大將軍，領尚書事，這是當年霍光的職位。王家的兄弟們個個封侯拜將，以大哥王鳳為首，牢牢把持朝政，甚至創造了「一日封五侯」的記錄：分別是王譚、王商、王立、王根、王逢時，世稱五侯。王政君的八個弟弟除了二弟王曼（王莽的父親）早逝，沒有封侯，其餘人全都封了侯。

《資治通鑑》記載了其家族勢力之盛：郡國守相、刺史皆出其門下，五侯驕奢淫逸、聲色犬馬，一個比一個奢侈，送禮的珍寶四面而至。王家人還好士養賢，收養門客，為他們到處鼓吹。

王氏滿門封侯，這在很多人看來是不合規矩的。當初劉邦創立漢朝時，曾立下過規矩，非有功者不得封侯。但是王家這幾位卻僅僅憑著與太后的關係就扶搖直上，讓很多人不服氣。

剛好那年夏天，長安城黃霧彌漫，大概是沙塵暴，劉驁諮詢熟悉陰陽五行的大臣，這夥人借題發揮，說：「這是陰盛陽衰的緣故。當年高祖有約，非功臣不封侯，如今太后兄弟無功受祿，違反高祖之約，所以上天示警。」

儒臣們的目的很簡單，將矛頭直指王氏眾兄弟，想利用這場「災異」將王氏集團拉下馬。

王鳳一看，決定以退為進，裝模作樣地上書：「陛下初即位，正值主少國疑之際，因此命臣領尚書事，本來也是權宜之計。如今天降黃霧，都是臣的過錯，我願意為黃霧天象承擔責任。」

結果不出意外，被劉驁駁回了。劉驁說：「朕涉世未深，不明事理，才導致陰陽失和，日月無光，黃霧瀰漫不去。你現在把過錯都攬到自己頭上，豈不是顯得朕更不賢明嗎？你好好做，不要辜負朕的期望。」

好嘛，皇帝都這麼說了，大臣們自然也不好再反對了，王鳳的位子算是坐穩了。隨後，王氏家族在朝中一步步擴大勢力，逐漸把控了朝政。

一次，有人跟劉驁談起：「光祿大夫劉向的小兒子劉歆年紀不大，卻學識淵博，值得好好栽培。」

劉驁一時興起，就讓人把劉歆叫來，一見面，他就喜歡上了這個英氣逼人的少年。一輪面試下來，小夥子果然聰明伶俐，一表人才，學問也相當了得。劉驁大喜，準備任命劉歆為中常侍，喚人取來官服。

中常侍可不是皇帝身邊的小跟班這麼簡單，能混上這個職位的多為皇帝特別信任的人，相當於帝國的後備人才庫。當時權貴子弟及倖臣以侍中為榮，張良的兒子張辟強、金日磾的兩個兒子、霍光、桑弘羊都曾擔任過這個職務。

不料，劉驁話說完了，左右侍從卻沒人動。劉驁納悶，問：「怎麼回事？」大傢伙兒都說：「這事不可草率，還是先問問大將軍的意思吧！」

劉驁渾不在意：「這點事還用問他？你們就按照我說的去辦就行了。」

話剛說完，左右侍從撲通一聲，跪下一片，猛磕頭，一定要讓劉驁先問過王鳳再說。

劉驁無奈，只好派人去通知王鳳，不料卻被王鳳否決了。劉驁只好退而求其次，讓劉歆待詔宦者署，為黃門侍郎。

鑒於複雜詭譎的朝廷鬥爭，劉向擔心兒子少年得志，忘乎所以，專門寫了一篇〈戒子歆書〉，引董仲舒名言來說明福因禍生、禍藏於福的道理，大意如下：

「歆兒謹記，不可疏忽大意！你沒有立下什麼豐功偉業，卻承蒙皇上的厚恩，何以為報？董仲舒曾說過，『弔者在門，賀者在閭』，弔喪的人上了家門，那麼賀喜的人就要到裡門了。他是想說，有了憂患意識，就會心懷恐懼，恭謹從事；而恭謹從事，就必然會有好的功德。

他又說：『賀者在門，弔者在閭。』這是說，享福會使人驕傲奢侈，而驕傲奢侈就會招致禍患，所以弔喪的人也會隨之而至。

春秋時期，齊頃公依仗齊桓公霸者的餘威，對諸侯國輕慢無禮，恥笑晉國使臣跛足，所以才有馬鞍山兵敗的禍難，最後與臣子互換了衣服才得以逃脫，這就是人們所說的『賀者在門，弔者在閭』。

齊頃公打了敗仗，改過自新，愛護自己的百姓，從而深得人心，國富民強，諸侯歸還了從齊國奪走的城邑，這就是所謂『弔者在門，賀者在閭』。

如今你少年得志，做了黃門侍郎，那些剛剛就職的官員都要向你道賀，貴人來向你叩頭禮拜，你只有懷著臨淵履冰的工作態度，才可以免除禍患。」

這是一位老父親對兒子的諄諄教導，至於年輕的劉歆能否聽懂這弦外之音，那就不得而知了。

雖然王家權勢滔天，可不是所有人都願意向他們低頭，比如王商。

王商也是外戚出身，且與王昭君的一個弟弟同名，但是跟王鳳不是一族人，他是劉病已的母親王翁須的娘家人。前文提到，當初就是因為王商的彈劾，匡衡才被踢出長安。

匡衡被免職後，劉驁提拔王商為新一任丞相。

王商這個人能力很強，秉性忠厚，輕財好義。父親死後，王商把繼承的財產全分給了兄弟，自己一分錢沒留。這事被人傳開後，滿朝文武一致推薦他為全國道德模範。劉奭也注意到了他，隨後將其一路提拔至右將軍、光祿大夫。

不僅如此，王商身材高大，長得很帥。他到底有多帥呢？我們來聽聽單于的評價。

有一年，匈奴單于入朝，被人引到未央宮中的白虎殿，王商負責接待。單于上前拜見，王商起身答話，兩人身高差距比較大，單于得抬頭仰視王商。寒暄幾句後，單于對王商大為敬服，出來後讚嘆說：「大漢丞相真的很帥很酷啊！」

丞相王商和大將軍王鳳不合，王鳳對王商的態度越來越忌憚，而王商也一向看不慣王家把持朝政大局。當初漢元帝露出易儲苗頭時，王商是力保劉驁太子地位的大臣之一，深得劉驁器重，他試圖以一己之力，對抗儼然已經開始威脅皇權的王氏家族。

兩人的矛盾日漸加深，很快展開了一場大戰，導火線是琅琊郡太守楊肜。

楊肜和王鳳是兒女親家，當時琅琊郡一帶發生災害，王商派人查問救災情況。王鳳不想讓親家倒楣，對王商說：「災異天事不是人力造成的，楊肜這人還算盡職，就不要再追究了吧！」結果王商根本不給王鳳面子。

王商帶領人員經過一番徹查，確定楊肜有重大過失，遂寫下奏章，建議朝廷罷免楊肜。

結果，奏章遞上去後，卻是石沉大海，沒音信了。

王鳳覺得王商這人太不上道，與自己過不去，於是派人去整王商的黑材料。底下人查了半天，還真查出兩件事：一是他曾與父親的奴婢通姦，二是懷疑他指使奴僕殺害妹妹的姦夫。

王鳳便指使手下人上書彈劾王商，結果劉驁看過後哭笑不得：「就這點破事也值得拿到朝堂上來說？」

王鳳不肯善罷甘休：「王商又是老臣，德行有虧，這種人怎麼還好意思待在丞相之位上？」

劉驁生氣了：「不准！」

王鳳極力爭辯，堅持把此事交付京畿衛查辦，磨了一個多月，劉驁終於崩潰了。

王商自己大概屁股也不乾淨，一看王鳳執意要查自己的老底，有點心虛，他決定找找門路。之前太后王政君為劉驁備選後宮，看中了王商的女兒，不巧他女兒當時生病，被他婉言推辭。此時的王商才意識到，如果女兒在後宮，自己現在就不至於這樣被動。於是，他透過新受寵的李婕妤的關係，想把女兒安排進後宮。

恰在此時發生了日食，太中大夫張匡抓住王商想送女兒入宮一事，跟在後面起鬨，上書請求向皇帝及近臣當面陳述日食的原因。史丹等人出面聽取報告，張匡一見史丹，心中已有九分把握，他侃侃而談：

「丞相王商作威作福，以外朝（丞相府）控制中朝（宮中），為所欲為，專門派那些凶狠的官吏審理別人的案子，想透過這種方式立威，全天下的人都看不慣他。

之前耿定上書檢舉王商，案子下發給有關部門受理，王商非常不滿。他兒子王俊寫了舉報信要告發他老爸，王俊的妻子就是左將軍史丹的女兒，史丹聽到消息後，立刻讓女兒與王俊離婚。

王商不盡忠輔國，起初為陛下備選後宮時，他託詞女兒生病拒絕了。後來為取媚於上，明知後宮之事皆歸太后所轄，卻走歪門邪道，私交李婕妤，違背臣節，因此才引發日食。

王商無尺寸之功，而他家三世受寵，身為三公，宗族中多有封侯、二千石及在宮裡當差的，家族權力和受到的寵幸無人可比，現在正好他家裡出了事，應該一查到底。

我聽聞，秦國商人呂不韋見秦王無子，就把自己懷孕的小妾獻給秦王，這才生出了秦始皇；楚國的春申君也是如此，見楚王無子，也把懷了自己孩子的女子獻給楚王，這才生下楚懷王。王商人品惡劣，想把自己的女兒送入後宮，他究竟是何用心，陛下不可不查！王商無道至極，眾叛親離，家風穢亂，父子相告，這樣的一個人，怎麼可以讓他來宣明聖化，調和海內？

王商為相五年，無所建樹，惡名昭彰，有損陛下聖德。愚以為陛下年富力強，即位以來，還從未誅殺奸佞，如今皇子遲遲未生，各種災異頻現，正當恭行天罰。殺此一人，海內震動，奸佞之道絕矣！」

史丹一聽還牽連到了自己，知道現在必須要與王商徹底撇清關係了，於是立即上奏道：「王商位居三公，爵封列侯，受詔輔政，卻不遵國家法度，以權謀私，奸邪亂政。為臣不忠，欺上不道，罪行明白，當處以死刑。臣請將王商押入死牢！」

劉驁不忍心加刑，說：「還是算了吧。」

旁邊的王鳳不依不饒，爭辯道：「陛下即位不久，若不誅此賊，何以號令天下？」

劉驁不得已，只好退讓一步，下詔：「丞相統領百官，協和萬國，責任重大。王商任丞相五年，未有忠言良謀，卻以旁門左道擾亂國政，其罪當誅。王商之妹，淫亂內闈，家奴殺死姦夫，疑似王商唆使。此前朕顧念重臣，不予深究，王商不僅不悔改，反而口出怨言，令朕痛心。因王商為先帝表親，赦其死罪，收回丞相印綬。」

王商從沒受過這種窩囊氣，罷相三日之後，吐血身亡。

王商死後，王鳳仍然不肯放過這個政敵，在他的強烈要求下，劉驁追諡王商為「戾侯」，並將王商的子姪親屬全部外放，還想撤銷王商的爵位和封地。不過這一次，劉驁終於沒有退讓，總算讓王商的兒子繼承了樂昌侯的爵位。

有一次，定陶王劉康赴京覲見，雖然當初劉驁曾因劉康而險些被廢掉太子之位，但是這兄弟倆關係著實不錯，沒有絲毫芥蒂，劉驁賞賜給他的十倍於其他諸侯王。朝見結束後，因為劉驁沒有子嗣，當時還生了病，便將劉康留在長安，並在私下場合表明心跡：「我尚無子嗣，一旦有意外，再難與兄弟相見，你就留在長安陪我吧。」

很明顯，劉驁這是想弄個兄終弟及，把帝國的基業託付給弟弟劉康。

王鳳看出了其中端倪，若劉康繼位，王家人就做不成外戚了，於是藉機阻撓。

正巧這時，老天也來幫忙，再次發生日食。王鳳上奏：「日食是陰盛之象。定陶王雖然與陛下親近，按禮制應該在藩國，但是如今滯留京師，是異常之舉，故而天象示警，請定陶王早日歸國！」

王鳳逼著劉驁將劉康遣送回定陶，兄弟倆只好含淚依依惜別。

大權旁落

王商死後，王鳳專權日盛，這引起了正直之士的不滿，比如，京兆尹王章。

王章是底層出身，家境貧寒，當年他到長安求學時，窮困潦倒，夫妻二人日子過得很艱難。有一年冬天，王章病重臥床，不僅沒錢治病，甚至連床像樣的被子都沒有，只有一件牛衣蓋在身上。

什麼是牛衣呢？就是用草或麻編成的披蓋之物，平常都是用來為牛禦寒、遮雨的。

王章很悲觀，覺得自己窮困潦倒到如此地步，大概離死也不遠了，於是哭著和妻子道別。妻子一邊哭一邊罵：「你怎麼能這樣？長安滿朝公卿，享受著榮華富貴，哪一個是比得上你的？你出人頭地只是時間早晚罷了，怎麼能因為一時的困厄而自暴自棄？這樣也太沒有出息了！」

在妻子的勉勵下，王章重新振作了起來，後來憑藉著自己的才學一步步升遷到左曹中郎將，由此也誕生了一個成語「牛衣對泣」，用來形容夫妻共守窮困。

當時恰是中書令石顯掌權，滿朝文武都被他治得服服貼貼，唯獨王章是個例外，他不畏權勢，向石顯開炮，結果被撤了官職。

後來劉驁登基，石顯倒臺，王章被徵召回朝廷，歷任諫大夫、司隸校尉、京兆尹。

王章在升遷的過程中，得到過王鳳的舉薦，但是他對王鳳專擅朝政、四處安插親信的做法很不滿，準備向王鳳開炮。

王章寫了一封彈劾信，正好妻子看見了，勸他說：「人要學會知足，你忘了當初我們牛衣對泣的艱難處境了嗎？」

王章看著她：「什麼意思？」

妻子道：「你這是何苦呢？你能走到今天，王鳳幫了不少忙，你真打算告他嗎？」

王章一揮手：「妳懂什麼？出門就把這篇奏疏呈上去了。」他在奏疏中說：「之所以發生日食，全是因為王鳳專權矇蔽主上之故。」

劉驁單獨召見王章，王章侃侃而談：

「所謂天道，自然是護佑良善，降災邪惡，用祥瑞和災異來提醒世人。如今陛下沒有子嗣，將定陶王留在身邊，為的是宗廟延續，社稷安危，上順天意，下安民心。這是大善之舉啊，照理應該天降祥瑞才對，但是為什麼招致日食呢？原因就在於朝中有大臣專權啊！

我聽聞大將軍王鳳把日食的出現歸咎於定陶王，建議將他送回封國，其實他真正的目的是想孤立陛下，以便自己獨攬朝綱，滿足私欲，這豈是忠臣所為？日食是陰氣侵犯陽氣引起的，反應在朝堂上，就是臣下冒犯矇蔽天子。自王鳳上位以來，朝中政事無論大小，皆出自他之手，陛下從未插手。王鳳不知反省，反而歸咎於定陶王，其心可誅。

更何況，王鳳矇蔽陛下，可不只這一件事。之前王商曆任左將軍、丞相，是國家的股肱之臣，操守正直，不肯放棄氣節而依附王鳳，最終因為閨門私事被王鳳罷免，憂憤而死。

此外，王鳳明知自己小老婆的妹妹張美人是二婚，但是藉口張美人能生兒子，把她送入後宮，這都是什麼事啊！他不是說張美人能生兒子嗎？怎麼到現在也沒生出來？

羌人、胡人等蠻夷會把頭胎孩子殺掉，叫做『洗腸』，為的是保證血統的純正，何況陛下要親近已經嫁過人、生過孩子的女子！王鳳引發災異、謀害忠良、穢亂後宮都是陛下親眼所見，至於陛下沒有親眼見到的其他事，更是可想而知了！這樣的人怎麼還能繼續執掌權柄呢？早就該將他罷免，另擇忠賢取而代之了！」

王章的話說到了劉驁的心坎裡。他對王章說：「幸虧你能直言相告，要不然，我還能從哪兒聽到真話啊！只有賢者才知道賢者，你就替我尋覓可以代替王鳳的人選吧！」

王章胸有成竹地答道：「中山王劉興的舅舅馮野王，在先帝時官至九卿，忠直信義，智謀過人。他備選三公，卻因為是諸侯王的親屬而避嫌，出任琅琊太守。陛下是明主，應當任用這種賢臣。」

劉驁也早就聽聞過馮野王的名聲，於是採納了他的建議。

然而，隔牆有耳，兩人的談話被一旁的王音聽得一清二楚。

王音是太后王政君和王鳳的堂弟，時任侍中，可以自由出入宮禁。他將兩人的談話全都告訴王鳳，王鳳以退為進，在杜欽的指點下向劉驁上書乞骸骨：

「老臣資質駑鈍，蒙太后福廕，兄弟七人封侯，賞賜無數。輔政七年，陛下將國事託付給臣，無不言聽計從。可是如今，陰陽不調，災異頻現，根據五經傳記和博士所言，都認為日食的原因是大臣失德。臣連年臥病，尸位素餐，近來病情加重，更覺力不從心。臣願告老還鄉，療養身體，若陛下神靈保佑，得以痊癒，再回御前侍奉，不然此命休矣。臣無才而受重用，天下人皆知陛下厚恩；因病而得保全，天下人皆知陛下仁慈。不管臣是進是退，都有利於國家，絕不會引起私議，懇請陛下恩准！」

除了向朝廷申請病退，王鳳還特意讓此事被王政君知曉。王政君聽說朝廷要罷免王鳳，日日以淚洗面，一連幾天都吃不下飯。

一邊是自己的母親每天悲慟欲絕，一邊是自己的親舅舅可憐兮兮地要求退休，劉驁心一軟，又妥協了，回覆王鳳：「朕處事不明，執政有缺，因此天降災異，責任在朕。大將軍代朕受過，上書乞骸骨，將置朕於何地？請務必打起精神，安心養病，所請不准。」

大臣們一看風向變了，立刻調轉槍口彈劾王章：「王章明知馮野王外任太守，卻私自舉薦，是為了方便內外勾結；明知張美人已被皇上臨幸，卻妄言羌人殺長子之事，實為大逆不道！」

王章被下獄，隨後死在獄中，他的妻子兒女也都被流放到當時還是一片蠻荒之地的廣西合浦。馮野王也被牽連免官，幾年後老死家中。

上疏直言的王章遭受了牢獄之災，最後死在獄中，這是一個強烈的訊號，象徵著王鳳的權勢和地位已無人能撼動。公卿大臣都知道王鳳惹不起，見到他都側目而視，紛紛繞道走。

陽朔三年（西元前 22 年），王鳳病重。

劉驁知道這是權力交接的敏感時刻，數次跑去王鳳府上探望，並問王鳳死後的人事安排。

對於這個問題，王鳳早有想法，他沒有推薦親弟弟王譚，而是推薦了他的堂弟王音。

這又是為何？

原因是王譚平時傲慢，頗有點瞧不起大哥的意思，而王音則對王鳳十分尊敬，雖然是堂兄弟，卻像父子一般。

於是，王鳳去世後，劉驁任命御史大夫王音為大司馬、車騎將軍，一年後封王音為安陽侯，食邑待遇與王家五侯相同。

王氏集團權勢滔天，五兄弟開始奢靡腐化，放飛自我，連皇帝也無可奈何，有例為證。

一是成都侯王商生病時，為了避暑消夏，竟然向劉驁申請借用明光宮，公然享受皇帝的待遇。後來王商還不滿足，鑿穿長安城的牆，引來灃水注入自家的人造湖，行船取樂，不僅破壞了長安城的風水，也破壞了漢朝的規矩。劉驁到他家才看到這一幕，登時怒火中燒，不過沒有發作，強行忍住了。

二是劉驁微服出遊，路過曲陽侯王根家，見其園中的建築是仿照未央宮中的白虎殿而建的，這可是欺君之罪。對這種越軌行為，劉驁怒不可遏，他把車騎將軍王音叫來，劈頭蓋臉罵一頓。

王商、王根兄弟得知皇帝發火後，又把太后王政君抬出來做擋箭牌，揚言要刺面割鼻向太后謝罪。

劉驁知道後更是怒火沖天，派人責問主管京師地面的司隸校尉、京兆尹：「成都侯王商私掘帝城，引水入宅；曲陽侯王根僭越犯上，儀比天子；紅陽侯王立窩藏亡命之徒，縱容賓客為盜。司隸、京兆知情不報，該當何罪？」

兩人嚇得瑟瑟發抖，磕頭求饒，王音也收到了措辭嚴厲的詔書：「王家兄弟自暴自棄，竟要在太后面前刺面割鼻，傷慈母之心，禍亂國家。朕今天就要收拾他們，你告訴他們，讓他們在家聽候發落！」

緊接著，他又詔令祕書處，呈報漢文帝劉恆誅殺舅父薄昭的檔案。當初文帝的舅父薄昭殺害政府專員，文帝不忍處決，就派公卿陪他飲酒，暗示他自裁，薄昭不肯。文帝再派文武百官前往痛哭弔喪，薄昭無可奈何，只好自殺。

劉驁擺出這個架勢，無疑是想警告舅舅們：「皇帝殺舅舅，不是沒有先例！」

王家的幾個兄弟們開始慌了，一個個跪在宮門前請罪，擺出服軟的姿態。劉驁一看，又心軟了，終究是雷聲大雨點小，不了了之。

劉驁對王氏集團無可奈何，這正是他優柔寡斷、不理政事、大權旁落的結果，這一點在王鳳死後更加突顯。王鳳專權時，其威望在客觀上對朝廷還有震懾作用，所以劉驁心中有所忌憚，行為尚屬謹慎，還算檢點。後來王音立朝輔政，劉驁還不太墮落，再後來，劉驁就完全不能自拔了。

讓劉驁鬱鬱寡歡的，除了王氏集團的全面崛起，還有一件事，他一直沒有兒子。

第九章
荒唐皇帝

飛燕爭寵

劉驁的原配姓許，是平恩侯許嘉的女兒，許平君的堂姪女，劉驁的表姑姑。許平君早年被霍光夫人毒死，因此劉奭自幼喪母，對許家懷有一種特殊的感情。這種感情最終使得他在兒子劉驁成年後，將自己的表妹許配給兒子。不久之後，許氏就生下一個兒子，元帝開心極了，吩咐左右打酒，要慶祝一番。

可惜的是，沒過多久，皇子不幸早夭了。

劉驁繼位後，許氏又生下了一個女兒，也許是近親結婚的緣故，女兒又不幸早夭。不過，許皇后為人聰慧，和劉驁非常恩愛，自從劉驁娶了她，就很少召見別的妃子。

靠著許皇后的這層關係，父親許嘉在元帝朝一路高升，直至成為大司馬大將軍，輔政近十年，也是一個勢力強大的外戚家族。

一個是許家，一個是王家，兩個都是外戚，不可避免地產生了衝突。

劉驁即位的第三年，長安城出現了日食，接著未央宮又遭遇了地震。這在當時是非常嚴重的事件，按照「天人感應」的理論，肯定是朝廷的統治出了問題。

劉驁非常頭痛，他專門下詔，要求舉薦賢良、方正和直言之士，對日食和地震作出解釋。有人認為這是外戚王氏專權的緣故，而王氏一黨則認為，這是後宮許皇后專寵的緣故。兩派各執一詞，誰也說服不了誰。

即位第四年，劉驁把前些時候被舉薦的直言之士都召集到白虎殿，回答策問。為了巴結當政的大將軍王鳳，谷永將責任嫁禍給許皇后，說這是因為後宮中陰氣太盛，是皇帝專寵許皇后才導致的。

為了論證自己的觀點，谷永運起馬屁神功，洋洋灑灑上了一篇奏章：

「如今天下太平，四夷歸降，邊陲安定。大的諸侯國食邑不過數縣，權柄也掌握在朝廷委派的官吏手上，親王們不敢胡作非為，不會形成當年吳國、楚國那樣尾大不掉的局勢。文武百官互相制衡，皇親國戚和其他官員配置得當，骨肉大臣恭敬謹慎。以上三個方面都不用擔心，因此天變的責任斷不可推給陛下的舅舅們。我擔心陛下聽信愚昧盲目之言，把過錯歸罪於無辜，把政事託付給不可靠的人，那才是大錯特錯。

希望陛下認真考慮我的建議，不要專寵一人，雄起陽剛之威，讓後宮嬪妃們都能雨露均霑。後宮應該加幾個能生兒子的婦人，不要挑剔美醜，不要在意是否嫁過人，也不要考慮年齡大小。只有生出了皇子，才能化解上天的怨怒。」

王鳳知道這事後，對谷永特別感激，設法將他從一個芝麻小官提升為光祿大夫。谷永得到提拔後，立刻寫信給王鳳表忠心，說王鳳任用賢才，超過了齊桓公和晉文公，自己要像豫讓忠於智伯那樣，對王氏誓死效忠。

劉驁對谷永的表態很是欣賞，甚至按照谷永的方法下詔給許皇后，加以責備，大意是讓後宮不要太小肚雞腸，要向父皇的時代看齊。自己是皇帝，身邊多幾個女人不是很正常嗎？

許皇后不服，寫了一封條理清晰的自辯書〈上疏言椒房用度〉。她認為：「時移事異，制度大致相同就可以了，如果每件小事都效仿前代，臣妾做不到啊！」

劉驁看了她的上疏，只能拿出劉向等人所述的「天象異常」的理由來告誡許皇后，決定減省後宮的開支。

講這個故事，是因為有一個很有意思的細節，皇帝與皇后明明是夫妻關係，遇到分歧，卻要透過正式的公文往來解決，而不是坐在床上面對面的交流，想想真是悲哀。

劉驁和許皇后的恩愛一直維持了十幾年，但是再好的感情也有厭倦的時候。許皇后的容顏依然美麗，卻掩不住歲月留下的印記，時間長了，自然拴不住劉驁的心。

於是，班婕妤出場了。

班婕妤祖上地位極高，出過有名的宰相。在當時，班氏可是名門望族，她父親班況曾領兵痛擊過匈奴，立下赫赫戰功；班婕妤的姪孫輩更是能人輩出，投筆從戎的大將班超、編修漢史的班固皆名垂千古。無論武功，還是學問，班家都極一時之盛。

班婕妤自幼聰明伶俐，博覽群書，文采出眾，工於詩賦，不僅讀書厲害，而且還相當美麗。十七歲那年，漢成帝即位，班婕妤被選入後宮。她剛入宮時品級很低，但是很快，劉驁就發現了這位才貌雙全的美女，對她的寵愛簡直到了痴迷的地步。她一下子連越八級，被晉封為婕妤，僅次於皇后和昭儀。

按說，班婕妤從此應該過上了幸福的生活，然而很可惜，班婕妤是一位清純賢德的文藝女青年，她循規蹈矩，知書達禮，處處拿古時賢妃的高標準要求自己，一點踰矩的事情都不做。

對於從不循規蹈矩的劉驁來說，這就很無趣了。

有一次，劉驁挖空心思，令匠人打造了一輛華麗飄逸、富麗雅緻的雙人座輦車。馬車做好後，他獻寶似的去邀請班婕妤，想跟她一起坐。

在場的其他嬪妃非常嫉妒。

可班婕妤卻皺了皺眉頭，對劉驁說：「我看古時的畫，明君的左右都是名臣陪伴，倒是亡國之君才有女人陪伴。你要我一起坐車，可不是要向他們看齊？」

劉驁聽完，只得感慨：「愛妃就是好，愛妃就是賢。」王太后聽到後十分欣賞，逢人便說：「古有樊姬，今有班婕妤。」

從此，歷史上有一個新的典故：辭輦之德。

不得不說，班婕妤簡直就是為明君量身打造的女人，她做事從不踰矩，賢良淑德，堪稱皇帝身邊的賢內助。可是問題的關鍵在於，劉驁不是什麼明君，他只追求享受，而禁慾系的班婕妤根本滿足不了他。

春去秋來，歲月流逝，後宮美人紅顏消退，按捺不住的劉驁開始微服到宮外散心。鴻嘉三年（西元前 18 年），他逛到了陽阿公主府上，陽阿公主見他悶悶不樂，就把歌伎們都叫出來助興。

鐘鼓齊鳴，絲竹悅耳，一名美貌女子上場。只見她螓首蛾眉，纖手玉足，腰肢如弱風扶柳，搖擺中風情萬種，回首間脈脈含情。劉驁頓時被迷住了，不由得擊節嘆賞，心蕩神搖。

一曲終了，劉驁迫不及待地將舞者召入宮。從此，這隻從陽阿公主府中飛出的雛燕落入皇宮，成了劉驁的女人。

皇帝出門偶遇美女，搞搞豔遇，也不是什麼稀奇事。當年漢武帝劉徹去姐姐平陽公主府上閒聊，看上了歌女衛子夫，將其帶回了後宮。這一次，劉驁也有樣學樣，帶回來了一個舞姬，她的名字叫趙飛燕。

趙飛燕出身低微，據說她出生後遭父母遺棄，可是三天仍然沒死，又被抱了回去。大難不死必有後福，趙飛燕長大一點後被送到了陽阿公主府上，陽阿公主見她有天使的臉龐、魔鬼的身材，便讓她學習歌舞。天賦加上努力，趙飛燕獨創出了「踽步」和「掌上舞」兩大絕技，舞動起來身輕如燕，故稱「飛燕」。

在古代美女排行榜上，趙飛燕絕對是排得上號的，她和楊玉環齊名，人稱燕瘦環肥。

劉驁帶趙飛燕回宮中後日夜縱情享樂，沉浸在溫柔鄉中不可自拔。她是個聰明的女子，知道後宮險惡，而皇帝最大的特點就是朝三暮四、喜新厭舊。為了徹底俘獲皇帝的芳心，她對劉驁說：「我有個妹妹，身材豐腴，長相甜美，要不也把她接進宮裡？」

劉驁很激動：「世上還有這等美事？趕緊找來！」

一見趙合德，劉驁便魂不守舍了，趙合德的美是一種不同於趙飛燕的美，明眸皓齒，豐乳肥臀，只看得劉驁骨酥筋軟。

那一夜相當溫柔。

這是劉驁自己承認的，因為他為那一夜取了個千古流傳的名字：溫柔鄉。

姐妹倆輪流侍寢，劉驁終日沉浸在聲色犬馬中，從此君王不早朝。

為了取悅趙飛燕，劉驁令工匠在皇宮太液池建造了一艘華麗的御船，取名「合宮舟」。一次，劉驁帶著飛燕一同泛舟賞景，飛燕穿著南越所貢雲英紫裙、碧瓊輕綃，隨〈歸風送遠〉的曲子翩翩起舞。

舟至中流，忽然起了一陣狂風，趙飛燕身輕如燕，險些被吹倒，劉驁急忙讓馮無方拽住趙飛燕。馮無方緊緊拽住飛燕的兩隻腳，趙飛燕則揚起長袖，繼續在半空中歌舞。事後，劉驁專門制了水晶盤讓她起舞，又蓋了一座「七寶避風臺」，專供趙飛燕表演。從這以後，宮中便流傳開了「飛燕能作掌上舞」的佳話。

趙飛燕姐妹入宮受寵，許皇后與班婕妤皆失寵，尤其是許皇后，心中很不高興。一次，姐姐許謁進宮看望許皇后，見她受了委屈，慫恿她用巫蠱詛咒趙飛燕姐妹。許皇后只圖一時痛快，殊不知此舉觸碰到了皇家底線。

世上沒有不透風的牆。很快，趙飛燕就得知了這個消息，她決定趁機同時扳倒許皇后和班婕妤，於是向皇帝打小報告：「皇后不僅詛咒我們姐妹，還詛咒陛下，班婕妤也參與其中。」

許皇后因此被廢，被囚禁到昭臺宮。

趙氏姐妹還不罷休，誓要將班婕妤拉下水，繼續向皇帝進讒言。

劉驁興師動眾，問班婕妤：「你有沒有參與巫蠱案？」

班婕妤卻只是淡淡道：「臣妾聽聞，死生有命，富貴在天。一個人努力修德正心，尚且求不來什麼福氣，若是做了不軌之事，更有何指望？倘若鬼神有知，他們不會接受不忠之臣的密告，倘若鬼神無知，那密告詛咒又有什麼用？詛咒的事，我不敢做，也不屑去做。」

聽了這番話，劉驁似乎有所悔悟，於是對班婕妤不予追究，賜黃金百兩。

這次風波雖然有驚無險，但是她深知，眼下趙飛燕正受寵，與其他女人爭風吃醋，從來都不是她的追求。她決定明哲保身，連夜寫了一本奏摺，自請前往長信宮侍奉王太后。

在長信宮的日子裡，沒有了外界的干擾，她正好可以安心讀書寫字，寫出了著名的〈團扇歌〉、〈自悼賦〉和〈搗素賦〉。

新制齊紈素，皎潔如霜雪。

裁作合歡扇，團團似明月。

出入君懷袖，動搖微風發。

常恐秋節至，涼意奪炎熱。

棄捐篋笥中，恩情中道絕。

從那以後，團扇成了失寵女子的代名詞。

千年後，納蘭性德寫了一首木蘭詞，將班婕妤的無奈寫入其間：人生若只如初見，何事秋風悲畫扇？等閒變卻故人心，卻道故人心易變。

許皇后被廢，班婕妤主動退出競爭，皇后的位子空了出來。趙飛燕姐妹開始謀求皇后的位子。然而，二人還是低估了此事的難度，諫議大夫劉輔第一個站了出來實名反對：

「昔日武王、周公順天應時，因而有白魚入王舟、火焰變烏鴉的祥瑞，君臣仍心懷恐懼，互相勸勉。而今陛下沒有兒子，又屢次受到上天的警告，即便日夜自責，改正錯誤，敬畏天命，選窈窕之女以承宗廟，都不一定能生兒子。陛下卻放縱情慾，迷戀傾心於卑賤的女子，打算立她為皇后，母儀天下，不畏於天，不愧於人，太糊塗了！

俗話說：朽爛了的木頭，不可以當梁柱；卑賤的婢女，不可以當主人。上天和百姓同時拒絕的人，只有禍沒有福，連街巷小民都懂得這個道理。滿朝公卿沒有一個人敢出來說句真話，我非常痛心，不得不仗義執言，冒死出這個風頭！」

劉驁毫不客氣地將其關進監獄，準備好好收拾一頓。

大臣們有點糊塗了：「這什麼情況？」只有少數幾個人明白皇帝的心思，一看皇帝生氣了，紛紛上書解釋和求情。這些人有左將軍辛慶忌、右將軍廉褒、光祿勳師丹及太中大夫谷永，他們聯名上書：

「劉輔原本是個地方小官，陛下提拔他當諫大夫，說明他的言論見解一定有合聖心的地方，才受到如此提拔。如今不過月餘，卻被關進監獄，臣等愚昧，認為劉輔有幸從地方提拔到朝廷，不知道朝廷規矩，以致觸犯忌諱，不算大錯。若是小罪，陛下應該隱忍一下；如有大罪，也應公開他的罪狀，交付司法部門查辦，使大家都知曉。而今上天不悅，災異屢降，水災旱災接連發生，正是廣開諍諫之門、褒揚正直之士的時候。陛下卻用這種嚴厲手段懲罰諫臣，使群臣震驚，喪失盡忠直言之心。

假如劉輔不是因直言獲罪，罪名又不公布，那麼就不能使天下家喻戶曉。劉輔是同姓近臣，本因直言而獲顯達，從管理親族、培養忠良的角度上說，實在不該把他幽禁在宮廷監獄。百官見陛下擢升任用劉輔，又迅速打擊，都會懷有恐懼之心，不敢為國盡忠直言了，這就不能顯示出陛下虛心納諫的美德，也不能推廣道德風範。我們深深為此感到痛心，希望陛下留意考察！」

這麼多人聯名為他求情，劉驁只得免除劉輔的死罪，罰他做三年「鬼薪」徒刑。

好不容易壓制住了朝中反對的聲音，太后王政君又出來反對。她嫌趙飛燕的出身太低，認為讓她當皇后，有失皇家的威嚴。

趙飛燕很委屈：「當年衛子夫的身分也跟我一樣，她可以當皇后，我為什麼就不可以？」

就在趙飛燕舉目無望時，有個人跑來對劉驁說，他願意充當說客去說服姨媽。

這個人叫淳于長，是太后王政君的外甥，他曾經依靠巴結王鳳，入宮當了黃門郎。眼下，所有人都知道王太后不喜歡趙飛燕，要讓她改變態度，談何容易？

淳于長卻信心十足，他對機遇有著極度的敏感和執著，這次如果表現好了，仕途必定可以再進一步。為了說服姨媽王太后，淳于長做了充分的準備，憑著他那三寸不爛之舌，終於說動了王太后，接受了趙飛燕這個兒媳。

為了堵住朝臣們的嘴，劉驁追封已經過世的趙飛燕的父親為成陽侯，這樣一來，誰還敢說她出身低賤？

永始元年六月（西元前 16 年），劉驁封趙飛燕為皇后，趙合德封為昭儀，僅次於皇后，大赦天下。

儲君的選擇

明眼人都能看出來，許皇后的失勢已成定局，屬於她的時代已經過去。如今的許皇后，已經被打入冷宮，成了許廢后。而她並不甘心就此沉沒，於是慌亂伸手，希望能抓住些攀附之物，幻想著挽回皇帝的心。

可問題是，如何才能做到這一點呢？

許皇后在腦海中搜尋了一遍自己的人脈，忽然想到了一個人：淳于長。

之所以能想到他，是因為淳于長與許皇后的另一個姐姐許孊私通，把許孊納為小妾。有這麼一層關係在裡面，許皇后認為淳于長一定有辦法幫到自己。

當時，淳于長已被劉驁封侯，位列九卿之一的衛尉，是皇帝身邊的大紅人。許皇后重金賄賂淳于長，希望他能在皇帝面前幫自己美言幾句。

淳于長本無心幫她，但是受不了金錢的誘惑，假裝答應許氏。每當許皇后問起，淳于長總是欺騙她說：「皇上已經慢慢原諒她了，還打算立她為左皇后。」

失去了錢財和地位的許皇后，此刻已然是非常無助，她只能靠淳于長編織的那些謊言才能活下去。而淳于長沒事就寫信給許皇后，字裡行間充斥著不少挑逗之語。

時間一久，劉驁也有些憐憫許氏，於是下詔：「先前平安剛侯夫人許謁犯下大逆不道之罪，家人有幸蒙受赦令，回到原籍，令平恩侯許旦和許氏在山陽郡的親屬回到京城。」

傻傻的許氏還以為是淳于長的功勞，對他感恩戴德。

王鳳死後，繼任者是王根，因為身體不好，王根多次向劉驁請求退休，而當時淳于長已官至衛尉，位列九卿，是最有可能接替王根職位的王家人。

然而，想接班的又何止淳于長一人？還有一個人也磨刀霍霍，準備跟他競爭。

這個人叫王莽，是淳于長的表弟。

當時的王莽擔任侍中、騎都尉、光祿大夫，他一方面盡心侍奉伯父王根，另一方面蒐集淳于長的罪證。

王莽為人低調，做事穩重，可以說是王氏家族的一股清流，很得王根的欣賞。有一天，王莽去看望病床上的王根，意味深長地說：「叔叔，有句話不知該不該講。」

王根說：「但講無妨。」

王莽說：「淳于長聽說您久病不起，整日春風拂面，自以為可以代替叔叔您輔政了，他現在已經到處為別人封官許願了。」

王根越聽越火大，吼道：「有這種事，為什麼不早說？」

王莽小聲說：「不知叔叔心裡的想法，所以我憋在心裡不敢說。」

有人是煽情的高手，有人是點火的高手，王莽二者兼具。

王根咳喘著，指著王莽道：「還等什麼，趕快去稟告太后！」

王莽又去老太太那兒告狀，講了一堆淳于長那些七七八八的事。

老太太知道淳于長做的醜事後，氣得大吼：「這小子竟然做出這種事，真是丟盡了我王家的臉面！走，跟皇帝說去！」

王莽又來見劉驁，照前述了一遍。劉驁卻很冷靜，只是將淳于長免官，打發回封國了事。

聽說淳于長被免職，最開心的當數紅陽侯王立。當年他沒能擔任大司馬輔政，一直懷疑是淳于長暗中搗鬼，在劉驁面前說了自己的壞話，至今耿耿於懷。而如今，淳于長因罪被遣返回封國，王立終於可以報復他了！

想到這裡，他派長子王融去找淳于長，要求其留下車輛馬匹。淳于長見王融索要馬車，不但立即奉送，而且額外又送了一大堆奇珍異寶，讓王融回去跟王立通融，在皇上面前幫自己求個情。

王立見錢眼開，收了淳于長的禮，馬上化敵為友，找了個機會，請求劉驁把淳于長留在京師。

劉驁的第六感告訴他：「這裡面一定有問題！」

地球人都知道，王立跟淳于長是死對頭，他怎麼可能會幫淳于長求情說好話？

劉驁派人調查，王立嚇壞了，害怕事情暴露，硬是逼著兒子自殺。

這件事更讓劉驁覺得其中必有蹊蹺，下令將淳于長抓起來審一審。受不住皮肉之苦的淳于長很快就把如何戲弄許皇后的事全抖了出來，劉驁感覺自己的頭頂隱隱冒著綠光，一怒之下，殺了淳于長。

而見錢眼開的王立，他的大司馬之夢徹底碎了，他被遣回封地，其黨羽和密友也被免職。

淳于長結交廣泛，他有很多好友，比如丞相翟方進。

淳于長被斬後，和他有關係的人都受到了牽連。翟方進雖未參與淳于長之事，但是也因和淳于長關係不錯，怕受到牽連，主動上書請求辭職。

劉驁反而不怪罪翟方進，批了一句：「淳于長已伏誅，你跟他關係不錯，但是古人有句名言：朝過夕改，君子與之。希望你不要多想，安心工作。」

翟方進這才放下心來，重新回去上班，處理了一批與淳于長關係不錯的人。

翟方進是上蔡人，跟李斯是同鄉，他祖上家大業大，可到了他父親這一輩，家道中落。他十二三歲時，父親去世，臨終前託人在官府裡為他謀了個小吏的差使。可惜衙門當差需要八面玲瓏，翟方進做不來那一套，所以在太守府過得很委屈。

對前途感到迷茫的他找人算了一卦，結果算卦的人一看他的面相，告訴他：「小夥子，我看你有封侯之相，前途不可限量。你聽我一句，辭職去研讀經術，將來必有作為！」

翟方進大喜，辭了工作對繼母說，自己要到長安拜師學經。繼母不放心，一起到長安賣鞋供他讀書。

十多年後，翟方進終於在學術界混出了名頭，進入了官場。他在學術界地位很高，有多高呢？西漢有三個「儒宗」，第一個是叔孫通，第二個是董仲舒，第三個就是翟方進。

當時，官場中有一位精通經術的老頭叫胡常，年齡比他大，研究經術比他早，官職比他高，可名氣就是沒有他大。胡常看不慣翟方進，經常到處說他的壞話。

翟方進知道後，非但沒有找胡常算帳，反而在每次為學生上課遇到疑難問題時，總是派人去請教胡常，給足了他面子。胡常心中滿是愧疚，從那以後就經常誇翟方進有學問，人品好，兩人後來還成了無話不談的好友。

又過多年，翟方進升任刺史。他做事不嫌麻煩，所辦政務均按條令執行，甚有威名。後來他當上丞相司直，與司隸校尉較勁。

第一任司隸校尉是陳慶，因為知法犯法和瀆職被他彈劾，直接被免官，回家種田去了；第二任司隸校尉是涓勛，對丞相和御史大夫極不恭敬，卻對外戚王氏畢恭畢敬。

這可點燃了翟方進的暴脾氣，一次上班時，他引經據典，直接將涓勛陽奉陰違、勾結外戚的行為公之於眾。這下子，涓勛被降為縣令。

短短一年時間內，兩任司隸校尉都敗在翟方進手上，群臣從此相當怕他。丞相薛宣非常器重他，時常告誡府內的人：「好好與翟司直相處，用不了多久，他必然會當丞相的。」

薛宣沒有看錯人，三年之後，丞相之職空缺，皇帝讓群臣推薦人選，大夥兒一致推舉翟方進。就這樣，翟方進接過了丞相的擔子，還被封高陵侯。

封侯拜相，這是每一位政治家的終極夢想，無疑也是草根青年翟方進的終極夢想。今天，他做到了！

奧斯卡．王爾德（Oscar Wilde）曾說：人生有兩大悲劇，一個是夢想的破滅，另一個是夢想的實現。後者之悲，更甚前者，翟方進很快就會體會到這句話的真意。

我們繼續說回趙飛燕。

趙飛燕成為皇后，執掌後宮，劉驁對她的寵愛卻漸漸不如以往，更寵愛妹妹趙合德。

趙合德居住的宮殿昭陽舍極盡奢華，中庭為紅色，門上鑲了黃銅，階梯以白玉砌成，殿內的梁上橫木裝飾了金環，同時嵌入藍田玉璧、明珠、翠羽，其富麗奢侈為諸宮之最。《漢書》記載，自有後宮以來，還從未見過如此奢華的宮殿。

姐妹倆接下來的目標很明確，輪流為皇帝生子。

可是，老天爺是很公平的，她們很快發現，過去用多了美顏瘦身的「息肌丸」，如今懷孕變得很困難。趙氏姐妹明知自己不孕不育，仍然不死心，宮中嬪妃只要懷孕，都被趙氏姐妹下手除掉。劉驁雖然在後宮辛勤耕耘，卻始終沒有兒子，這讓他很焦慮。

這一年，劉驁已經四十多歲了，一個迫切的問題擺在他面前：選誰來當繼承人？

劉驁沒有兒子，只能從血緣最近的宗室中選一個當繼承人了。當時有資格入圍的只有兩個人：中山王劉興、定陶王劉欣。

其中，劉興是劉驁同父異母的兄弟，劉欣則是劉驁異母弟劉康的獨生子，當時的劉康已經去世多年了。

元延四年（西元前 9 年），為了確定最後的人選，劉驁下詔，讓中山王劉興與定陶王劉欣到長安參加最後一輪面試。

兩個人都知道這次面試將決定自己未來的命運，尤其是姪兒劉欣，他奶奶傅太后對他這次出遠門特別不放心，讓太傅、丞相、中尉三個人陪著孫子去了長安。

反觀劉興倒是很淡定，只帶了太傅一人就出了門。

一到長安城，劉驁就問姪兒劉欣：「你帶這麼多高官過來幹嘛？」

劉欣從容回答：「大漢法令規定，諸侯王朝見天子，可以由封國中官秩在二千石的官員陪同，而太傅、國相和中尉都是二千石的官員，因此我都帶來了。」

劉驁一聽，覺得劉欣回答得有理有據，又問弟弟劉興：「你只帶太傅一人前來，有什麼禮法依據？」

劉興心裡很不滿：「我又不是小孩，讓那麼多人陪著幹嘛？」但是這話只能憋在心裡，嘴上卻沒吭聲。

劉驁有點尷尬，準備考一考兩人的學問。他讓劉欣背《詩經》，結果劉欣倒背如流，而且解釋得頭頭是道。劉驁心下甚喜，又讓劉興背《尚書》，結果劉興張嘴結舌，背不出來。

好吧，面試到此為止，先去吃飯。

哥倆一起用餐，劉驁早就吃完了，劉興還在悶頭狂吃，吃飽喝足才放下筷子。吃完起身，劉興的襪帶鬆開了，他也沒有察覺。

「這樣一個顢頇的人，怎麼能繼承帝國的基業？」劉驁因此看不上劉興而欣賞劉欣，多次當眾稱讚劉欣有才。

與此同時，劉欣的奶奶傅太后也開始為孫子四處活動，她私下聯繫皇后趙飛燕、昭儀趙合德姐妹及驃騎將軍王根，一方面送禮，一方面許諾，為劉欣成為太子打下堅實的人脈和輿論基礎。

這些人也想為自己留條後路，於是在皇帝面前輪番稱讚劉欣，勸劉驁立他為太子。

劉驁確實很欣賞劉欣，就在本次朝見期間，他還親自為劉欣主持了加冠禮，然後送他回國。

繼承人一事，他還沒作最後的決定。

次年，劉驁組織丞相翟方進、御史大夫孔光、右將軍廉褒、後將軍朱博、驃騎將軍王根等人開會，會議內容只有一項：劉興、劉欣兩個人，誰更適合當接班人？

翟方進、廉褒、朱博、王根四人一致認為：「劉欣是陛下的親姪子，《禮記》上說，昆弟之子，猶子也；為其後者，為之子也，劉欣適合立為嗣子。」

孔光則持反對意見。他認為：「依照禮儀，立嗣應以血緣關係為依據，比照《尚書．盤庚》中記載的商朝君王的傳位方式，理應兄終弟及。中山王是先帝的兒子，陛下的親弟弟，應該被立為後嗣。」

劉驁經過一番深思熟慮，最終還是選擇了姪兒劉欣。

這一年，他再次下詔，召十八歲的定陶王劉欣入京，立為太子。為了安慰劉興，又增加了三萬戶采邑給他。

皇帝死因調查報告

廟堂之上亂哄哄，那麼民間如何呢？

只能用一個詞來形容：民不聊生。

舉兩個例子。

建始三年（西元前 30 年）秋，一則「鬧洪水」的傳言迅速成為長安城的「頭條新聞」。

當時關中正值雨季，大雨持續了四十多天，依然沒有停止的跡象。長安城內謠傳四起，百姓傳聞洪水就要來了，四處奔走，長安城裡亂成一團。

消息很快傳到宮中，劉驁緊急召集公卿大臣開會。皇帝的舅舅、大將軍王鳳提出：「大家先不要動，讓皇帝先走。」

他認為：「雨下得這麼大，應及早作準備，太后、皇帝和後宮嬪妃先登船避難，官吏百姓可以到城牆上躲避洪水。」

大臣們紛紛拍王鳳馬屁，唯獨王商堅決反對。

他說：「自古以來，即便是再無道的國家，也沒有大水漫過城郭的情況。況且如今天下承平，四海安定，怎麼會無端發大水？這一定是謠傳！在這種敏感時刻，讓百姓登上城牆避難，只會引起更大的恐慌，後果不堪設想！」

過了一陣，城裡也沒見大水來，謠言不攻自破。

為什麼長安城會鬧這樣的烏龍？如果仔細分析其中緣由，會發現一個扎心的真相：各地災害不斷，朝廷已無力應付。民眾對政府的抗洪能力沒有信心，整日生活在惴惴不安中，一聽說洪水降臨，自然是保命要緊。

當民眾對朝廷開始失去信心：「大漢，危矣！」

時光如梭，轉眼已是綏和二年 (西元前 7 年)。

這一年的老天爺似乎不太高興，天上出現了異象，叫做「熒惑守心」。這個詞大夥兒應該很熟悉了，當初秦始皇死前就曾出現過這種天象，讓他心中惶恐不安。

那麼，到底什麼是熒惑守心呢？

我先說明一下天文學和星相學知識。所謂「熒惑」，是指火星，在星相學中代表著戰爭和死亡。所謂「心」，指的是二十八宿之中的心宿，心宿有三顆星，分別代表了皇帝、皇子和皇室中最重要的成員。

一顆「災星」，竟然停留在代表天子的心宿中，這可是直接影響到統治者命運的大凶之兆，翻翻史書，更要命！

始皇三十七年，出現熒惑守心，第二年嬴政駕崩。

高祖十二年春，出現熒惑守心，當年四月劉邦駕崩。

秦皇、漢祖都沒能逃過「熒惑守心」的詛咒，劉驁也被嚇得半死，怎麼辦？

有一個號稱善於觀星的大臣出主意：「說這個簡單，只要找一位大臣來擋災就行了。」

可別覺得這是大臣隨便想出來的，皇家轉移災禍其實也有先例可循的。《呂氏春秋》裡就記載了宋景公時發生的一次「熒惑守心」事件。

宋景公問大臣怎麼辦，大臣說：「這災禍本來是降在君主頭上的，不過可以『轉移』。」

「怎麼轉移？」這位大臣給出三個方案：轉嫁給宰相、轉嫁給百姓、轉嫁給當年的農業收成。

宋景公比較仁慈，讓誰遭災都不忍心，他決定：「自己的黑鍋自己背！」

然而，當夜「熒惑」就消失了。大臣們都認為，這是因為宋景公的仁德感動了上天，所以才沒有遭此大難。

劉驁聽完以後恍然大悟：「原來可以找替死鬼啊！」他直接指定人選：「就翟方進了，誰讓他是百官之首呢？」

劉驁召見丞相翟方進，指責他的工作中的種種過失，說他上不能輔佐天子、下無力選賢任能，白白占著丞相的大位，才會出現「熒惑守心」這樣的凶兆。最後撂下一句話：「這黑鍋就該你來背！」

很明顯，皇帝是想讓他自裁。

翟方進從皇宮出來後往家裡走，心裡很難受：「做了一輩子工作，到頭來還賠了性命，太寒心了！」

翟方進遲遲下不了自殺的決心，劉驁的旨意又到了：「你翟方進有孔子那樣的覺悟，又有戰國勇士孟賁那樣的勇武，但是你擔任丞相後，治國理政卻一塌糊塗，災害不斷，黎民受苦，百官也是朋比為奸，你做丞相的肯定是有責任的！朕想免了你吧，又不太好意思，工作做成這個樣子，你自己看著辦吧！」

擺事實、講道理，最後還賜給翟方進一頭牛、十石酒。

翟方進絕望了，這是皇帝要逼死自己的節奏啊！無可奈何，翟方進痛哭一場，當天就自殺了。

消息傳來，劉驁高興了，終於有人替他擋災了。為掩蓋自己逼死丞相的事實，劉驁賞賜了很多殯葬器物，還數次親臨弔唁，極力打造翟方進高大全的形象，讓其獲得了漢興以來歷代丞相前所未有的待遇。

翟方進登上了人生的巔峰，成為帝國的丞相。然而那又如何？今天他的結局，正應了杜甫的那句詩：官高何足論，不得收骨肉。如果讓翟方進重新選擇一次，他會不會仍然選擇辭職，到長安做個「京漂」？

這個問題，沒有人能回答。

事實證明，出來混，遲早要還的。有些鍋就得自己背，甩是甩不出去的。

就在翟方進被逼自裁的次月，已經被酒色掏空了身體的劉驁在未央宮突然逝世，而當時陪侍的正是趙合德。

一時之間，朝野震動，太后、丞相、御史大夫、掖庭令等人全都將矛頭指向了趙合德。趙合德無力辯解，自殺身亡。

根據正史記載，劉驁死於腦中風。可這顯然滿足不了大家八卦的獵奇心理，他們一致認定，劉驁荒淫無度，肯定是服用春藥過度，精盡人亡，死在了趙合德的床上。北宋有個三流小說家叫秦醇，根據《漢書》意淫出了一本《趙飛燕別傳》，狠狠地醜化趙氏姐妹和劉驁。

十八歲的太子劉欣順利即位，是為漢哀帝。

他感念趙飛燕當初擁立之功，依禮法尊趙飛燕為皇太后，封她的兄弟趙欽為新成侯，姪兒趙訢為成陽侯。

西漢到了漢哀帝的手上，進入了多事之秋，開始走向滅亡的道路。

按理說，新皇帝繼位，前朝的事也該告一段落了。然而，就在漢成帝駕崩後不久，司隸校尉解光提交了一份關於劉驁死因的調查報告，再一次震驚了朝野。

這份調查報告的內容可謂是驚世駭俗，他把劉驁沒有子嗣歸結到趙飛燕姐妹身上，甚至說劉驁在趙合德的逼迫下親手掐死了自己的兒子！

這到底是怎麼回事？

解光寫的這篇調查報告其實很好讀，因為全篇都是在講故事。但是鑒於原文實在太長，我在這裡簡單概括一下。

元延元年，有個姓曹的宮女生下了一名男嬰。沒過多久，宦官田客拿著皇帝的詔書，讓籍武將那個孩子和六名宮女押入暴室（後宮晾衣處，兼作牢獄）。「別管這是誰的孩子，也別管是男是女。」

曹宮女對籍武說：「請把我兒子的胞衣藏好，你知道我兒子是什麼人嗎？」

三天後，田客又來催問：「孩子死了沒有？」

籍武答：「還活著。」

田客急了，當面告訴籍武：「皇帝和趙昭儀很不滿意，孩子怎麼還沒死？」

籍武哭訴道：「臣自知殺也是死，不殺也是死。皇帝沒有子嗣，這孩子好歹留著吧！」

隨後，籍武輾轉上了一道奏書給漢成帝，其中說：「皇帝還沒有子嗣，只要是陛下的兒子，出身就沒有貴賤之分，請陛下三思！」

奏書遞上去後，田客又拿著皇帝的手諭來找籍武，抱走小孩。田客把小孩交給中黃門王舜，王舜受成帝委託，帶小孩進宮中，挑選乳母撫養，並告誡她：「好好撫養這個孩子，將來少不了你的好處，切記保密！」

三天後，田客拿著皇帝的手諭和毒藥，讓曹宮女自殺。曹宮女知道這是要殺人滅口，哀嘆道：「看來趙氏姐妹要禍亂天下了！我兒子的額頭很像漢元帝，可惜已經被她們害死了吧？要是能讓太后知道就好了！」

詔命難違，曹宮女服毒而死，男孩被人抱走，不知所終。

還有一個許美人也懷上了龍種。成帝為了保住自己的孩子，嚴密封鎖消息，派出御醫貼身照顧，還送給許美人三顆名貴的養生保胎丸。

許美人生下孩子後，劉驁可能是心情舒爽，告訴趙昭儀自己有兒子了。趙昭儀一聽，馬上一哭二鬧三上吊，在成帝面前打滾哭鬧：「陛下經常騙我說，除了我們姐妹，別無所幸，那許美人的孩子又是哪裡來的？我不依我不依！」

趙昭儀以絕食相威脅，成帝只好哄她：「我特意把此事告訴你，你怎麼還生氣了呢？」

趙昭儀說：「陛下常說絕不會辜負我，可如今許美人都生了兒子，你還有什麼好說的？」

成帝賭咒發誓，要立趙氏為皇后。「絕不會讓其他人高過你們，你不必擔心。」

趙昭儀還是不信，成帝只得讓人將孩子送到御前，親手掐死了自己的孩子，然後讓人在掖庭獄牆下挖了一個坑，埋入其中。

成帝駕崩之時，趙昭儀害怕事情敗露，賄賂身邊的宮女，要她們保密。而已故的掖庭令也知道這事，但是顧及家人，也一直守口如瓶，所以這麼多年真相一直無人知曉。雖然皇上剛剛宣布大赦，但是趙昭儀罪大惡極，兄弟親戚又在帝側，實在令人寒心，不懲不足以謝天下！

這個故事講得曲折離奇，在歷史上流傳很廣。不過很可惜，在我看來，這個故事漏洞太多，根本經不起推敲。如果劉驁還活著，看到這份調查報告，絕對會以誹謗罪起訴解光！

要知道，皇帝無後，不僅是他個人的事情，更是國家的大事。趙合德再受寵，再跋扈，她敢向皇帝提出這種過分要求嗎？

其次，當時實際掌權的乃是皇太后王政君，她的地位正是從兒子劉驁這裡來的。劉驁有沒有兒子，王政君絕對是最關心的，如果劉驁生不出兒子，換了其他人上位，王氏家族就要面臨巨大危機。後宮如有妃子懷孕，王政君豈會不聞不問？又怎會允許趙合德為所欲為，除掉自己的親孫子？

再次，劉驁就算對趙合德愛得死去活來，也不可能昏庸到殺死自己的孩子來取悅一個女人，因為這違背了人性。我相信，劉驁也不會做出這種人神共憤的事。

那麼問題來了，既然如此，解光為什麼要在先皇去世幾個月後，寫出這樣一份漏洞百出的調查報告？或者說，是什麼人在背後指使他？

是王氏家族嗎？我覺得未必。因為這份報告雖然打擊了趙氏外戚（劉欣事後奪了趙飛燕弟弟和姪子的爵位），可王氏家族也受到了打擊，報告中點出王根貪財，意思是讓老王家的人也老實點。

綜合後來的政治鬥爭，幕後之人其實不難猜測 —— 極有可能正是皇帝劉欣本人。

不管怎麼說，自己的荒唐伯父終於下臺了，滿懷遠大理想的劉欣站到了歷史舞臺的中央。

從希望到絕望

作為一位從藩國出來的皇帝，劉欣對漢朝的很多弊病還是看得很清楚的，除了令人詬病的後宮外，皇室權力衰微、權臣把持朝政一直困擾著帝國的執政者。上任之初，劉欣信心十足，他想一改前朝烏煙瘴氣的狀況，對朝局來個重新洗牌，將皇權收回自己手中。

為了革新朝政弊病，劉欣一改成帝朝的奢靡生活作風，他節省各項開支，整頓靡靡之音，下令裁撤了樂府一大半的樂工。

開局順利，大夥兒也對他充滿信心，堅信他能把帝國帶回正軌。

然而沒多久，劉欣就跌了一個大跟頭。這個陷害他的人，不是別人，正是他的祖母，傅太后。

按理說，劉欣已經過繼給劉驁，他的祖母和母親應當留在定陶，但是兩人偏要來長安。王政君倒也好說話，同意兩人每十天來一次未央宮。

對這個結果，傅太后顯然不滿意，孫子當了皇帝，自己想住在宮裡，那不是一句話的事嗎？

劉欣很糾結，下詔問丞相孔光和大司空何武：「你們說說，定陶太后應該住在什麼地方合適？」

孔光很謹慎，他老早就聽說傅太后有工於心計、善於弄權的名聲，絕對不是一個善類，擔心她干涉朝政，建議另行修築宮殿居住。不料，大司空何武關鍵時刻腦子壞了，居然說：「不用那麼麻煩啦，北宮就可以居住。」

劉欣很無語，但是也只能表示同意。

北宮就在未央宮的西北角，有條小道可以直通未央宮。傅太后每天都要去看自己的孫子，她的目的很簡單：給自己一個恰當的「名分」。

傅太后的名分是「定陶王太后」，等級已經很高了，但是老太太顯然不滿意。「看看人家王政君，同樣是元帝劉奭的女人，憑什麼她是太皇太后，我就不行了？」

高昌侯董宏為了迎合傅太后，上了一封奏書，其中說：「秦時莊襄王過繼給華陽夫人，莊襄王照樣封他母親夏氏與華陽夫人為太后。給傅太后一個『帝太后』的尊號，沒毛病！」

這個建議馬上遭到大司馬王莽、左將軍師丹的反對，他們聯合上奏彈劾董宏：「拿亡秦做比喻，這不是臣子該說的話，大逆不道！」

劉欣於是讓董宏滾蛋，貶為平民。那邊的傅太后一聽大怒，她覺得這孫子太懦弱了，而且對自己不孝順。「我大漢歷來以孝治國，你看著辦吧！」

拿孝道來壓人，這就很過分了，劉欣沒辦法，在徵得王政君的同意後，他下詔將自己的父親定陶恭王尊為「恭皇」，將祖母傅太后的尊號改為「恭皇太后」，母親丁氏尊為「恭皇后」。

不僅如此，劉欣還延續了前兩朝的路線，大肆分封自己的外戚親眷。這樣一來，朝中就形成了兩批外戚，一批是王氏家族，一批是傅氏家族。

老太太是心滿意足了，可劉欣卻離自己當初的理想越來越遠。

眼見傅家人得勢，王莽知道自己該避一避了，他上書乞骸骨，誠懇地要求退出帝國權力中心：「我要回農村。」

但是劉欣不同意。

自己剛上臺，各項工作亂如麻，正是需要人指點的時候。「你王莽官聲又好，品行又好，能就此撒手不管嗎？」

當然，這只是檯面上說的話。

作為皇帝，劉欣深知，雖然自己引入了傅氏家族，削弱了王氏家族，但是王氏家族經營了數十年，各個重點部門都有他們的人，這些人的影響力可不是短時間就能消除的。如果貿然讓王莽辭職，那自己這皇位能不能坐得安穩就不好說了。

在劉欣和一干老臣的挽留下，王莽留了下來，重新回到工作職位上。

有一次，漢哀帝在未央宮舉行宴會，宴會負責人在安排座位時，把傅太后的座位設在王政君的旁邊，這引起了王莽的不滿。他斥責內者令說：「定陶太后不過是藩王妃子，她有什麼資格跟太皇太后座位並列，她配嗎？」

說完，王莽勒令撤去傅太后的座位，重新安排。

傅太后聽說王莽的這個舉動後，氣得勃然大怒，怎麼也不肯赴宴，恨不得生吞王莽。

沒臉去啊！

王莽一看情況不妙，趕緊又交了一份退休報告。

劉欣見雙方已到了水火不容的地步，只得同意了王莽的退休請求，但是賜給他「特進」的待遇，仍能參與朝政。

眼見王莽下野，王氏集團有垮台的趨勢，不少人紛紛跟風，彈劾王家人。有一次，司隸校尉解光彈劾曲陽侯王根，說他在先帝喪葬期間公然聘娶後宮女樂官，擺了盛大的酒席；王根的姪子、成都侯王況也公然聘娶先帝的貴人為妻，這兩人犯了大不敬之罪，要求嚴懲。

劉欣很為難，他能當上皇帝，王根也出了不少力，但是大臣的彈劾奏疏又不能不管。權衡之後，他決定，讓王根回老家養老；王況奪了爵位，貶為平民；王氏以前舉薦的官員，無論賢能與否，一概全部罷免。

不但王氏家族的人受到影響，連王莽本人也遭到傅、丁外戚一黨的彈劾。

至此，劉欣終於把王氏外戚擠出權力中心。

即便如此，傅太后仍不滿意。在她看來，「帝太后」比「太皇太后」還是差了點意思。於是，有人繼續為她鼓吹，大唱讚歌說：「祖母以孫貴，應該更換尊號，以重孝道。」

在大臣的慫恿下，劉欣又將其尊號晉為「帝太太后」，與太皇太后同級。

自此以後，傅太后愈發驕橫，甚至當面羞辱王政君，罵她是「老太婆」。幾年後，傅太后的尊號又玩出了新花樣，要了個「皇太太后」，比「太皇太后」更勝一籌了。

後宮之中，破天荒出現了兩位太皇太后、兩位皇太后！

綏和元年（西元前 8 年），中山孝王劉興病逝，獨生子劉衎繼位，史稱中山小王。

劉衎當時還不滿一歲，得了一種眼科疾病，祖母中山太后親自撫養看護，到處求神許願，祈禱孫子早點病癒。

這位祖母可不簡單，她叫馮媛，是馮奉世的女兒，當年曾赤手空拳為元帝劉奭擋熊，留給元帝深刻的印象。

劉欣得知消息後，安排宮廷禮賓官張由帶醫護人員去為劉衎看病。這位張由有「狂易病」，跟羊角風類似。到地方後，他突然精神失常，暴怒狂亂，一路跑回長安。

宮廷祕書責問張由為何擅自離開中山國，張由驚懼之下編造謊言，說：「中山國馮太后詛咒皇帝及傅太后。」

「竟有這種事？」

傅太后早就看不慣馮太后，她嫉妒馮太后當年在皇帝面前出盡了風頭，這下機會來了，立即派御史丁玄去中山國辦案。

丁玄將中山國官吏及馮氏家族百餘人抓捕，查了數十天，也沒查出個結果。傅太后很不滿意，又讓中謁者令史立接手這個案子。史立辦案方式簡單粗暴，動用大刑，弄死了數十人，但是馮太后始終不承認子虛烏有的事。

史立刺激馮太后說：「想當年太后挺身擋熊的時候多麼英勇，如今怎麼就沒有勇氣認罪伏法呢？」

馮太后很清楚，史立肯定不知道三十多年前挺身擋熊的事。「這顯然是傅太后成心要報復我啊！」

想明白這一點，馮太后服毒自盡。

事情過去一年後，司隸孫寶在翻閱卷宗時，覺得馮氏一案有些蹊蹺，奏請重新審理。傅太后聽說後，對劉欣怒吼道：「皇帝設定司隸，是用來追查我的嗎？馮氏謀反一案事實清楚，證據確鑿，孫寶卻故意挑剔，四處宣揚我的過錯，你乾脆叫他把我抓起來！」

傅老太太一發飆，劉欣很害怕，趕緊把孫寶扔大獄裡去。「不好意思了老弟，老太太發火了，只能暫時委屈你到監獄裡蹲一會兒。」

尚書僕射唐林表示不服，他站出來為孫寶鳴不平。劉欣一看，怎麼又冒出來一個找麻煩的人？順手為唐林安了個結黨營私的罪名，貶他到敦煌喝西北風去了。後來，大司馬傅喜、光祿大夫龔勝等人堅持為孫寶辯護，劉欣一看這麼多人為他求情，最後將孫寶官復原職。

老太太權力欲旺盛，傅、丁兩家的外戚也跟著沾了光，一個個雞犬升天，占據了各部門的重要職位。劉欣一心想收回皇權，開創良好的政治風氣，不料還是回到了外戚專權的老路上。

劉欣不甘心就此止步，他躊躇滿志，準備做另外一項改革：限田限奴，簡單來說就是土地革命和限制人口買賣。

這裡我要重點說一下土地革命，因為這涉及中華民族兩千多年歷史的深層邏輯。

每個王朝的初期都是人少地多，人均耕地面積較大，社會急需安定，這也是為什麼盛世總是會出現在王朝前期的原因。隨著太平盛世到來，人口逐漸增多，土地的開墾卻有上限，就會造成人均土地占有量逐漸減少的局面。隨著強而有力者大肆兼併土地，又有無數人沒有田種，再加上為逃避沉重的稅賦，百姓大多淪為佃戶。

這時候，只要一場自然災害，就會形成不受管束的流民潮，引發大規模的農民起義，最後推翻舊王朝，建立新王朝，由此進入下一個循環。

這種圍繞土地形成的輪迴，在工業化時代來臨之前根本無解。每個王朝都難以避免，始終挺不過三百年一次的週期律。

西漢初年，天下初定，百姓顛沛流離，土地荒廢，國家虛弱。開國皇帝劉邦採取休養生息的策略，使西漢的經濟得到發展，走向鼎盛。

與此同時，隨著春秋戰國井田制瓦解，土地私有制得到迅速發展，特別是在允許並鼓勵發展私田的情況下，未對私田予以任何限制，所以土地兼併的問題漸漸顯露。

武帝時，土地兼併的情況就已嚴重，興起了一批批豪強地主。董仲舒對當時的情況批判道：「富者田連阡陌，貧者無立錐之地。」

元帝時，土地兼併更加猖狂，土地的集中度也更高。比如，當時有個豪強地主叫張禹，僅他一家就占據了關中四百頃土地，而關中地區豪強的數量在全國排第一。

試想一下，除掉這些豪強占有的土地，留給農民的土地又能剩下多少？成帝時的成湯就曾指出過這個問題：「關東富人太多，占據了大量良田，役使貧民。」

哀帝上位後，代替王莽擔任大司馬輔政的師丹提出了「限田限奴」的改革主張。

不改不行了，眼下土地兼併問題已經相當嚴重，有些地方豪強占田數千頃，富過王侯，對帝國治理產生了嚴重威脅。

劉欣繼位兩個月後，大司馬師丹正式釋出了限田限奴令，規定諸王、列侯不得在他們的封國之外購買田地，而關內侯和其餘人的田地不得超過三十頃；諸侯王的奴婢不得超過二百人，列侯、公主不得超過一百人，關內侯、吏民不得超過三十人，但是六十歲以上、十歲以下的不算在奴婢數量中；商人不能占田，不能做官。

願景很美好，可惜放到現實中根本無法執行，老傅家和老丁家首先堅決反對。

傅昭儀和丁姬屬於多年的媳婦熬成婆，早些年被發配到山東定陶的委屈，一定要變本加厲地討回來。況且這些年，史家、許家、王家這些外戚紛紛占田蓄奴，享盡了榮華富貴，憑什麼輪到自己了，就要勒緊褲腰帶過委屈日子？

既得利益者不肯鬆口，而新上位的外戚老傅家和老丁家又聯合抵制，最終，「限田限奴」這套改革方案被束之高閣。

劉欣自己也沒做到這一點，他後來賜給董賢兩千頃土地，遠遠超過了限田令的最高數。上行下效，限田限奴令最終成為一紙空文。

面對這一連串的挫敗，年輕的劉欣有一種深深的無力感。繼任之初，他也曾雄心勃勃，想改革帝國弊病、收回皇權，像自己的祖輩一樣做一番事業，卻屢屢被冰冷的現實打敗。

斷袖之癖

政治上屢次受挫，為劉欣的理想蒙上了一層陰影，他渴望被理解，渴望被安慰，可放眼望去，誰會真正懂他？

就在這時，一個叫董賢的人闖入了他的生活。

一個夏日的午後，劉欣無意中瞥見殿門外廊下立著一個男子。他看上去只有十七八歲年紀，五官白皙，面容清雋，但是更美的是他的氣質。那是一種從骨子裡透出的美，高貴與優雅，風華與俊逸，同時又結合了陰鬱和深邃。

只是因為在人群中多看了你一眼，再也沒能忘掉你的容顏。

劉欣一下子就被他帥氣的外表深深吸引，主動上前搭訕：「你就是舍人董賢嗎？」

看著眼前這位霸道的皇帝，董賢輕聲回答：「是！」

這一搭訕，一發不可收拾，兩人迅速墜入愛河。

當日，董賢升任黃門郎，父親董恭徵召為霸陵令，並擢升為光祿大夫。

當然，這還只是開始。

沒過多久，董賢被提拔為駙馬都尉。皇帝外出，董賢就在身邊趕車；皇帝上殿，董賢在身邊伺候；皇帝睡覺，董賢伺寢。

一個月內，董賢得到的賞賜不可勝數，聖眷之隆重，無人能及。

劉欣和董賢流傳最廣的是「斷袖之癖」。一次睡覺時，董賢的頭枕到了劉欣的衣袖，劉欣想起床，而董賢還沒睡醒。為了不打擾董賢，劉欣用劍裁斷了袖子，悄然而起。「斷袖之癖」由此而來，也成了同性戀的代名詞。

董賢在劉欣面前盡顯嬌柔之態，千嬌百媚，柔美異常。每次給他休假，董賢都不肯回家，一直陪在劉欣身邊。

董賢成了劉欣的心上人，董賢的家人也跟著一路高升，他妹妹被升為昭儀，僅次於皇后，董昭儀居住的宮殿改名為「椒風」，與皇后的「椒房」遙相對應。

董賢及其家人迅速飛黃騰達，老丈人被任命為將作大匠，小舅子被任命為執金吾，讓其掌管禁軍，相當於把自己的身家性命都託付給董賢。甚至連董賢家的僕人都沾了光，得到了劉欣豪華的賞賜。

都說戀愛中的女人是盲目的，其實男人又何嘗不是如此？劉欣給了董賢很多賞賜，可即使這樣，他還是覺得無法表達對心上人的愛，他甚至想封侯給董賢！

奈何老祖宗劉邦早就立下了規矩：非劉氏不得封王，非有功不得封侯，如違此約，天下共擊之！

怎麼才能邁過這個坎？

這時，有人為他出了個主意，可以利用前一年發生的「東平王詛咒案件」，將舉報人的名字改為董賢，就說是他告發的。這樣一來，為董賢封侯就有合理的理由了。

結果，這個計畫剛提出，就遭到了丞相王嘉等人的阻止。但是劉欣並未氣餒，再接再厲，終於在幾個月後強行將董賢封為高安侯。

然而，僅僅一個爵位，又怎麼能夠表達自己對董賢的愛呢？

一心要和董賢海枯石爛的劉欣，又醞釀著提拔他當大司馬。

這一年，傅老太太駕崩，劉欣想以傅太后遺詔的名義加封董賢。結果詔書發下去，被丞相王嘉否決了。劉欣勃然大怒，他找了個藉口，派人去抓捕王嘉。

大難臨頭，全府上下都慌了，痛哭流涕，慫恿王嘉仿蕭望之，在被捕之前服毒自殺，以免受到獄吏的羞辱。王嘉卻說：「我有幸位居三公，如果是工作中出了差錯，辜負了國家，理應受死，向眾人謝罪。我又沒做錯什麼，為什麼要服毒自盡？」

王嘉從容不迫，穿戴整齊，隨使者入詔獄，並在獄中堅持自己的清白。不過，他並未對生還抱有任何幻想，下獄後便開始絕食，二十多日後嘔血而死。

在排除一切阻礙後，劉欣終於讓董賢當上了大司馬。這一年，董賢只有二十二歲。

匈奴單于和烏孫國國王來長安，劉欣設宴款待。宴會上，單于看見一旁的董賢，年紀輕輕竟然能夠做到這樣的高位，很是驚訝。劉欣得意地向單于說：「別看大司馬年輕，他可是憑著自己的本事才坐到這個位置的。」

單于心想：「聽起來好有道理，我竟無言以對。」

不僅如此，劉欣還在冊命董賢為大司馬的詔書中用了「允執其中」這個詞，據說這是當年堯帝禪讓給舜帝時所使用的詞彙。言外之意，他甚至還想將自己的江山讓給董賢！

維克多．雨果（Victor Hugo）說：什麼是愛？將整個世界濃縮為一個人，或將一個人看作整個世界，這就是愛。

在劉欣眼裡，董賢就是他的全世界。

劉欣沉溺在自己的世界裡不能自拔，那麼民間的情況又如何？

翻遍漢史，怎一個慘字了得！

此時的西漢王朝已經行至強弩之末，劉欣上位時正是多事之秋，日食月虧、星辰失序、山崩河決、饑饉遍行、盜賊蜂起，關於漢家中衰的讖語比比皆是。

建平四年（西元前 3 年），關東持續大旱，政府無力應付災情。

百姓在現世無望後，選擇了拜服在西王母腳下。隨之，一場浩浩蕩蕩的「傳西王母籌」的群體事件爆發。

從正月開始，民眾彷彿著了魔一般，手持草莖禾稈，互相傳遞，稱為「行詔籌」，四處奔走。不斷有百姓加入，隊伍越來越龐大，可達千人。他們披髮赤足，行色匆匆，有的連夜衝擊城關，有的翻牆而入，有的駕車騎馬奔馳，無人能擋。

這場運動波及二十六個郡國，成千上萬的民眾最後來到了首都長安。在長安，狂熱的信徒們在街巷間集體祭祀西王母，甚至有夜晚持火上屋、擊鼓呼號者。信徒們還互相傳遞符書，稱佩戴此符書者，可以不死，如果不信，在門樞下可以看到白髮。

如此這般，紛紛攘攘，直到秋天，這場神祕主義的民間運動才平息下去。

然而，劉欣可不管這些。「百姓疾苦？跟我有什麼關係？」

皇帝這麼瞎搞，朝中一些有識之士看不下去了。

諫大夫鮑宣上書劉欣，以「七亡」、「七死」陳述民間苦狀。

所謂「七亡」是：陰陽不和，水旱為災；縣官重責，更賦租稅；貪吏並公，受取不已；豪強大姓，蠶食無厭；苛吏徭役，失農桑時；部落鼓鳴，男女遮列；盜賊劫略，取民財物。

「七死」是：酷吏毆殺，治獄深刻，冤陷無辜，盜賊橫發，怨仇相殘，歲惡飢餓，時氣疾疫。

鮑宣認為，之所以會出現「民有七亡而無一得」、「有七死而無一生」的慘狀，都是皇親國戚、達官顯貴只顧自己，不體恤百姓造成的。

鮑宣是一個不怕事的主兒。有一回，丞相孔光外出視察工作，隨從不行旁道，駕著車在中央馳道奔馳，正巧鮑宣看到了，他命人將孔光的隨從拘捕，車馬沒收充公。

孔光對此耿耿於懷：「大家都是同僚，你這麼不講情面，讓我情何以堪？」回去後在劉欣面前吐槽鮑宣。

劉欣不知事情的來龍去脈，派人到司隸府抓鮑宣。

孤傲的鮑宣見狀，居然閉門拒命。

劉欣火了，將鮑宣以大不敬的罪名逮捕下獄，定為死罪，後來改判髡鉗刑，流放上黨。

諫臣被黜，廟堂之上只剩下馬屁精了，比如丞相孔光。

孔光是孔子的十四世孫，是大儒孔霸的兒子，初入仕途的他性格剛正，也曾懷揣著理想教化風俗、賑濟災民。當初淳于長因罪當誅，六個小妾在他事發前早已離開，丞相翟方進、大司空何武認為：「淳于長犯罪之時與六人仍為夫妻，因此當以連坐判之。」

孔光堅決反對，他認為：「夫婦之道，有義則合，無義則離，淳于長拋棄六人時，並沒有想到所犯之罪會敗露，不是故意為她們脫身。既然當時已斷了夫妻情義，如果再以夫妻之名判處六人連坐，不妥。」

成帝最終被他說服，免去六人的死罪。

孔光為官謹慎，做事嚴謹。有一次，妻子聽聞宮中建了一個溫室，其中種植了許多名貴樹木，就問孔光：「長樂宮溫室殿中到底種了些什麼啊？」

孔光嘿嘿一笑，沒有說話。

然而，就是這樣一個心懷理想與正義的人，在歷經宦海浮沉，特別在經歷了罷相打擊後，他身上的正義感越來越弱，到最後變成了官場老油條，只想自保。

雖然與董賢同列三公之位，早先還擔任過董賢之父的上司，如今的孔光卻很識時務，他知道劉欣有意將江山拱手讓給董賢，便經常請董賢到家裡坐坐。每次董賢到訪，孔光都是高規格接待，畢恭畢敬。

劉欣深知，禪位董賢是大事，必定會在朝中引起軒然大波，他還需慎重考慮，試探一下大家的意見。因此，在正式下詔前，他在麒麟殿組織了一次小宴，邀請朝中大臣赴宴。

一片其樂融融中，劉欣藉著酒意，舉起酒杯從容笑道：「朕想效法堯舜禪位於董賢，如何？」

大家徹底驚呆了：「這是人能做出的事嗎？」

中常侍王閎是個火爆脾氣，第一個站起來反對：「天下乃高皇帝天下，非陛下之有也。陛下承宗廟，當世世代代傳於子孫，責任重大，豈能戲言？」

王閎的意思很明顯：「這天下是你祖宗打下來的，不是你的私人財產，不是你想給別人就能給的，以後別拿這事開玩笑！」

劉欣被噴了一臉唾沫星子，黑著臉將王閎逐出宴會。

禪位最終沒有發生，因為就在說完這話的次年，劉欣駕崩，沒能跨入新世紀。

那一年是元壽二年（西元前 1 年），劉欣二十五歲，沒有兒子。

劉欣在位僅僅六年，從當初的意氣風發到最後的日漸沉淪，他的人生讓人哀嘆。作為飽讀詩書的少年天子，劉欣上任之初，還是很想好好做一番事業的。他知道帝國的弊病，也勇於放手讓身邊的人去做出一些改革。然而，他處於一個尖銳的矛盾局面中，一邊是骨肉親情和既得利益集團，一邊則是理想中的承平天下。當理想與現實發生碰撞，自己的努力屢遭挫折時，他選擇了逃避。

這是他的悲哀，也是漢帝國的悲哀。

帝國的最高權力出現中空，這一次又會花落誰家呢？

第十章

王莽篡漢

王莽回來了

年僅九歲的中山王劉箕子被選為皇帝，史稱漢平帝，然而，此時的權柄已不在他手中。劉箕子雖然當了皇帝，歷史舞臺上的聚光燈卻照不到他身上，而是集中到了另外一個人身上 —— 王莽！

是的，王莽終於回來了！

他將是今後歷史舞臺上唯一的男主角。雖然王莽已經在前面有過出場，但只是作為配角出現，所以我並沒有花費太多筆墨寫他。歷史舞臺上亂哄哄，各方主角你方唱罷我出場，元帝、成帝、哀帝漸次登場，又很快黯然下臺。而現在，終於輪到王莽登場了！

我們將時間的指針撥到西元前 48 年。

這一年，漢宣帝去世，漢元帝即位，王莽的姑母王政君任皇后，外戚王氏集團開始形成。

三年後，王莽出生。

西元前 33 年，漢元帝去世，漢成帝即位，王家舅舅們開始在政壇上全面崛起。王鳳為大司馬、大將軍、領尚書事，王崇為安成侯，王譚、王商、王立、王根、王逢時皆被封侯，王氏家族勢力鼎盛，呼風喚雨，一時風光無兩。

唯獨王莽是個例外。

王莽的父親叫王曼，是王政君的異母弟。王政君有八個兄弟，王曼排行第二，不幸的是，王曼很早就去世了。因此，儘管王家有一日封五侯的榮耀，唯獨王莽是一介布衣，用《漢書．王莽傳》裡的話來講，就是「獨孤貧」。

當王家的富二代們驕奢淫逸、聲色犬馬時，沒爸的王莽只能獨自扛起生活的重擔，侍奉孀母與寡嫂，撫養兄長的兒子。

早早失去父親庇護的王莽，比同齡孩子更顯早熟，他從小就對儒家文化產生了濃厚的興趣，拜當時的名儒陳參為師，專心研讀《禮經》。

此外，他還主動結交知識分子，跟當時的名士戴崇、陳湯及劉歆成了好朋友。不管是對待母親、寡嫂，還是伯父、叔父，他都謙恭謹慎，曲盡其禮。

生活中，王莽勤儉節約，孝順恭敬；學業上，王莽努力讀書，孜孜不倦；社交上，王莽謙恭和藹，虛心待人。

到叔伯家做客也是恭敬有加，屁股只坐座位的一半，添茶倒水比誰都勤快，喝酒碰杯一定比別人低，相當懂禮貌。

跟王家那些吃飽了只知道享樂的富二代相比，王莽簡直就是外戚子弟中的一股清流。

那些年，王莽是道德完人。

西元前 22 年，王莽二十三歲，伯父大司馬王鳳病入膏肓。

王莽殷勤伺候在床前，親嘗湯藥，幾個月的時間衣不解帶，人明顯消瘦了很多，其孝心連王鳳的親兒子都比不上。

被王莽至誠孝心感動的王鳳，在彌留之際握著王政君和外甥漢成帝的手，鄭重推薦了兩個人，其中一個是從弟王音，後來接替他為大司馬；一個就是姪子王莽。

王鳳將王莽託付給太后王政君，希望她能盡量多照顧一下這個早早就沒了父親和兄長庇護的姪子。

王政君本來就對王莽的印象不錯，加上大哥臨終前的託付，從此對王莽另眼相看。

不久，漢成帝任命王莽為黃門郎，隨後又升為射聲校尉。

王莽雖然步入了仕途，但是並不受重視。幾年之後，他的叔父、成都侯王商主動上書給皇帝，願意拿出自己的部分封地讓給王莽，希望皇帝能為王莽也封個侯。戴崇、金涉、箕閎、陽並、陳湯等大臣也被王莽折服，紛紛向漢成帝舉薦王莽。

不久，漢成帝封王莽為新都侯，隨後又晉升為騎都尉、光祿大夫、侍中。

此時，王莽已經成為王氏家族中最早封侯的年輕一輩。

從最早的黃門郎到如今的侍中，他用了六年時間，完成了官場上的躍遷。

即便如此，屬於他的時代依然沒有到來。因為就在王莽步入政壇僅一個月之後，趙飛燕被立為皇后，漢成帝沉湎於女色，在溫柔鄉中不可自拔。反觀王氏子弟，一個個爭著修宅子建花園，目光短淺，胸無大志，活像一群吃飽了只會亂拱的豬。

這一切，王莽都看在眼裡，他只能夾緊尾巴，少說話，多做事。

隨著職位越來越高，王莽不僅沒有驕傲自滿，反而更加謙虛謹慎。他禮賢下士，謙恭和藹，經常捐出自己的薪資救濟門客和百姓，甚至將家裡的馬車賣掉救濟貧民，以至於家裡都沒有多餘的存款。

王莽的哥哥死得早，留下一個兒子王光，王莽對他悉心照顧，專門送他到博士門下學習。每逢休假的時候，王莽就把車馬打扮得漂漂亮亮，裝滿羊肉美酒，到學校去看望慰問姪子的老師。

王光比王莽的長子王宇小，王莽讓這哥倆同一天娶妻，以示子姪同親，不分厚薄。婚禮當天，隔一會兒就有人來向王莽彙報，說太夫人身體不舒服，又不肯吃藥。王莽起身去服侍她服藥，如此三番五次，直到賓客散去。

有一次，王莽偷偷買了一個女子，被堂兄弟們知道了。

堂兄弟們調侃他：「你不是老標榜自己是聖人嘛，怎麼還偷偷買女人？」

王莽只得說：「朱子元將軍沒有兒子，我聽說這個女子能生男孩，所以買來準備送給朱子元。」

當天，王莽就將這個女子送給朱子元。

同時，王莽還接納、供養了許多當時的名士，大量結交王公大臣、豪門權貴，為將來的仕途廣泛累積人脈。

多管齊下，王莽幾乎得到了太后、皇帝、勳貴、公卿、學者、名士、百姓等所有階層的一致擁戴。

這樣一個品格優良、謙虛自律，堪稱完美的人，大臣王公推薦他，名士大儒們稱讚他。一時間，王莽的名聲遠播四方。

西元前 8 年，王莽因揭發淳于長，得到了大司馬王根的賞識，王根舉薦他接自己的班。

這一年，三十八歲的王莽成為繼王鳳、王音、王根之後，王家走出的第四位大司馬，開始執掌大漢的權柄。

就在王莽準備一展身手時，漢成帝突然死了。帝國的權力結構再次被打破，上位的漢哀帝劉欣引入了兩股新的外戚勢力，這對王莽而言絕對是一個極大的挑戰。

輔政之後的王莽比之前更謙虛謹慎，更禮賢下士。有一次，王莽的母親生了病，很多官場上的朋友前來看望，王莽的妻子迎來送往，穿得破爛。大夥兒原以為這是王家的下人，問過後才知道是大司馬夫人，瞬間都驚呆了。

即便王莽如此低調，依然阻止不了新的外戚勢力掌權。在跟傅太后幾次交鋒後，王莽不得不申請提前退休，回到南陽新野閒居。

告別漢闕的他還會東山再起嗎？

在被放逐的日子裡，王莽禮賢下士，結交士大夫，等待時機東山再起。

剛回到封地時，南陽太守因王莽身分特別，提拔手下孔休任新都相，並讓其專程去拜見王莽，王莽禮貌周到，親自接待。有一次，王莽生病，孔休去看望，王莽送他一把有玉飾的寶劍。孔休不肯接受，王莽說：「我是看到你臉上有疤痕，美玉可以消除疤痕，才想把劍上的玉飾送給你的。」

隨即，王莽解下了劍上的玉飾，孔休仍舊推辭。王莽說：「你是嫌它太貴重嗎？」隨後將玉飾敲碎，親自包裹起來送給孔休，孔休推辭不過，只得接受。

一次，王莽的兒子王獲殺了自家一個奴婢，王莽不僅嚴厲譴責兒子，還逼他自殺，一命償一命。

要知道，在視人命如草芥的年代，奴婢是可以像牛馬一樣在市場上公開買賣的，且只要向官府備案，奴婢是可以被主人隨意處死的，就算沒有備案，只要事後向官府交點錢就可以了。

但是王莽偏偏不這樣。

他堅持依法辦事，逼著自己的兒子自殺，以彰顯律法之公正。

很多人說：「王莽是兩面三刀的陰謀家，他所做的一切都是在作秀。」但是能把親生兒子都逼得自殺，這樣的秀，恐怕不是常人能做出來的吧？

王莽持身謹嚴，即便遠離朝堂，非但沒有降低威望，反而更甚以前。賦閒在家的那三年裡，王莽的一系列行為為他贏得了極大的聲譽，朝野上下為王莽喊冤叫屈者以百數，請求哀帝恢復王莽的官職。

迫於社會輿論壓力，哀帝以侍奉太皇太后的名義，將王莽調回長安，但是沒有恢復其官職。

此時的王莽，用一個詞來概括就是：謙恭。

西元前 1 年，漢哀帝死了，王莽的政治春天來了。

當時，哀帝的祖母傅太后、母親丁皇后已經去世，皇后年紀輕輕，根本沒有主見。當時的大司馬是哀帝的男朋友董賢，年紀輕輕，也是慌了手腳。

這一年，王政君已經是七十歲高齡了。一向沉默的她迅速出手，來到未央宮，第一時間收回了傳國玉璽，同時派人立即召喚王莽入宮。

在掌握了權力大印後，老太太這才下詔，辦了一場民主選舉，要求大夥兒推舉大司馬人選。

還選什麼呀？這不是禿子頭上的蝨子 —— 明擺著的事嗎？

大家爭先恐後舉薦王莽，唯恐在這場政治秀中站錯隊。

在「民意」的呼聲下，王莽再次登上大司馬的寶座，錄尚書事，兼管軍事令及禁軍，隨後擁立九歲的平帝登基，由王莽代理政務。

有民望、有信仰、有能力的儒家信徒，太符合帝國全體臣民的期望了。

回想過去的那六年，簡直就是一場噩夢，好在如今終於夢醒了。

隨著王莽再次回到朝堂，原來被外戚傅氏和丁氏打壓蟄伏起來的王氏子弟，就像是早春三月的蛤蟆，蹬蹬腿，扒開泥土，又開始活絡起來，重新掌控了朝中的各個重要職位。

王氏集團全面崛起，放眼望去，已無對手。

朝堂之上烏煙瘴氣，一切都需要撥亂反正，一切都需要重新開始。

在接手朝政事務後，王莽開始了大規模的清算運動。

首要目標：董賢！

王莽示意尚書帶頭彈劾董賢，理由是哀帝臥病時不親侍醫藥，禁止董賢入宮。董賢有點糊塗了，到殿庭摘帽赤腳步行謝罪。

就在哀帝死後第二天，王莽以老太太的名義下詔：

「自從董賢入宮以來，陰陽不調，災害並至，平民遭罪。三公是皇帝最重要的輔臣，高安侯董賢不明事理，擔任大司馬期間不能令眾人滿意，不能擊敗敵人安撫邊遠地方。現收回大司馬印綬，令董賢回家！」

當晚，董賢和他老婆雙雙自殺。

董家張皇失措，連夜埋了董賢兩口子的屍體。不料，王莽聽後卻不依不饒：「他是詐死！去，開棺驗屍！」

王莽又暗示大司徒孔光上奏：

「董賢生性諂媚，與邪惡之人勾結獲取封侯，父子把持朝政，兄弟並受寵愛，接受大量賞賜，大規模建造住宅和墳塋，仿效君王沒有節度，與皇上的陵墓無異，其費用以萬萬錢來計算，國家因此空虛。父子傲慢不順，不敬皇帝派來的使者，接受賞賜不跪拜，罪大惡極。

董賢自殺認罪，父親董恭及其他人不悔過，在棺材上塗硃砂，雕以四季之色，左邊是蒼龍，右邊是白虎，上邊附著金銀日月，用玉衣珠璧裝殮，其至尊無以復加。董恭等人僥倖免了死刑，但是也不應該繼續留在朝廷。我請求將其財產全部沒收，靠董賢上任的人全部罷免！」

在王莽的授意下，一夥人把董賢的墳刨開。

除此之外，董賢的家產全部充公，一律拍賣。賣了多少錢呢？

四十三億。

緊接著，王莽向皇太后趙飛燕開炮，稱她跟妹妹趙合德專寵後宮，殘害漢成帝的兒子，導致成帝絕後。

老太太迅速下詔，廢掉趙飛燕皇太后之位，將其貶為孝成皇后，遷到北宮居住。

過了一個月，王莽又以老太太的名義下詔，將趙飛燕和傅皇后一起貶為庶人，讓她們二人看守陵園。

被貶當天，二人雙雙自殺。

在這次大清算中，倒楣的還有王莽的親叔叔王立。

淳于長事件中，王立見錢眼開，明明知道淳于長犯了罪，卻依然收受賄賂，為他說情，因而被遣送回封國。

王政君有意對弟弟網開一面，但是王莽堅決反對，他說：

「如今漢家日衰，連續兩任皇帝都沒有兒子，您獨自代替幼主主持國政，內心自當惶恐。即使您再公正無私，一心為天下著想，仍然怕天下人不服。現在滿朝官員都在議論王立，您今天如果放他一馬，朝臣們也會傾軋作惡，他日必將亂從此起！唯一的辦法是先讓他回到封國避避風頭，過一陣子再把他召回。」

話都說到這份上了，王政君無奈，只好打發王立回封國。

這場清算運動弄得轟轟烈烈，王莽陸續罷免了中太僕史立、南郡太守毋將隆、泰山太守丁玄、河內太守趙昌等二千石以上的高官，剝奪了高昌侯董武、關內侯張由等的爵位。

與此同時，王莽也組建了自己的團隊，以其堂弟王舜、王邑為腹心，親信甄豐、甄邯主管糾察彈劾，平晏管理機要事務，劉歆主抓文化事業，孫建、豐子尋、歆子棻、崔發、陳崇為骨幹。

班固說王莽任人唯親，清除了一切異己勢力，順王莽者昌，逆王莽者亡。但是其實，被王莽提拔起來的這些人並非都是曲意逢迎、仰人鼻息的跟屁蟲，比如甄豐是大儒孔光的女婿，劉歆更不用說，他是著名的經學家，當世大儒。

此時的王莽已經幾乎是獨霸朝綱，權傾天下，但是他仍保持著忠良能臣的樸素作風。

第二年，也就是西元 1 年，王莽改元「元始元年」。就這樣，東西方的紀元在這樣一個節點會合了。

道德楷模

這一年，自稱越裳氏的塞外蠻夷向漢朝進獻了一隻白雉。一隻野雞其實稀鬆平常，不過牠是白色的，屬於瑞兆，這就再現了周成王時的白雉之瑞。

王莽向老太太報告此事，建議她下詔，用白野雞祭獻宗廟。群臣熱烈討論此事，上書給老太太：「太后委任大司馬王莽決策擁立新帝，安定朝廷。先前的大司馬霍光有安邦定國的功勞，封邑三萬戶，並且規定他死後子孫繼承爵位，封邑數與他相等，如同蕭相國。王莽有大功，應當比照霍光授封。」

老太太有點心虛，問朝臣：「你們這麼熱烈捧他，真的是因為王莽有大功勞，還是因為他是我的至親？我想聽真話。」

大夥兒拍著胸脯繼續表態：「王莽像當年的周公姬旦一樣，讓周成王獲得了白野雞，此乃祥瑞。聖明帝王的法度是，臣子有了大功，他生前就能獲得稱號，所以周公在世時就得以用周的國號作為他的稱號。王莽有定國安邦的大功，應當賜『安漢公』爵位，增加封戶，這樣上順天意，下應民心。」

既然大夥兒都這麼說了，老太太也只得點頭同意，下詔封王莽為「安漢公」，增加其戶疇爵邑。

王莽堅決拒絕，他說：「我和孔光、王舜、甄豐、甄邯共同商定擁立新帝的大計，要獎賞就請獎賞他們四個人，我就不用獎賞了。」

「那怎麼能行？」

老太太又下詔：「無偏無黨，王道蕩蕩。對於有親屬關係的人，按理不能有所偏私。你有安邦定國的功勞，不能因為是至親的緣故就不予褒揚，希望你不要推辭。」

結果，王莽又上書辭讓。

老太太繼續堅持，王莽又四次上書推讓，還稱病不朝以示決心。

眼見王莽態度如此堅決，老太太只得下詔，先為孔光、王舜、甄豐、甄邯這四人封賞：

太傅、博山侯孔光侍宿護衛四朝天子，幾代都擔任太傅、丞相，忠孝雙全，仁義篤厚，行為合乎準則，天下聞名，提議決策擁立新帝，加封邑一萬戶，任命孔光為太師，參與四輔的決策。

車騎將軍、安陽侯王舜仁義忠孝，迎接中山王，擊退敵兵，輾轉萬里，功勳道德卓著，加封邑一萬戶，任命王舜為太保。

左將軍、光祿勳甄豐侍宿護衛三朝天子，忠義誠信，仁愛篤厚，迎接中山王，安定國家，封甄豐為廣陽侯，食邑五千戶，任命甄豐為少傅。

侍中、奉車都尉甄邯值宿護衛辛勤勞累，提議決策擁新帝，封甄邯為承陽侯，食邑兩千四百戶。

在老太太的堅持下，而且是將孔光等人全部封賞完之後，王莽才不得已接受了「安漢公」的爵號，但是堅決拒絕兩萬八千戶的封賞。他表示，等百姓家家豐衣足食了，自己再受賞不遲。

緊接著，王莽與其三個親信升任「四輔」之位：王莽為太傅，領四輔之事；孔光為太師、王舜為太保、甄豐為少傅，位居三公上。「四輔」大權獨攬，除封爵之事外，其餘政事皆由王莽牽頭的團隊協商處理。

王莽上位沒多久，就包給諸侯王的後代和功臣子弟很大的紅包，他上書建議為這些人大加封賞，有的直接封侯，有的給個關內侯的爵位。

於是，一批昨天還在街上賣燒餅的昔日劉氏王孫，今天突然就發達了，共計三十六人封為列侯，二十五人賜爵關內侯。同時宣布，二千石以上的退休高官，終身享受以前的俸祿。

他還非常注重民生，在推行的系列新政中，王莽對鰥寡孤獨者在內的普通百姓施以恩澤，再次博得朝野的好感。

此時，年邁的老太太仍握有相當大的權力。為了更好地開展工作，王莽示意身邊人上書，勸王政君安享晚年，說：「太后至尊，不宜操勞過度，一些小事就不必親自處理了。」

老太太對這位姪子可謂是無條件信任，主動讓出權力，要求唯有封爵一事必須奏聞於她，其他事皆由安漢公和公卿大臣裁決。自此之後，朝政大權落到了王莽手裡。

元始二年（西元 2 年），全國大旱，還有蝗災，受災最嚴重的青州百姓成了流民。王莽告訴老太太：「應該心憂黎民百姓，用節衣縮食來示範天下。」與此同時，王莽自己捐款百萬、獻田三十頃來救濟民眾。

在他的榜樣帶領下，百官群起效仿，獻田宅者共計二百三十人。皇家在安定郡的呼池苑被撤銷，改為安民縣，用以安置災民，就連長安城中也為災民建了一千套安居房。

從此，每逢國家遭遇水旱災害，王莽只吃素食，不用酒肉，以示節儉。身邊的人將此事告訴老太太，老太太很是感動，特地派人詔告王莽：「聽說你只吃素食，太憂國憂民了，為了國家的長治久安，請君開葷吧！」

厲行節儉是王莽的一貫作風，不能簡單地視之為虛偽奸詐。王莽是一個忠實的儒家信徒，他骨子裡深受儒家文化的深刻薰陶，他是想獨攬大權，但是他攬權不是為了替自己謀私利，而是為了有更大的自主權去做自己想做的事。孔子說，士不可以不弘毅，任重而道遠，自知天降大任於己的王莽是在用自己的實際行動，身體力行地倡導與弘揚儒家文化，朝著平天下的終極目標邁進。

在崇尚奢靡的大環境中，王莽的儉樸之風為社會帶來一股清新的空氣。有位歷史學家的評議頗為中肯：

「王莽的這些行為，就是在一個風調雨順、國泰民安的時代也已稱得上典範了，何況是處在一個亂世和一群禽獸般的貴族之中。要說這是作假，如果當時的官員都願意付出如此大的代價來作假，政治一定會清明得多，道德水準也一定會提高很多，至少比一幫貪官汙吏要好得多。」

漢平帝劉衎即位後，為了避免外戚擅權的前車之鑑，王莽作了一項艱難的決定，他封平帝生母衛氏為中山孝王后，為皇帝的兩位舅舅衛寶、衛玄賜爵關內侯，三個妹妹都上尊號為「君」，條件是他們必須留在中山國，不能到首都來。

對於這種情況，大夥兒雖然覺得不妥，但是一個個都選擇了潛水，揣著明白裝糊塗，只有一個叫申屠剛的官員出來說話。

那一年，申屠剛被推舉為賢良方正，他對王莽的做法很有意見，上書說：「當年周公輔佐成王的時候，雖然事事合規，人人滿意，但還是聽說他和召公不和，而且也有對他不利的流言。現在皇帝還小，剛剛即位就母子分離，外戚隔絕，這恐怕不太合適。漢家傳統是即便任用了賢俊，還是要援用姻戚，這樣親疏相交錯，才可安宗廟、重社稷。」

他認為：「母子關係是自然親情，任何力量都不能阻擋，應該立即把平帝的家人接來，負責皇宮禁衛，養育年幼的皇帝。」

跟他想法差不多的還有大司農孫寶。他說：「當年周公、召公都很賢能，可是二人猶有不和，這對他們的美名並無損害。可是現在天時並不是風調雨順，百姓生活也稱不上安定富足，可是每次有事，群臣都眾口一詞，難道真沒有不同意見嗎？」

王莽看完兩人的奏章，非常生氣，找了個藉口罷免這兩人。

王莽兒子王宇認為，老爸這樣做，將來皇帝長大後必定怨恨王家。他自作聰明偷偷與衛寶聯繫，讓衛氏寫信央求，但是王莽還是不答應。

王宇仍不放棄，找來老師吳章和大舅哥呂寬商量此事。吳章認為，王莽脾氣太直，根本聽不進別人的意見。不過他特別迷信，可以裝神弄鬼嚇一嚇他，再由自己趁機糊弄一把，勸他讓出大權並交給衛家。

計畫商量完畢，呂寬頻著雞血之類的穢物，於夜深人靜之時到王莽家的大門上盡興地塗鴉了一回，結果運氣不好，作品還沒畫完，就被王家的僕人抓到了。

王莽震怒，大義滅親，親自將兒子送入獄中，逼死了自己的兒子。王宇妻子有孕在身，也被捕入獄，待她生下孩子後殺之。

做完這一切，王莽才上奏：「王宇被呂寬等人所牽累，誤入歧途，散布流言迷惑眾人，犯下與管叔、蔡叔同等的罪行，臣不敢隱瞞，應當論處。」

兒子都已經被賜死了，王莽才想起來要報告上司，很顯然是先斬後奏，他不想給別人阻攔自己的機會。

木已成舟，老太太只得以皇帝的名義下詔，安慰王莽：「唐堯有個兒子丹朱，周文王有兒子管叔、蔡叔，這都是德才智慧高超的人對最笨的兒子無可奈何的例子，因為他們本性難移。你居於周公的地位，輔佐像成王那樣的幼主，而行管、蔡之誅，不以親親害尊尊，朕很讚賞你的做法。昔日周公誅四國之後，大化乃成，希望你專心輔佐朝政，早日實現天下太平。」

隨後，王莽誅滅衛氏，將呂寬一案從嚴從重處理，由此牽連出一大群人，其中包括敬武公主、梁王立、紅陽侯立、平阿侯仁等，逼他們自殺。死者以百數，海內震動。

從這起事件中，王莽也深有感觸，他寫下了八篇文章，以戒王氏子孫。後來這八篇文章被皇帝頒布全國，成了學子的必學教材。

全民狂熱的時代

轉眼間，小皇帝劉衎十二歲了。

放到今天，這個年齡層的孩子多半還在上小學，可劉衎身分特殊，他是皇帝。按照規矩，已經到了結婚的年紀了。

王莽上了一封書給老太太：

「皇帝即位已有三年，不但沒立皇后，連嬪妃也沒有。自古國家之難，無非是嫁娶不正，子嗣絕脈。請太皇太后根據『五經』的要求，選聘皇后，以符合古來天子娶十二位賢良女子的傳統，請從長安的公卿世家中挑選優秀的嫡出女子。」

這封上書言辭懇切、合情合理。老太太看完後，批給有關部門辦理。

為皇帝選老婆，這可是一件大事，很快，一場轟轟烈烈的選美大賽在長安開始了。主管官員博採名門之後，呈上了一份名單，多數是王姓一家的女兒，當然也包括王莽的女兒。

王莽立即上書老太太說：「我本身沒有高尚的品德，女兒的資質才能又為下等，她不適宜與其他女子一起被挑選。」

老太太以為這是王莽真實的想法，特意下詔：「王氏家族的女子是我娘家人，為了避嫌，就不參加海選了。」

消息傳出，朝野上下反應強烈：「怎麼能這樣呢？大家都是公平競爭，何況王莽的女兒那麼優秀，平白無故為何要退出？這樣對王莽太不公平了！」

於是，長安城出現了罕見的一幕：每天有上千人守候在宮門前上書，要和朝廷說道說道，其中大部分是普通老百姓、學生和基層官吏。大夥兒態度一致：「安漢公功勞卓著、彪炳史冊，而今在選皇后的時候，怎麼能偏偏排除他女兒呢？這樣如何向全國人民交代？我們強烈建議立他的女兒為皇后！」

一時間輿論紛紛，朝廷壓力驟增。

王莽趕緊派人去勸阻公卿及諸生的請願，結果不勸還好，一勸，上書請願的人反而越來越多。大夥兒群情激昂，紛紛請願，希望立王莽的女兒為皇后。

面對如此沸騰的民意，老太太只好收回成命，把王莽的女兒列入候選對象。

結果，王莽又站出來說：「我的女兒只是候選人之一，為了表示公正，應當在眾多的女子中挑選。還有那麼多公卿之女呢，應該好好挑選，多選幾個。」

結果，已經被調動起情緒的王公大臣們說：「不用選了，安漢公的女兒那麼優秀，皇后之位非她莫屬！」

面對洶湧的民意，老太太不得已，只好聽從公卿的意見，派了長樂宮少府、宗正、尚書令去送彩禮，順便考察一下未來的皇后。

幾個人考察完畢，回來彙報：「安漢公的女兒知書達禮，既漂亮、品行又好，選她當皇后絕對沒問題！」

緊接著就是卜卦看八字了。朝中大臣們辦了一場莊嚴肅穆的卜卦儀式，然後向老太太彙報說：「皇上和安漢公的女兒真是天設地造的一對，絕對的闔家幸福、子孫繁茂的大吉之卦啊！」

信鄉侯劉佟看準機會，進言說：「《春秋》記載，天子將要娶紀國的女子，就先賜紀子稱侯，現在安漢公的封邑還不符合古制。」

老太太下發有關部門研究，大夥兒再次異口同聲：

「古時天子封給皇后的父親封地百里，十分尊貴，根本就不當作臣子來對待，以表示對宗廟的尊重，這才是最大的孝道。信鄉侯的進言合乎禮法，可以採納。請加封王莽田地兩萬五千六百頃，補足百里封地。」

王莽推辭：「我女兒本不足以匹配至尊，現在又聽眾人議論還要加封我。我深切反思自己，之所以能夠獲得爵位封地，都是因為我是皇親。我只希望小女能好好侍奉皇上，配得上皇后的稱號，至於我自己，現在的封地就已足夠，不要再加封土地了。」

皇后選好了，皇室得下聘禮。按照慣例，皇后的彩禮是黃金兩萬斤，合銀錢兩萬萬。王莽一再推辭，只接受了四千萬，把其中的三千三百萬給了陪女兒出嫁的其他十一戶人家，自己只留了七百萬。

「太大公無私了！太正直廉潔了！古今罕見啊！」

大臣們一看，又說：「皇后受聘，怎麼能跟姬妾一樣呢？不妥不妥！」

老太太一聽：「這麼點聘禮，這不是丟我大漢皇室的臉嗎？」於是又下發通知，再次增加聘禮兩千三百萬，湊成三千萬。王莽又拿出一千萬分給家族中貧困的人。

試問，這樣一個有理想、有道德的人，有誰不喜歡？

大司徒司直陳崇看準機會，讓張敞的孫子張竦代筆，寫了篇歌功頌德的長文，猛誇王莽：

「臣看到安漢公步入仕途時，社會風氣崇尚奢華，他承蒙成帝和太后的恩寵，蒙受伯父、叔父們顯赫的榮光，家財豐饒，權勢很大，然而他卻能自降身分，推行仁愛，約束私欲，遵行禮制，特立獨行。

他穿的是粗布衣服，吃的是粗劣飯菜，坐的是簡陋車子，駕車用的是劣馬，只娶一個妻子，家門之內孝敬長輩、友愛同輩。他淡泊名利，以守道為樂，溫和善良，謙遜待人，友愛師長。孔子說過：『未若貧而樂，富而好禮』，說的就是安漢公這樣的人啊！」

元始四年（西元 4 年）四月，王莽的女兒被立為皇后，朝廷宣布大赦天下，全國人民沉浸在皇帝大婚的喜慶氣氛中。太保王舜等人乘勢上奏：

「《春秋》中列舉的功德大義，最高是樹立德行，其次是建立功業，再次是著書立說，只有德行最高尚的人才能做到這些。對於臣子而言，最高榮譽就是生前得到最大的賞賜，死後被後人景仰，殷商的伊尹、周朝的周公就是這樣的人。」

有人帶頭，八千多老百姓紛紛表態支持：「伊尹被封為阿衡，周公被封為太宰，周公的七個兒子都受封，超過了上公所應享有的獎賞，應當按陳崇所說封賞安漢公！」

大夥兒一致認為：「王莽德行高尚，前無古人後無來者，我們應該為他起一個新的稱號。」

「叫什麼名字好呢？」

文臣們拿出《尚書》，在裡面找了半天，終於有了主意。

上古有兩個大神，伊尹為阿衡，周公為太宰，不如將他倆的封號各取一個字，合起來稱宰衡，位居三公之上！

為了體現這個稱號的尊貴，還規定宰衡外出需隨從親兵二十人、羽林騎兵三十人，前後各十輛大車。同時建議封王莽的母親為功顯君，賞賜封地兩千戶，王莽的兩個兒子封侯，再一次增加皇后的聘禮三千七百萬，合成一億，以表明禮儀的隆重。

這消息一經出，大夥兒紛紛上書支持。此時的老太太已經完全被民意綁架，面對這個空前的封號和賞賜，她只有同意，並在前殿親自賜封。

受封時，王莽痛哭流涕，表示只接受給母親的封號，自己堅決拒絕受封，並要退還兩個兒子的爵位和封地。

毫無疑問，朝廷又一次不許，孔光等人說：「這點賞賜哪能配得上安漢公的功德？安漢公一貫謙虛節儉、退避禮讓，太皇太后萬不可批准！」

王莽要求進見太后，堅決辭讓賞賜。

老太太下詔問群臣：「安漢公每次朝見，都磕頭流淚堅決推辭，大夥兒覺得是應該接受他的辭讓，還是應該繼續封賞呢？」

孔光等人又站出來表態：「這怎麼行？安漢公想拒絕賞賜，我們絕不答應！」

百般無奈之下，王莽只好接受了「宰衡」這個封號，同時從增加的彩禮錢中拿出一千萬，送給伺候老太太的太監和宮女。

事後，王莽專門上書朝廷：

「我捫心自問，爵為新都侯，號為安漢公，官封宰衡、太傅、大司馬，一人蒙受五項恩寵，對我這個凡夫俗子來說，實在是難以承擔。去年全國各地的收成已經恢復正常，以前災荒時裁剪的官職應重新設定。我認為，宰衡的職責在於統率百官安定天下，沒有印章，名實不副。我才能有限，不能兼任太多的官職，如今既蒙錯愛，我請求御史刻宰衡印——『宰衡太傅大司馬印』，刻成之後，我將交還太傅印和大司馬印。」

老太太下詔：可。

王莽接二連三拒絕賞賜，這種謙讓的美德怎麼能不好好宣傳一下呢？

太保王舜上奏：「百姓聽說安漢公不接受千乘侯國的封土、拒絕了萬斤黃金的聘禮、散發千萬家財施捨他人，無不景仰。蜀郡有個男子聽了這事後，決定放棄打官司，當年周文王感化虞、芮兩國國君放棄田地紛爭也不過如此。這事值得好好宣傳一下！」

如此一來，王莽的人氣空前高漲，成了全國人民的榜樣和偶像。

很多人說，王莽是大奸似忠，很會演戲，放在現在就是奧斯卡影帝和達人秀冠軍，智商絕對超過一百四！

我不這麼看。

此時的朝廷已經被民意裹挾，舉國上下呈現了一種集體性的狂熱膜拜與謳歌熱潮。無論王莽做什麼，狂熱的民眾和官員都會為他搖旗吶喊，逼著他一步步向前走。如果王莽表現出任何的推辭，他的舉動馬上會被人們放大，成為他的又一個優點。

民眾是熱情的，也是盲目的。這股洶湧的民意伴隨了王莽的前半生，推著他一步步向權力的最高處邁進。而他自己，除了順應民意外，已別無選擇。

與此同時，王莽又親自制定政策，要求對老人、兒童不加刑罰，婦女非有重罪不得逮捕。同時，他還主持修繕了明堂（祭祀場所）、辟雍（官辦大學）、靈臺（天文臺），吸引來大批各類型人才。

為了留住這些人才，王莽為這些人建了一萬多間宿舍，解決了他們的後顧之憂，可以專心做學問。

隨後，王莽在全國徵召精通經學的教授，在太學講授儒家經典，還派人四處收羅散佚的上古經典，編撰成書。一時之間，首都長安的文治達到極盛！

緊接著，王莽大規模修建市場和常滿倉（國家倉庫），來促進物品的流通、調節糧食的價格，並為災年救災做好準備。

這一波舉動又贏來了滿堂喝采聲，王莽再次受到天下所有人的敬仰。

就在王莽當政五年之後，朝臣上書朝廷：「過去周公代成王處理國政七年，國家的制度才釐定妥當。而今明堂、辟雍已經墮廢千年，沒人能興修重建，安漢公輔政剛四年，實際上負責才兩年，大功就已畢成，因此宰衡位置應該在諸侯王之上！」

什麼意思？意思很明顯，王莽的尊號又該升一級了。

問題是，宰衡已經是前無古人了，還能怎麼升？

有人出了個主意：「可以加九錫。」

愚昧的老太太再次順水推舟，讓大夥兒議一議。

看到這裡，想必大夥兒一定有個疑問：「什麼是九錫？」

錫，在古代通「賜」字。「九錫」就是「九賜」，是天子賜給臣子的九種禮器，這是最高等級的禮遇，分別是：車馬、衣服、秬鬯、朱戶、納陛、弓矢、斧鉞、虎賁、珪瓚。

這九種器物都不是一般人能享用的，得到這九種器物，是對一個臣子最高的賞賜。後來的曹操、司馬昭等人都得到過這九錫的賞賜，以至於後來「九錫」就成了篡逆的代名詞。

自從王莽拒絕接受新野采邑之後，全國各級官員和百姓紛紛上書，為王莽吶喊。丞相府內，一批又一批的竹簡被送進來，擺滿了主簿的辦公桌。大小官員都行動起來清點這些竹簡，最後一數，竟然達到了四十八萬多份！

所有的內容都出奇的一致：請求朝廷賜予王莽最高榮譽 —— 九錫。

丞相府的官員們驚呆了！

四十八萬多人上書意味著什麼呢？

我專門查閱了相關數據，當時全國人口為五千九百多萬，那時候還沒有普及九年義務教育，其中百分之九十都是文盲，識字的只有百分之十左右。這麼一比較，上書比例幾乎占到了全國識文斷字人數的十分之一！

不僅如此，這些人還聚集到未央宮門前的廣場上，向朝廷表達他們的心願：「不為王莽加九錫，我們絕不答應！」

民意不可違，諸侯、王公、列侯們一看這陣勢，紛紛去見太后，叩頭進言，希望朝廷立即加賞王莽。

除了普通民眾，王莽的粉絲還包括長安城內的大小官員，大夥兒聯名集體上書，強烈要求為王莽加九錫之禮，簽名人數達到了九百零二人。

面對熱情的民眾和同僚們，王莽的態度一如既往地堅定：拒絕。

他說自己只是外戚，僥倖登上高位，承受不起這麼大的功勳。臣民上的那些奏章先留中不發，等自己完成禮樂制定工作，到時候自會打報告提前退休，讓路給賢者。

老太太哪裡肯依？再次下詔：「安漢公功德無量，舉國上下排著隊稱讚你，朝廷要是不收他們的上書，他們就不肯離去，你就接受這九錫之禮吧！」

在強大的民意推動下，這年五月，漢帝國在未央宮舉行盛大儀式，為王莽加封九錫。

消息傳出，整個長安成了一片歡樂的海洋，人們奔走呼號，高喊萬歲，似乎天下一切的希望都繫在王莽一個人身上了。

終於，王莽得到了所有的榮譽加成。

加九錫之後的王莽，出門將使用天子儀仗，樹九絳龍旗，執金斧玉勺。理想主義者王莽此時意氣風發，執政才四年，放眼望去，國家在自己治理下蒸蒸日上，一片太平氣象。

河平海晏，萬邦臣服，嘉瑞不斷。

為了考察民間的情況，王莽特意派出八名「風俗使者」，去全國各地考察。

很快，這八名使者陸續回來彙報說，全國形勢一片大好，不是中好，也不是小好，而是大好，好得不得了。天下風俗整齊劃一，市無二價，官無獄訟，邑無盜賊，野無饑民，道不拾遺，男女異路，犯者象刑。

為了讓王莽信服，這八個人統一口徑，編了三萬字的歌謠，歌頌王莽的功德，謊稱是從民間採風得來的。

這簡直就是大治之世啊！

全民都在感激王莽為他們帶來了一個祥和太平的時代。

代漢建新

然而，一片馬屁聲中，還是出現了一些不一樣的聲音。

事實證明，不是所有人都是趨炎附勢之徒，還是有那麼幾個人願意刺破泡沫，敢說真話。

一個是琅琊郡太守公孫閎。

此時的琅琊郡正發生嚴重旱災，面對朝廷必須上報祥瑞的要求，太守公孫閎卻直言治內災害不斷，天怒人怨，無力再造祥瑞。

另一個是廣平國丞相班稚。

面對朝廷的硬性要求，班稚既沒有上報任何祥瑞，也沒有獻上歌功頌德的歌謠，甚至對特派員的強烈暗示置之不理。

御史大夫甄豐一看他們壞了隊形，派人到琅琊郡和廣平國，命令當地官員彈劾公孫閎和班稚：「你們兩個人不歌頌朝廷，對這盛世視而不見，就是不忠於我大漢朝，就是心懷怨謗，罪該萬死！」

幸好，班稚有後臺，他姐姐班婕妤是成帝的妃子，多年來一直服侍王太后。得知弟弟被人彈劾，姐姐找到了王太后，王太后出面向王莽求情：「沒有宣揚我朝的盛世跟上報災害不是一回事，他姐姐服侍我這麼多年，看在我的面子上，饒他一次吧！」

老太太都出面了，王莽於是就做了順水人情，只把公孫閎逮捕入獄，很快就被處死。而班稚識趣地掛了相印，辭職去當了個守陵人，為漢成帝守陵。

在這種虛假的盛世繁榮中，真相被悄悄掩蓋起來，而王莽也沉迷於這種虛構的幻想中，一步步邁向那個終點。

此時的王莽離最高權力只有一步之遙。

泉陵侯劉慶第一個站了出來，上書建議老太太：「當年周公輔成王的時候，因為周成王年紀幼小，所以由周公完全代行天子的職權。現在安漢公比周公還要賢明，皇帝年紀同樣很小，所以應該讓安漢公像周公那樣，代行天子職權。」

群臣眾口一詞：「沒毛病！」

老太太照例同意，結果詔書還沒擬好，就發生了一件大事。

西元 5 年，就在王莽加九錫之禮後不久，漢平帝忽然駕崩。

不得不說，漢平帝劉衎真是一位苦命皇帝。他兩歲時父親去世，孤苦伶仃，三歲時繼承王位。他患有心臟病，每次發病便四肢抽搐、唇甲皆青。九歲時被王莽選中，登上人生的巔峰，成為帝國掌門人，十四歲即命喪黃泉。

《漢書．平帝紀》中明確記載了漢平帝的死因：小皇帝本來身體就不好，經常發病，一發病，連話都說不出來。這次只不過是舊病復發，小皇帝沒有挺過去，而且因為病情發展得太快，所以沒留下遺詔就死了。

《漢書．王莽傳》也明文記載，平帝是病死的。當初平帝病重時，王莽效仿周公寫過一篇文章，向上天禱告，表示自己願意代替漢平帝去死，然後將這篇文字藏在箱子裡。

可是，偏偏有人不信。

「漢平帝這麼年輕就去世了，不合常理啊！這中間絕對有問題！」聯想到王莽後來的一系列行為，一個陰謀論開始像病毒一樣傳播開來：漢平帝這隻小白兔其實是被王莽這隻大灰狼毒死的！

西元 7 年，東郡太守翟義擁立嚴鄉侯劉信為天子，翟義自封為大司馬、柱天大將軍，起兵討伐王莽，向天下各郡國發出檄文，其中就造謠說漢平帝是被王莽毒死的。

翟義造反失敗，但是王莽毒殺漢平帝的說法就此流傳了下來。加上後來王莽的確是斷掉了漢朝的傳承，自己當皇帝，建立了新朝，這讓後世那幫以維護正統為己任的讀書人情何以堪？

「對不起了，屎盆子就是要扣在你頭上，誰讓你篡漢了呢？」

於是乎，唐代大儒顏師古為《漢書》作注時，不但寫了王莽毒殺漢平帝的詳細經過，連原因也說得很明白：「漢平帝逐漸長大，因為母親衛姬的緣故，對王莽產生不滿；王莽知道自己與小皇帝的關係惡化，於是藉助臘日的酒宴，獻上有毒的椒酒，毒死了漢平帝。」

司馬光寫《資治通鑑》時，也採信了王莽毒殺漢平帝的說法，將王莽刻劃成一個虛偽又會演戲的凶手。

這實在是冤枉！

其實，當時的王莽實在沒有除掉漢平帝的必要。要知道，當時漢平帝年紀還小，遠不到親政的年齡。王莽的女兒又是皇后，將來生了兒子，王莽的外孫就是下一任皇帝，王莽根本不用擔心大權旁落。

更何況，弒君的危險係數太高了，一旦露出破綻，王莽將成為眾矢之的，被釘在歷史的恥辱柱上。作為一位忠實的儒家信徒，王莽的理想是效仿周朝的制度，最終實現天下大治，篡漢不是他的初心。

漢平帝的突然死亡讓大漢王朝遇到了一個大問題：誰來當這個接班人？

漢平帝沒有子嗣，而他的祖父漢元帝的兒子也已全部死去。再往前數，漢宣帝的曾孫一輩倒是有不少人，但是這些人都已長大成人，被王莽一句「兄弟平輩之間不能繼承帝位」刷下去了。

接著由王莽決定，從漢宣帝的玄孫中選了個剛剛兩歲的小傢伙，劉嬰，號曰「孺子」，世稱「孺子嬰」。而選中他的理由貌似很難反駁 —— 卦象大吉。

小皇帝剛登基，就出現了一個嘉瑞。

有個叫謝囂的上報說：「武功縣的縣令孟通在疏濬水井時得到一塊白色的石頭，上面是圓形，下面是方形，石頭上刻有紅色的字跡：告安漢公莽為皇帝。」

看到這個消息，王莽又是什麼反應呢？

他的反應很耐人尋味，他馬上讓人轉告老太太。糊塗一生的老太太此時突然清醒起來，厲聲說：「這是騙人的把戲，不能信！」

直到這時，老太太才明白了王莽的真實目的。年逾古稀的她雖然重用娘家人，但是本心還是想守住劉家的社稷江山，沒料到一向謙恭的王莽竟然有這種狼子野心！

可惜，她明白得太晚了！

王莽的心腹王舜索性向王太后攤牌：「以王莽現在的威望，如果真要當皇帝，我們也無力阻止。再說他並沒有篡漢的野心，只是想要一個代行皇帝職權的名義，加強權力，鎮服天下罷了。事情已經到了這個地步，不如就讓他暫代天子執政，等天子成年了，再把權力還給天子就行了。」

老太太被逼得無可奈何，只得下詔，讓王莽暫代天子朝政，稱「攝皇帝」。

從大司馬到安漢公，位加宰衡，再到攝皇帝，在群眾的呼擁與攛掇中，王莽一步步接近了他的終極目標。

漢平帝駕崩後的第二年（西元 6 年）正月，王莽正式就任「假皇帝」。

同一年，國家改元，稱居攝元年。

一片叫好聲中，有人開始發覺情況有點不對勁了。

第一個站出來反對王莽的，是西漢真正的主人，劉家人。

在他們看來：「就算你王莽功勞再大，你畢竟姓王，只是一個外戚，憑什麼讓我們把江山就這麼輕易交給你？」

安眾侯劉崇認為，王莽必危劉氏，眼下王莽都快要當皇帝了，竟然沒有一個宗室子弟站出來反對，這是宗室之恥也！只要自己站出來振臂一呼，全國的宗室必定會群起響應！

可惜，劉崇還是失算了。此時的諸侯王不光多如牛毛，而且力量早就被中央收回，怎麼可能跟隨你出來造反？結果劉崇只拉起了一支百餘人的隊伍，不出預料，連城門都沒攻入就敗了。

第二個站出來反對王莽的是東郡太守翟義，他擁立宗室嚴鄉侯劉信為天子，向全國各地發出通告：「王莽毒死平帝，執行天子特權，妄想斷絕老劉家的江山社稷。我們要遵從上天的旨意，誅滅王莽！」

號令一出，各地紛紛響應，隊伍迅速擴大。當翟義的討伐大軍到達山陽郡時，已經聚集了十餘萬人。

王莽聽到這個消息，頓時驚呆了：「十幾萬大軍啊！來勢洶洶，怎麼辦？」

他抱著小皇帝劉嬰，在朝堂上聲淚俱下：「昔日成王年幼，周公攝政，管叔與蔡叔夥同紂王的兒子武庚造反。而現在翟義夥同劉信造反的性質和當年管、蔡一樣惡劣，連大聖人周公都害怕，何況我這樣才識淺薄的人？自己絕不會謀朝篡位，將來等劉嬰長大了，必定會歸政於皇帝！」

面對王莽聲淚俱下的真情告白，老太太深受感動，對身邊人說：「人心都是相近的，我雖然只是個婦人，也知道王莽的難處。」

他召見群臣，表明心跡：「如今翟義挾劉信作亂，聲勢浩大，我煩惱得整宿睡不著覺，你們有何想法？」

大夥兒紛紛表態：「不遭此變，哪能彰顯您的聖德呢？無論您做什麼，我們都挺你！」

在獲得群臣的支持後，王莽依《周書》寫了一篇〈大誥〉：今翟義、劉信等意圖謀反，妖言惑眾，想要篡位，害我孺子，罪深於管、蔡，惡甚於禽獸！

在穩住了大臣後，王莽終於出手了，他任命六位將軍迎戰翟義，然後又一口氣任命了七位將軍，分別駐守長安外圍的各個策略要點。

「沒什麼好說的，全軍出擊！」

這波攻擊猛如虎，反賊紛紛告敗，政府軍大獲全勝。

這場聲勢浩大的起義，在任何人眼裡都會是一記警鐘。這表明，不是所有人都站在王莽這邊，願意為他吶喊助威。此時此刻，他應該作個自我檢討，收斂自己先前膨脹的內心。

可惜，王莽卻得出了截然不同的結論：「反賊被迅速鎮壓，難道不是我威德日盛、大獲天人之助嗎？那就意氣風發，朝著目標全速前進！」

反正王莽自己是這麼想的。

勝利之後，王莽置酒白虎殿，犒勞三軍將帥，大封功臣，依周制爵五等，封侯、伯、子、男共三百九十五人，數百人賜爵關內侯。

西元 8 年，大漢陷入了集體的癔症狀態，所有人都在為王莽當皇帝而積極謀劃。

這年七月，廣饒侯劉京上書，齊郡臨淄縣昌興亭的亭長夜裡做夢，夢裡有個人對他說：「我乃天帝使者，天帝讓我告訴亭長：攝皇帝應當為真皇帝。你如果不相信，亭驛裡會出現一眼新井，就是最好的證明。」

第二天一大早，亭長起床，果然看到一眼新井，深達百尺。

接下來，巴郡發現了石牛，扶風出現了雍石。

更邪門的是，當巴郡的石牛、扶風的雍石運到未央宮前殿，王莽與王舜一同觀看時，天空忽然起了三分鐘熱風。風停後，憑空出現一張銅符帛圖，上書：天告帝符，獻者封侯，承天命，用神令。

王莽堅信這是上天旨意，要自己改元。

從權力、輿論各方面來看，王莽離皇位只差一步，現在就看誰再推一把了。

一個叫哀章的決定賭一把。

他偷偷做了兩個銅盒子，裡面各放一卷書簡，一個盒子裡面放著「天帝行璽金匱圖」，一個盒子裡面放著「赤帝行璽某傳予黃帝金策書」。金策書中明確寫了劉邦將皇位傳給王莽，太后應該尊承天命將帝位授予王莽。

除了假託天命，哀章還不忘推銷自己。他在金策書中寫了十一個輔助王莽登基的大臣名字，其中十個是王莽的人，最後一個就是他自己，甚至還寫了王莽登基後應該授予哀章何種官職。

準備工作完畢，哀章身著黃衣，手持銅盒子來到高帝廟，交給看管宗廟的主管。主管不敢隱瞞，立即上報此事。

看到這兩個銅盒子，王莽笑了：「這是你們的老祖宗劉邦讓我當皇帝的啊，我能推辭嗎？」

王莽終於深信不疑，篤信這是上天降命於己。於是，他到高帝廟拜受銅盒子，正式謁見太后，回來後在未央宮以皇帝身分正式下詔：

「皇天上帝賜厚恩保佑，天命讓我繼承大統，符命、圖書和文字，以及銅櫃策書，表明神靈之意，將天下千萬百姓的命運託付與我。託赤帝高皇帝之靈，秉承上天之命，面對禪讓皇位的金策書，我十分敬畏，敢不恭敬接受！於戊辰日當定辰，御王冠，即天子位，定國號為『新』！」

他終於邁出了那一步。

王莽做皇帝後，第一件事就是找回傳國玉璽。

因為孺子嬰太小，所以玉璽一直在老太太王政君手中儲存。當她看到王莽派王舜來索取玉璽時，糊塗了一輩子的老太太終於幡然醒悟，但是一切已悔之晚矣。

看著王舜那藏不住的笑意，老太太指著他的鼻子大罵道：「你們父子宗族承蒙漢家恩惠，才能世世代代享受榮華富貴。可是你們不思報答，反而趁受人託孤的機會，奪取漢家江山，完全不在乎恩義，簡直禽獸不如！

既然你們要改朝換代，為什麼不自己做個新的玉璽？為什麼還要找我這個漢家的老寡婦來討要亡國的不祥玉璽？我反正要死了，這個玉璽我是準備要陪葬的，你們休想得到！」

這個七十九歲的老人，這個在幽深的未央宮中守了一輩子活寡的女人，在最後關頭依然努力維護著漢家的最後一絲尊嚴！

說完這番話，老太太淚如雨下。

王舜也趁機擠出了一點眼淚，繼續勸說：「您罵得都對，我無言可答。但是王莽是無論如何都要得到這顆傳國玉璽的，您難道能至死都不拿出來嗎？太后還是交出來的好。」

老太太也知道，事已至此，她一介女流是守不住傳國玉璽的。即便如此，她也不想就這麼輕易交出去！

這顆傳國玉璽頗有來歷，是當年始皇帝得到和氏璧後，召集秦國最傑出的玉匠雕刻而成，上面有李斯所書「受命於天既壽永昌」八個大字，方圓四寸，上紐交五龍，通體剔透，氣度非凡，堪稱人間至寶。

自秦朝以來，傳國玉璽便成為天下共傳之寶、國之重器。西元前 206 年十月，高祖劉邦率軍入咸陽，得到了這顆玉璽，此後代代流傳，兩百年後一直傳到了王政君手中。

傳國玉璽的每一次易主，便意味著一次朝代的興衰更替，而這一次，輪到王政君做出抉擇了。

問題是，她還有得選嗎？

悲憤至極的老太太舉起傳國玉璽，罵道：「我老了，快要死了，王家有你們兄弟這樣的人，早晚會被滅族的！」

說完，她最後看了一眼色綠如藍、溫潤而澤的傳國玉璽，然後狠狠地摔了出去！

王舜驚呆了！

他完全不敢相信，一向性格溫和好說話的老太太竟然會做出這種事，等他反應過來想搶奪玉璽時，已經晚了！

哐噹一聲，玉璽被摔在了地上，等王舜撲過去捧起來時，發現玉璽的一個角已經缺損了。

玉璽雖然被摔壞了，但是摔壞了角也是傳國玉璽，王莽命人將壞掉的那個角用黃金補上，也算是為這傳國玉璽加了一個終身的防偽標記。

西元 8 年，在舉國追捧、萬民矚目之下，王莽登基稱帝，改國號為「新」。

長安城內外一派喜氣洋洋，百姓自發地穿上新衣，走上街頭慶祝。

這一年，王莽五十三歲。

這一年，一個叫劉秀的人躬耕於南陽。

第十一章

理想悲歌

一生真偽復誰知

王莽沒有忘記那個從中山國請來的小孩劉孺子，他冊封孺子為定安公，走下金鑾殿，緊握孺子的手，老淚縱橫、泣不成聲地說：「我本想以周公為楷模，輔佐你到親政為止，無奈天命不可違，上天一定要我代漢而治天下，奈何奈何！」

我知道，看到這裡，又會有很多人呸一聲，認為王莽戲演過頭了。

但是或許，此刻的王莽是真情流露，流淚是因為難過，難過是因為他終究不能像周公一樣，最終將大位還給被輔佐的成王。

自堯、舜、禹三代以來，「禪讓」一直都是個美麗的傳說，聽說過，沒見過，王莽是第一人，也是唯一一人。此後，中華歷史上諸多的「禪讓」遊戲，無一不是在重兵環繞、刀槍加頸的前提下完成的。唯有王莽，作為一個外姓人士，不挾天子不令諸侯，也不費一兵一卒，在全國人民的擁戴下，順應民意建立了新的國家，成了千萬人景仰的開國皇帝。

你沒看錯，王莽是一位民選皇帝。

至此，歷時二百一十年的西漢王朝正式滅亡！

新的時代開始了！

故事講到這裡，我們先按下暫停鍵，此時此刻，想必大夥兒滿腦子都是十萬個為什麼。

王莽為什麼能夠篡漢？

在王莽邁向最高權力的過程中，為什麼會有那麼多人心甘情願為他搖旗吶喊？

為什麼這場改朝換代來得這麼容易，幾乎沒有遇到任何阻力？

這是一個宏大的命題，我在這裡試著作個解讀。其實，所有的疑問都可以歸結為一個問題：王莽這一介儒生，究竟有何魔力，竟能如此輕而易舉地篡漢而立？

準確來講，這個「篡」字並不準確。

追根溯源，王莽得感謝一百多年前的那位大儒董仲舒，因為他提出了一個很重要的觀點：天人感應。

什麼是天人感應呢？具體來說，天上和地下是有某種連繫的，帝王有德而受命於天，依照天的意志支配天下。如果帝王失德，天必降災禍以警示帝王，督促帝王改正，否則國家就會滅亡，朝代就會興替。

也就是說，天命是會變的，天命變了就要換新朝代。武帝對此也是深信不疑，他每隔四年就要換一個年號，代表一個新的開端。

自此之後，西漢的政治思潮中出現一個全新的理念，也就是受命論：天子乃有德者居之，如果失了德，上天就會授命於他人。

可是，你發現了嗎，這套理論有一個巨大的內在邏輯矛盾，如果劉家這麼取天下是合理的，那劉家做不好，是不是可以換人當皇帝呢？

漢景帝的時候，就發生了這麼一場著名的爭論。爭論的雙方一個叫轅固生，一個叫黃生，兩人討論的主題是「湯武革命」到底對不對。

黃生認為：「商湯和周武王等人的行為，其實就是暴亂，是殺人，不值得提倡。」

轅固生針鋒相對：「桀紂之君，荒淫暴亂，天下百姓都歸心於商湯和武王，商湯和武王順應百姓的呼聲而誅殺了桀紂，桀紂的百姓主動投奔商湯和武王，這不是受天之命嗎？」

黃生繼續堅持自己的主張，他說：「帽子再破，也得戴頭上，鞋子再新，也要穿在腳上，這叫上下有別。桀、紂再無道胡搞，那也是君；湯、武再偉大正確，那也是臣。君主做錯了事，臣子不諫言匡正以尊天子，反而以錯誤為理由弒君，改朝換代做君王，這不是造反是什麼？」

轅固生說：「要照你這麼說，當年我們高祖皇帝提三尺劍起兵反秦，最後推翻秦朝建立了大漢，也是不對的嘍？」

話說到這個份上，沒辦法往下聊了。

漢景帝一看扯到了敏感話題，只好出場叫停：「馬肝有毒，所以吃馬肉的人不吃馬肝，你不能認為他不懂得品味。同樣的道理，做學問的人不講『湯武革命』的事，沒人當你是傻子。換句話說，這個話題涉及我祖宗得天下的合法性，別辯了，擱置。」

話題可以不討論，但是這套觀念是一直存在的。在當時人看來，天命無常，唯有德者居之，禪讓是理所當然的事。

這裡我來講兩件事：

昭帝繼位不久，泰山就發生了大石自立的奇事，更為神奇的是皇家園林上林苑一棵枯死的樹突然復活了，長出了葉子，有蟲子將樹葉咬出了一行文字，內容是「公孫病已立」。

有個叫眭弘的小官看到這一情況，公開宣稱：「我的老師董仲舒曾經說過，即使是君主也不能違背天命。漢家是堯的後代，有傳國之運，如今發生了這種事，皇帝應該遍訪賢人，禪讓帝位給他，自己退位封得百里之地，就像殷周二王的後代那樣，以順從天命。」

可想而知，皇帝聽後相當生氣，示意霍光殺了他。

建平二年（西元前 5 年）六月，哀帝生母丁太后去世。遍地都是造反的民眾，朝廷內權鬥此起彼伏，帝國一派末路景象。哀帝在哀痛之餘，也在苦苦思索帝國的前途，而此時，一個叫夏賀良的神棍冒了出來，說他可以挽救帝國的命運。

夏賀良告訴哀帝：「漢朝氣數已盡，改朝換代已經在所難免。老劉家要想繼續做皇帝，就必須再接受一次天命。必須改紀元、換國號，才能逃過此劫。」

也許是過度的悲傷損傷了哀帝的判斷力，他竟然信了，而且還下發了詔書：「漢朝建國二百餘年，氣數已盡。但是皇天庇佑，又給了我們劉氏一次再受天命的機會。朕無德無能，豈敢抗拒！現在宣布改元更號。建平二年改為太初元年，朕自此以後不再是漢朝皇帝，而是『陳聖劉太平皇帝』。」

身為帝國皇帝，竟然主動承認王朝氣數已盡，這簡直就是古今奇聞！

哀帝顯然並不知道這份詔書可能會帶來嚴重的後果，因為很快，民間就開始流傳這樣的謠言：「陳國人是舜帝的後代，老王家則是陳國人的後裔。漢朝劉氏是堯帝的後裔，堯傳位給了舜，這個國號意味著老王家將要取代老劉家，王莽將要代天行道啦！」

禁忌之門一旦開啟，再也難以封閉，帝國的民眾開始在公共場合討論漢家天下氣數已盡。

由此不難看出，在讖緯之學大興的西漢末年，上至公卿士大夫下至民間百姓，都對「天人感應」深信不疑。

王莽也非常相信以德受命說。

在帝國臣民們看來，王莽這個人簡直太完美了，他有權勢、有信仰、有民望，符合所有人對完美人格的幻想。於是，當王莽官場受挫時，就會有無數人出來請願，把他送回朝廷的權力核心；當王莽在廟堂上獲封安漢公、攝皇帝時，會有更多的人仍覺得不夠，站出來繼續推他向前，再向前。

直至抵達權力的最高處。

王莽能從當初的貧寒子弟一步步出人頭地，證明了他絕對是個聰明人，然而迷信與偏執，也讓他這個聰明人瞬間腦殘。

再來回答一個問題：王莽是影帝嗎？

白居易曾為王莽寫過一首詩：

周公恐懼流言日，王莽謙恭未篡時。

向使當初身便死，一生真偽復誰知。

這首千古名詩似乎為王莽蓋棺定論：一個處心積慮、謀朝篡位的偽君子。

可問題是，這真的是王莽本來的面目嗎？

我說未必。

王莽得天下擁戴，可不是靠虛的，而是靠實打實的行動，救災民、興文教、減酷刑，無論是達官貴人還是普通百姓，都從中得到了實實在在的好處。

更何況，即便是掌權後，王莽也沒放鬆對兒女的管教，他一生殺掉了三個兒子、一個姪兒、一個孫子及一個孫女。如果他從一開始就是為了謀朝篡位，篡來的位一定要傳給子孫，他還會用嚴苛的禮教和律法將晚輩們逼上絕路嗎？

絕對不會。

一個人偽裝自己，幾天、幾年容易，要偽裝幾十年而不露餡，真的容易嗎？王莽幾十年始終如一地禮賢下士，這是不喜歡王莽的班固也無法反駁的事實，如果王莽真露出了什麼「狐狸尾巴」，《漢書》裡怎麼會毫無記載呢？

作為一位總是以儒家高標準要求自己的信徒，王莽是真的相信自己是被上天選中的人，代漢自立是來自上天的意志，屬於天降大任，屬於奉天承運，屬於不可推卸。

他堅信自己的信仰是真理，只要把理論落實，就一定能實現天下大治。

當初被加封為「安漢公」後，王莽做的第一件事不是慶祝，而是追諡孔子為褒成宣尼公，封孔子後裔孔均為褒成侯。

為孔子後人封侯，漢高祖、漢元帝、漢哀帝都做過，但是對孔子的追諡，王莽是第一人。而他所做的這一切，都是在按照儒家的標準行事。

可以說，王莽是背負著儒家所賦予的強烈使命走上權力祭壇的。正因為如此，他得到了眾多知識分子的鼎力支持，一大幫重量級的文化菁英都死心塌地地追隨他，信仰著王莽。展開這份名單，我們將會看到一串長長的名字：《春秋》權威左咸、《詩》權威滿昌、《易》權威國由、《書》權威唐昌、《禮》權威陳咸、《樂》權威崔發……

其中最有名的是兩個人：揚雄和劉歆。

先說揚雄。

揚雄是蜀郡成都人，西漢大儒，「南陽諸葛廬，西蜀子雲亭」—— 西蜀子雲即揚雄，這是唐代劉禹錫在其〈陋室銘〉中為天下樹立的精神標竿。患有嚴重口吃的揚雄四十歲那年離蜀入京，因為沒有任何關係和背景，歷經三代皇帝仍然只是個小小的黃門郎。揚雄卻毫不在意，埋頭於自己的學術研究。

元始四年（西元 4 年），揚雄已近六十歲。蜀中的一位土豪聽說他正在寫新作《法言》，懷錢十萬來到長安，希望他能夠在書裡提一下自己，以便流芳百世，結果卻遭到了拒絕：「商賈們沒有仁義的行為，就如同圈裡的豬羊，怎可隨便載入書中？」

然而，一身正氣吝嗇的揚雄，卻在《法言》中力挺王莽。在他看來，王莽勤於政事，建辟雍、立學校、制禮樂、定輿服，恢復井田，引導漢帝國走向中興，實在是堪比堯、舜一樣的偉大人物，是周公之後當之無愧的聖人！

不僅如此，大才子揚雄還寫下了〈劇秦美新〉一文以稱頌王莽，批評秦朝暴政，美化新朝建立，認為王莽的治理完全符合先聖精神，甚至稱讚王莽之治「郁郁乎煥哉」！

還有劉歆。

劉歆在西漢學術史上的地位非常重要。有多重要？章太炎說，孔子以後的最大人物是劉歆。在王莽上位的過程中，劉歆為他製造了大量輿論，王莽所有的重要文書都出自劉歆的手筆，最後的登基大典也是由劉歆親自主持籌劃，他甚至還把自己的女兒嫁給了王莽的兒子王臨。

王莽終於如願以償，在眾人的歡呼聲中坐上了龍椅。可是放眼望去，帝國的江山並不平靜。

前面說過，早在武帝之時，漢帝國這艘巨輪就已經出現了問題，雖然經歷了昭宣中興，但是帝國積弊已深。到元成之際，各種社會矛盾已經相當突出，大漢王朝岌岌可危：

土地兼併導致百姓窮困潦倒、失地流亡。

豪族大規模崛起，占有大片田地卻有免稅的特權，貧富差距越來越大。

朝廷官員窮奢極欲，地方官員只知盤剝，外戚貴族沒有本事，依然霸占朝堂。

當初師丹、孔光建議限田限奴，結果因阻力太大，最後不了了之。

所有的這些問題，王莽都盡收眼底，他太想透過自己的努力，一掃西漢末年的種種積弊沉痾，最終實現儒家嚮往的大同社會。

託古改制

故事繼續進行。

玉璽到手，王莽當了皇帝，王政君自然也就沒有了用處。很多人都開始思索除掉這位礙事的老太太，倒不是有什麼冤仇，而是想利用這個機會討個頭彩，在王莽面前表現一下。

於是，王莽的一個遠支親屬叫王諫的上書了，他說：「皇天廢漢而立新朝，太皇太后不宜稱尊號，當隨漢廢，以奉天命。」

王莽不置可否，拿奏摺給老太太看。老太太看完，就一句：「此言是也！」

言語間很是不爽。

再怎麼說，王政君也是自己的姑母，是在仕途上提攜過他的人，王莽做不出這種事。緊接著，他對外宣稱：「此背德之臣也，罪當誅！」

結果，拍馬屁拍到了馬蹄上的王諫被一杯毒酒鴆殺。另一個叫張永的則獻上了一個「符命」，說是太皇太后當為新朝的「文母皇太后」，算是解決了此事。

前面說過，王莽很相信讖緯和符瑞，這才會不假思索地乖乖走進哀章精心設計的騙局中。他當了皇帝後，完全按照哀章在金匱中瞎編的輔臣數目與名單，開始依次封拜王舜為太師、平晏為太傅、劉歆為國師、哀章為國將，是為四輔。其餘還有三公、四將，共十一人。

更誇張的是，四將中有兩個名字：王興與王盛，王莽翻遍了所有在編官員的名冊，也沒找到這兩人，最後擴大搜尋範圍，終於在民間找到了他們。有個城門令史叫王興，有個賣餅的叫王盛。

結果，在王莽的安排下，這兩人朝為田舍郎，暮登天子堂。

王莽篤信這個。

無論如何，王莽開創了一個嶄新的時代。

登基不久，王莽就開始了一場轟轟烈烈的改革，史稱「王莽改制」。

這場改制，以王莽心中的周代理想社會為藍本，以《周禮》為指南，涵蓋了政治、民生、經濟各項領域。在此過程中，王莽刻板教條機械的一面也充分暴露了出來。他每做一件事，都要核對是否與古代一樣，又或是能從《周禮》、《周官》、《尚書》等古書中找到依據，壓根不管符不符合當下的社會民情。

為了展示改朝換代的新氣象，這位狂熱的儒家復古主義者一上位，就開始了大規模改名，理由也很充分：「我都是按照經典的指示來做的，有依據的。」

有位歷史學家詳細考證了王莽改過的名字，當我耐著性子讀完後，嚴重懷疑王莽有重度強迫症。

比如，他改官名。

在朝廷官職中，他把大司農改為羲和（後又改為納言），大理改為作士，太常改為秩宗，大鴻臚改為典樂，少府改為共工，水衡都尉改為予虞，光祿勳改為司中，太僕改為太御，衛尉改為太尉，執金吾改為奮武，中尉改為軍正。

地方官職名稱也有不少改動，太守改為大尹（或卒正、連帥）、都尉改為太尉、縣令改為宰。此外還增加了很多官職，名字都是新編的。

匈奴單于要改成「降奴服於」，高句麗要改成「下句麗」，弄得匈奴和高句麗都挽起袖子要扁他。

他還改地名。

當時帝國有東海郡、南海郡、北海郡，王莽覺得不夠完美，於是硬生生湊了個西海郡出來。那麼西海郡在哪裡呢？王莽的目光順著地圖往西找，一眼就看到了青海湖，當時這裡還是羌人居住的地方。王莽為了湊夠四海郡，強逼羌人「獻」出了這塊地方，為了讓這塊荒涼之地看上去像一個郡，他又強制移民，令大量的罪犯前去填郡。

當時，首都長安分為三輔：京兆、馮翊、扶風，王莽將其中的二輔分成了六尉：京尉、師尉、翊尉、扶尉、光尉、列尉。

南陽、河內、潁川、弘農、河東、滎陽六個郡全部改名，南陽叫「前隊」、河內叫「後隊」、潁川叫「左隊」、弘農叫「右隊」、河東叫「兆隊」、滎陽叫「祈隊」，合稱為豫州六隊。

懂行的知道「隊」字是「隧」的省字，意思是順遂之意，不懂的還以為是準備跳廣場舞呢！

這還沒結束。

河西走廊設有四郡：張掖、武威、酒泉、敦煌，王莽覺得武威名字不好聽，想改成張掖。可問題是，已經有一個張掖了，怎麼辦？王莽說：「那張掖也改吧，就叫設屏吧！」

酒泉和敦煌也沒落下，這兩個郡分別改成了輔平和敦德。

齊郡也沒倖免，改名叫濟南郡，旁邊濟南郡被改名樂安。

王莽不喜歡負面的字，把很多地名都改成了反義詞：

上黨有個谷遠縣，改成了谷近。

太原有個於離縣，改成了於合。

陳留有個東昏縣，改成了東明。

無錫改有錫，亢父改順父，曲周改直周，曲梁改直梁，曲逆改順平，曲平改端平，曲陽改從陽。

王莽不止在國內大改名，連國外也沒放過。

當時，東夷西戎，南蠻北狄，怎麼改？王莽大筆一揮，北邊的郡通通改成填狄、厭狄、仇狄；西邊的郡改成伐戎、威戎、厭戎；東邊的就叫填夷；南邊的就叫填蠻。

我彷彿看到，深夜孤燈下，王莽一邊翻著儒家經典，一邊瀏覽官職名冊，手持硃筆，或沉思或疾書或滿意地點點頭：「嗯，這樣改才對嘛！」

這麼一通瞎搞，不但普通群眾搞不清楚，連自己人都弄不明白。有的地方一年之內改了五次名，連印章都來不及刻，更別說日常使用了。政府發文，不得不在地名後頭加括號，備注原來的名字。連王莽發詔書，都不得不加旁注「故漢 XXX」，否則沒人看得懂。

不光改官名和地名，人名也逃不過他的魔掌。

王莽的長孫叫王宗，本來是很有希望繼承大統的，可這個王宗是個急性子，自己弄了天子的衣冠穿上，還讓人畫了像，刻了三枚銅印，和他舅舅呂寬私通文書，準備謀權篡位，事情敗露後自殺。

王宗死後，王莽對他的處罰中有這樣一條：王宗本來叫王會宗，根據法令改為王宗，現在恢復王會宗這個名字。

有人做過統計，和西漢末年對比，新莽的郡從一百零六個增加到一百一十六個，連改帶增，一共改了九十一個郡名，只有二十五個保留了原名；縣從一千五百八十七變成一千五百八十五個，其中七百三十個縣改了名字，將近一半。

這麼神經病的改名運動，都是為了和經典相對應，簡直就是瞎搞！

直到後來，光武中興，把王莽改的這些名字都恢復原狀，這場混亂才算是消停。

除了改名，王莽還改了官員薪酬發放制度，讓諸侯公卿叫苦不迭。

王莽準備效法周朝，將郡縣制改回分封制。依照周制，將爵位分成五等，公侯伯子男，然後規定，爵位總數為一千八。其中公爵的封地為一萬戶，方圓百里；侯爵、伯爵的封地五千戶，方圓七十里；子爵、男爵封地為兩千五百戶，方圓五十里。

既然制度都有了，那這些人的俸祿就得依靠自己的封地了，國家只給一點錢意思一下。

可問題在於，加封的那些土地和人口戶籍都還沒整理好，也就沒辦法分封給這些諸侯，他們只能繼續從中央領俸祿。

王莽可不這麼想，他認為，既然已經封地給這些人了，那就不能發全額俸祿了，只能發一部分。這樣一來，諸侯們的日子可就悲慘了，每月只能領到幾千錢。

這點錢根本不夠花，有些諸侯甚至需要替有錢人家打短工，來補貼家用。

改名、改薪酬發放制度，這些其實都算不上王莽改制中的重點。王莽改制的重點主要集中在這三個方面：財政、土地和貨幣，而且還是三管齊下。

先說財政。

王莽登基第二年，就推出了「五均六筦」。

所謂五均，就是在長安、洛陽、邯鄲、臨淄、宛、成都六大城市設立五均官，由原來的市令、市長兼任，稱為「五均司市師」。其下設有交易丞五人、錢府丞一人。

五均官的主要工作就是評定物價和控制市場供應。

王莽規定，五均官在每季度的第二個月將商品分類定價，將每種商品按品質分為上、中、下三等，再分別評估出不同等級的商品價格，稱作

「市平」，也就是法定價格。

當市場價高於法定價格時，政府就拋售這種物資以平抑價格；如果低於法定價格，則聽任百姓自由買賣。

百姓如果手頭缺錢了，可以向政府申請辦理貸款；貧民遇有喪葬、祭祀等事，可向政府申請無息貸款；想經商沒有啟動資金的，也可以申請低息貸款。

此外，五均官還有一項工作就是收稅，一種是徵收工商業者的個人所得稅，要求全國除了農業外，所有的手工業、商業都要繳納10%的個稅；另一種是失業稅，王莽依據《周禮》規定：有田不耕而令其荒蕪者要繳納「三夫」之稅，院子裡不種樹的要繳納「三夫」之布，無業遊民要繳納「夫布一匹」。

六筦的內容比較簡單，就是產業國營化，國家專賣鹽、鐵、酒，專營鑄錢，徵收山澤之稅，經辦五均賒貸。

沒辦法，朝廷太缺錢了。

在王莽看來，這六項經濟事業都是關係到國計民生的關鍵性產業。實行六筦，是為了避免豪民富賈利用這些暴利產業來剝削勞苦大眾，將這六大產業收歸政府後，既可以削弱豪強，又可以進行財富再分配，一舉兩得。

王莽的改革號稱「託古改制」，常常被認為是從儒家經典中尋找作為社會改良的藥方。然而當我們仔細一看，不難發現，王莽的改革其實就是桑弘羊經濟改革的加強版。仔細對比，所謂「五均六筦」，像不像鹽鐵專營再加均屬、平準二法？

換句話說，王莽雖然打的是復古的旗號，但是他復的已經不是周朝的那個古，而是漢武帝和桑弘羊的古。

可問題在於，改革就是利益再分配的過程，王莽要想推行改革，必然要觸動豪商巨賈的利益，而桑弘羊的改革方案雖然很完美，但是他本人口碑實在太差，怎麼才能堵住儒生和商人們的嘴？

王莽與他的智囊團翻出了儒家經典——《周禮》。

有位歷史學家這樣評價五均六筦政策：「為了制止反抗，所以王莽不能不把《周禮》做他改良政策的旗幟。《周禮》是聖人定的制度，誰要反對新政就是反對《周禮》；反對《周禮》就是反對聖人；反對聖人，就是名教罪人，就應投之四夷以禦魑魅。」

乍一看，王莽費盡心思思索出來的五均六筦政策是極好的，可實際執行的效果如何呢？

只有四個字：慘不忍睹。

王莽用來推行「五均六筦」的，多是一些富商大賈，這些身穿官服的商人們與地方官勾結，中飽私囊，製造假帳，最後的結果只是肥了自己，國庫與人民的腰包卻落得兩空。

為了確保五均六筦政策的執行，王莽在天鳳四年（西元 17 年）重申六筦之法，加大了處罰力度，結果卻讓民眾更加不安，百姓一不小心就會觸犯五均六筦之禁。

地皇三年（西元 22 年），走投無路的百姓紛紛揭竿而起，王莽又慌忙下令廢止這項政策，但是此時天下已經亂成一團。

再說土地。

前面就說過，西漢末年的土地兼併相當嚴重，地方豪強占有大量土地，而大量失去土地的貧農不得不背井離鄉、賣兒賣女，而這些又影響了國家人口及稅收，同時造成了嚴重的社會隱患。

很顯然，王莽已經意識到，土地私有和自由買賣是土地兼併問題產生的根源，而土地兼併是導致貧富差距加大、社會矛盾加深的根源。

西元 9 年，就在王莽登基的第二年，朝廷正式下詔，大力推行「王田制」。具體來說就是將土地收歸國有，私人不得買賣，然後重新分配，以便縮小貧富差距。

之所以叫「王田」，是因為王莽堅信，溥天之下莫非王土，土地都是皇帝的。

與此同時，針對奴隸問題推行「私屬制」，不可以買賣，違令者治罪。要知道，西漢末年，奴婢的數量高達三百八十多萬，占全部人口的 15%。深受儒家文化薰陶的王莽有著根植於內心的人本思想，他踐行人人平等的原則，絕不允許拿人不當人看。即便是自己的兒子殺了家奴，王莽也要逼他自殺償命。

他規定，男丁八口以下之家，占田超過一井（九百畝）者，應主動把超過的地分給族人、鄰居或同村親友，沒有土地的由國家授田。

他天真地按照《周禮》記載的井田模式，重新平均分配全國的土地，人均不得超過一百畝。可結果是，即使將全國土地按戶平分，每戶也僅能分得六十多畝地。如果再加上各級官員的吃拿卡要，那麼真正分到每個農民手中的土地實在少得可憐。

問題在於：這種打土豪分田地的做法，在治世可行嗎？

要我說：完全不可行！簡直就是異想天開！

早在漢哀帝時，師丹就釋出過限田限奴令，但是由於外戚傅氏和丁氏大量占有土地，從中作梗，最後不了了之。王莽的做法更為激進，他要廢除土地私有和土地買賣制度，全部收歸國有，這是赤裸裸的搶劫，而且搶劫的對象還是地方豪強和既得利益者！

「在土地是唯一生產來源的西漢，你王莽憑什麼讓我們把家裡幾代人辛辛苦苦攢的千畝良田都交出來？就憑你是全國道德模範？就憑你是皇帝？別忘了，你當皇帝還是我們扶持上去的！」

改革其實就是重新切蛋糕的過程，在這個過程中，不可避免地要與利益集團發生博弈乃至衝突，出現阻力和社會動盪都是必然的。作為改革者，要想改變現狀，讓自己的改革落到實處，除了要有敏銳的洞察力外，還要有準確把握改革時機和條件的能力，只有充分意識到改革推行中的各種制約，才能做出正確有效的抉擇。

此外，還有一點很重要，弄清楚誰是我們的朋友，誰是我們的敵人？王莽顯然沒有意識到這一點。他的土地改革嚴重損害了權貴們的利益，而無地百姓又得不到實際的土地，對朝廷也怨聲載道，兩邊都不討好。

結果可想而知，這個方案下發後，地主豪強們並不買帳，繼續買賣土地和奴婢，因此獲罪者不可勝數。

就在一片反對聲中，焦頭爛額的王莽不得不在詔令頒布的第三年，也就是西元 11 年，宣布取消「王田」和「奴婢私屬」制度。

土地改革失敗了。

最後再來說說貨幣改革。

先來回答一個問題：為什麼王莽在掌握大權後，沒有立刻實施政治改革，而是首先施行貨幣改革？

我在前面反覆強調過，西漢後期發生了嚴重的社會危機，主要表現就是貧富分化：豪強富商兼併土地、買賣奴隸；小農失去土地，一部分淪為奴婢，一部分形成流民。王莽的貨幣改革其實就是透過新舊貨幣更換，將富人手中的錢收回來。

他能如願嗎？

我們接著往下看。

王莽的貨幣改革一共做了四次。第一次是在他登基前一年，王莽在攝政的時候發行了三種貨幣，一種叫大泉，重十二銖，可兌換五十枚五銖錢；一種叫契刀，可兌換五百枚五銖錢；一種叫錯刀，可兌換五千枚五銖錢。

這樣一來，新幣的名義價值遠高於舊幣五銖錢，民間瘋狂鑄造大錢。另一方面，由於貨幣貶值太厲害，民間開始使用黃金交易，而王莽則禁止黃金流通，強迫民間接受新貨幣。

很顯然，這次貨幣改革是不成功的。

認識到這個問題後，王莽在稱帝後進行了第二次貨幣改革。

這一次，王莽廢除了兩種刀幣和五銖錢，代之以一種更小的貨幣，重一銖價值一文的小錢。這樣一來，民間還是瘋狂鑄錢，十二個小錢就能鑄造一個大錢，依然有可觀的利潤。結果是，民間的小錢都被拿來鑄造大錢，導致民間小額交易無法進行，金融市場更加混亂。

前兩次改革都沒有達到預期目的，王莽並不氣餒。很快，他就調整心態，開始了第三次貨幣改革。

這一次，王莽將貨幣稱為「寶貨」，發行了六種貨幣，分別是錢貨（圓形方孔銅錢）、金貨、銀貨、龜貨（龜甲）、貝貨（貝殼）和布貨（鏟狀銅錢）。

這六種貨幣從價值一文的小錢，到價值一萬錢的金貨，一共分為二十八品，因種類繁多，各種貨幣之間換算極其複雜，老百姓根本記不住，交易大受影響。

在王莽的強行推動下，民間使用五銖錢越來越少，商業也出現了崩盤的跡象。王莽只得妥協，取消了龜貨、貝貨等貨幣。

第三次貨幣改革又失敗了。

西元 14 年，王莽進行了第四次貨幣改革，也是最後一次貨幣改革。

這一次，王莽廢止了大錢和小錢，發行了貨布和貨泉兩種貨幣。

至此，王莽的貨幣改革終於告一段落。

長安亂

這是一次注定失敗的改革。

為什麼這麼說？

天下的貨幣大部分在誰手裡？當然是在富人手裡。收回天下的貨幣，富人自然沒錢再兼併土地、收買奴婢、放高利貸。可問題是，在富人的貨幣被收回的同時，普通百姓的錢也被收斂了去。富人沒了錢，還有土地、房屋、牲畜、工具、作坊，可百姓沒了錢，就真的一無所有了。

七年內，王莽做了四次貨幣改革，每改革一次，百姓都要破產一次，並且引發了大量的違法案件。為了打擊私自鑄錢和非議詆毀新貨幣制度的人，王莽用重刑，輕則流放，重則處死，可即便如此，也擋不住違法的人，監獄裡因此人滿為患。

當一項改革鬧得所有人都起來反對、被迫違法時，王莽離失敗只有一步之遙了。我彷彿聽到新王朝的喪鐘已經敲響。

最後的結果是，王莽在土地、貨幣、經濟各方面的改革，悉數完敗，老百姓也被折磨得很痛苦。改制前，西漢有人口近六千萬，改制的後期已不足三千萬，少了一大半，王莽要負主要責任。大夥兒算是看明白了，這個所謂的新王朝反倒還不如那個腐朽的西漢王朝呢！

或許又有人要問了，既然是改革，為什麼一定要效仿傳說中的周朝制度呢？為什麼一定要照搬儒家經典？

因為不得已。

王莽能登上皇位，並不僅僅靠他個人的才能和品德，更重要的是儒家思想成為社會共識，在那樣的一種大環境下，王莽才有了上升的梯子。既然王莽依靠儒學的影響獲得了皇位，那麼他怎麼可能不用儒家的方法來治理天下？

這是一種路徑依賴。

基於此，王莽不得不以復古為象徵，言必稱經書、言必稱周禮，處處對標大聖人周公。但是問題在於，將一千年前的規章制度套到當下，這就相當於一臺電腦執行緩慢、經常出漏洞，使用電腦的人不是想著更新一套Windows系統，而是選擇了最原始的DOS系統，這電腦還能正常運轉嗎？

在國內大搞改革的同時，王莽與北方匈奴的矛盾也日益惡化，起因卻只是一枚小小的印章。

此時，匈奴首領叫烏珠留單于，是呼韓邪單于的兒子，原名欒提囊知牙斯。王莽改名改上了癮，說：「我們新朝人的名字沒有超過兩個字的，你們匈奴人的名字太長，得改。」

烏珠留單于只得改名為「知」，去掉三個字，滿足了王莽的要求。

單于的名字改了，印璽也得改。

西元9年，王莽派王駿等人去匈奴出差，準備用新朝的印璽換回漢朝頒給單于的舊印璽。

烏珠留單于不敢怠慢，高規格接待了王駿等人，接受了新朝的詔書，然後舉起手臂讓人摘下他手臂上的印璽，不料，單于的一位近臣在旁提醒他：「還沒有見到新印璽的文字，最好先別給他們。」

單于放下了手臂，過了一會兒，王駿等人又催要舊印璽，單于準備上交，近臣再次反對。單于說：「印文怎麼會變？」將舊印璽摘下給王駿，然後佩戴上新印璽，又置辦酒席款待王駿等人，賓主盡歡而散。

回到住處，王駿等人心想，之前漢朝頒給單于的印文是「匈奴單于璽」，而王莽讓他們帶來的新印刻的則是「新匈奴單于章」。前面多了個國號「新」，後面的「璽」改成了「章」，等於把匈奴降了一格。

萬一單于發現字不對，來索要舊印，那就麻煩了。

一個叫陳饒的人提議說：「乾脆我們毀了舊印，單于不認也得認！」拿起斧頭就把舊璽砍壞了。

第二天，單于果然派人心急火燎地趕來，請求歸還舊印。王駿等人出示了被毀的舊印：「你看著辦吧！」單于無可奈何，只得派自己的弟弟入朝稱謝，並上書朝廷希望換一個原來的印，結果被王莽一口回絕，並對陳饒毀印的「壯舉」大加讚賞。

因為這件事，雙方關係破裂，單于派了上萬騎兵駐紮在邊塞，抗議加示威；王莽則下令將匈奴國土分為十五份，由呼韓邪單于的兒孫們分別管理，同時派人攜鉅款到邊境去扶立了兩個單于。

烏珠留單于徹底被惹毛了，撂了句狠話：「先單于受宣帝大恩，不可背叛，但是現在的天子不是宣帝的子孫，怎麼輪得到他來干涉？」

接著，單于興兵犯境，要跟新朝打一架。

直到此時，王莽仍沒意識到自己做了一件蠢事，他見匈奴大軍出動，不甘示弱，一邊把「匈奴單于」改為「降奴服於」，一邊大張旗鼓地調撥軍隊，集中了三十萬大軍，號稱要十路大軍齊發草原，北上與匈奴人硬碰硬。

看著規模陣仗挺大，但是實際呢？

大軍未動，糧草先行，三十萬大軍的糧草可不是小數目，一時半會兒根本湊不齊。北方雲集的大軍無事可做，便做起了四處打劫的營生；南方的官員則忙著催糧，搞得流民四起，百姓叫苦不迭。

王莽的悲劇在於，一套有著道德自信的執政者，破壞了社會發展的自然規律，完全按照自己的願望來改造社會，開歷史的倒車，結果能好嗎？

有位歷史學家說：「王莽為有大志之人。欲行其所懷抱，勢不能不得政權；欲得政權，勢不能無替劉氏；欲替劉氏，則排擯外戚，誅鋤異己，皆勢不能免，此不能以小儒君臣之義論也。即以尋常道德繩之，後人之責莽，亦仍有過當者。」

而這，也許才是持公之論。

勞苦大眾已經不堪重負，對他們而言，舉大計只是時間問題。

天鳳三年（西元 16 年），二月，地震，天降大雪。

閏五月，長平館西岸坍塌，涇河水流阻塞，河水決口向北流去。

七月，霸城門發生火災，又出現日食。

十月，益州大疫。

在很多人看來，這是上天發出的警告。可是這一年，王莽在做什麼？

地震發生時，王莽自我欺騙，說大地有震有動，震有害而動無害；他改革薪酬制度，設定了一套複雜的核算辦法，可官員還是領不到薪資，只能以權謀私、收受賄賂維持生計；他徵發十萬丁壯、二十萬運輸隊，對廣西的句町發動軍事進攻，百姓被各種攤派和捐稅折磨得苦不堪言。

天鳳四年（西元 17 年），荊州大旱，赤地千里，饑民成群結隊進入野地、沼澤地採挖荸薺、野菜度日。

王匡和王鳳所居的湖北京山因為沼澤地較多，附近的綠林山上有野菜野果，因而引來了不少饑民。各地的饑民分屬於不同的陣營，經常為了採食而互相爭鬥。王匡和王鳳為人豪爽俠義，經常為饑民調解糾紛，被推為「渠帥」，不料卻被官府誣為聚眾造反，派兵鎮壓。

王匡只得和他的一幫好兄弟領著饑民上了綠林山，與官府抗爭，綠林起義爆發。

天鳳五年（西元 18 年），山東琅琊人樊崇帶領饑民百餘人起義，他們塗上紅色眉毛，轉戰黃河南北，到處捕殺官軍，沒收地主財物，嚴懲惡霸地主，赤眉起義爆發。

江山沸騰，面對起義軍摧枯拉朽般的攻勢，王莽最後的解數，竟然是跑到南郊對著蒼天嚎啕大哭。

十五年前，他在這裡，帶領全國老百姓走向希望。

十五年後，他在全國老百姓的絕望中走向絕望。

承明宮前，王莽仰天大呼：「上天既然將皇位賜給了我，為何不幫我掃除那些逆賊？如果我王莽錯了，你就打個雷劈死我吧！」

接著，王莽捶胸頓足，嚎啕大哭，氣盡，伏地叩頭不止。

佝僂的身軀顫抖得越發厲害，凌亂且花白的頭髮隨風亂舞。王莽老了，他已經是六十八歲的老人了。

地皇四年（西元 23 年）十月，長安城破。

亂兵燒宮闕，斧劈殿門，高呼：「反賊王莽，何不出降？」

大火蔓延至掖廷承明宮，王莽避火至宣室前殿，他不甘心地疾呼：「天生德於予，漢兵能奈我何？」

幾天後，王莽在漸臺被起義軍碎屍萬段。

長安城陷入浩劫，熊熊烈焰中，無論是二百一十年的西漢帝國，還是立國十五年的新莽王朝，都埋入了歷史的灰燼之中。

成也周禮，敗也周禮。

出來混，總是要還的。

如果劉邦地下有知，兩百年後，他的江山被王莽取而代之，棺材板不知還壓不壓得住？

不過，劉邦也不必動怒。老劉家雖然已經被拱下去了，但是你家命中仍有兩百年江山大報。

而這份大報，將會應在另一個人身上。

他的名字，叫劉秀！

龍種漸衰，漢武盛世後逐漸傾斜的帝國天秤：

昭宣之治 × 豪強崛起 × 王莽算漢……西漢末年的權力角逐戰，誰能夠在滔滔歷史長河中脫穎而出，誰又能真的做到青史留名？

作　　者：朱耀輝
責任編輯：高惠娟
發 行 人：黃振庭
出 版 者：複刻文化事業有限公司
發 行 者：崧燁文化事業有限公司
E-mail：sonbookservice@gmail.com
粉 絲 頁：https://www.facebook.com/sonbookss/
網　　址：https://sonbook.net/
地　　址：台北市中正區重慶南路一段 61 號 8 樓
8F., No.61, Sec. 1, Chongqing S. Rd., Zhongzheng Dist., Taipei City 100, Taiwan
電　　話：(02)2370-3310
傳　　真：(02)2388-1990
印　　刷：京峯數位服務有限公司
律師顧問：廣華律師事務所 張珮琦律師

-版權聲明
本書版權為樂律文化所有授權複刻文化事業有限公司獨家發行電子書及紙本書。若有其他相關權利及授權需求請與本公司聯繫。
未經書面許可，不得複製、發行。

定　　價：499 元
發行日期：2025 年 01 月第一版
◎本書以 POD 印製
Design Assets from Freepik.com

國家圖書館出版品預行編目資料

龍種漸衰，漢武盛世後逐漸傾斜的帝國天秤：昭宣之治 × 豪強崛起 × 王莽算漢……西漢末年的權力角逐戰，誰能夠在滔滔歷史長河中脫穎而出，誰又能真的做到青史留名？/ 朱耀輝 著 . -- 第一版 . -- 臺北市：複刻文化事業有限公司 , 2025.01
面；　公分
POD 版
ISBN 978-626-7620-52-6(平裝)
1.CST: 漢史 2.CST: 通俗史話
622　　113020272

電子書購買

爽讀 APP

臉書